SAVATE

Französisches Boxen
Selbstverteidigung · Stockkampf

von

Gerhard Schmitt

mit 406 Abbildungen

1. Auflage
2009

VERLAG WEINMANN — BERLIN

Autor und Verlag haften in keiner Weise für Verletzungen, die bei der Ausübung der hier beschriebenen Instruktionen und Ausführungen auftreten können. Eine Haftung für Personen-, Sach- und Vermögensschäden ist ausgeschlossen.

Bibliografische Information Der Deutschen Nationalbibliothek
Die Deutsche Nationalbibliothek verzeichnet diese Publikation in der Deutschen Nationalbibliografie; detaillierte bibliografische Daten sind im Internet über http://dnb.ddb.de abrufbar.

Herstellung: Druckerei Eppler & Buntdruck

Inhalt

Vorwort

Lange Zeit war es leise um die französischen Kampfsportarten rund um Savate, das französische Boxen.

Seit den 70-er Jahren des 20. Jahrhunderts hat sich das geändert und mit der Gründung des internationalen Verbandes 1985 setzte eine dynamische Entwicklung ein. Heute wird Savate in über 60 Ländern rund um den Erdball betrieben.

Leider fehlt ein grundlegendes Lehrbuch über die französischen Kampfkünste. Das letzte Standardwerk von Bernard Plasait erschien in Frankreich 1971 und ist längst eine bibliophile Kostbarkeit.

Das vorliegende Buch soll diese Lücke schließen. Savate, Canne und Bâton werden in ihren verschiedenen Facetten dargestellt - als Wettkampfsport, Freizeitbeschäftigung und Selbstverteidigung. Es handelt sich aber auch um ein Stück europäisches Kulturgut, das es zu erhalten gilt.

Frankenberg 2009

Gerhard Schmitt
Gant d'Argent Savate BF
Savate d'Argent Savate - Défense
Pommeau d'Or Canne et Bâton

Geschichte

Savate ist eine traditionelle Kampfkunst, die auf eine mindestens ebenso lange Entwicklung zurück blickt wie viele Kampfkünste Asiens.

Wagen wir einen kurzen Blick in die Geschichte:

Zu Beginn des 19. Jahrhunderts ist in der Unter- und Halbwelt Frankreichs das Kämpfen mit Fußtritten weit verbreitet. Diese Kunst wird meistens „Savate“ , in einigen Gegenden „Chausson“ genannt. Beide Namen beziehen sich auf die nicht besonders hochwertigen Schuhe der Tretenden. Mit Sport hatte das alles nichts zu tun.

Um 1820 beginnt sich die bessere Gesellschaft in Paris für Savate zu interessieren. Einige Fechtsäle nehmen Savate in ihr Lehrprogramm auf. Gekämpft wird hauptsächlich mit Fußtritten, die offene Hand wird zum Abwehren und manchmal zum Schlagen eingesetzt.

Ein bekannter Savate Lehrer wird durch eine empfindliche Niederlage gegen einen englischen Preisboxer davon überzeugt, dass dem Savate etwas fehlt. Er lernt das englische Boxen.

1830 vereinigt dieser Charles Lecour das Savate und das englische Boxen und nennt das neue System „Boxe Française“. Das französische Boxen wird immer populärer. 1872 entsteht ein umfassendes Lehrbuch von Joseph Charlemont. Die Methode Charlemont drängt andere Schulen für die nächsten hundert Jahre in den Hintergrund. Wichtige Leute wie König Napoleon III und Alexandre Dumas betreiben Boxe Française, die Militärakademie nimmt es in ihr Ausbildungsprogramm auf.

In der Belle Époque ist Boxe Française die Beschäftigung der feinen Leute. Viele Herren und Damen widmen sich mit Hingabe dieser Kunst. In Paris existieren hunderte von Sälen für Boxe Française und Canne, das französische Stockfechten.

1899 hält Frankreich den Atem an. Der französische und der englische Meister im Mittelgewicht (Charles Charlemont und Jerry Driscoll) treffen aufeinander um zu entscheiden welche Art zu boxen die wirksamere sei. Nach dem Sieg von Charlemont ist Paris aus dem Häuschen.

Nach dem 1. Weltkrieg beginnt der Niedergang des französischen Boxens. Viele Lehrer sind im Krieg gefallen. In der schwierigen wirtschaftliche Situation hat die herrschende Klasse der Belle Époque viel von ihrer gesellschaftlichen Bedeutung verloren. Das Profi-Boxen nach amerikanischem Vorbild verdrängt den Amateursport Boxe Française aus dem Blick der Zuschauer.

1930 gibt es in Frankreich noch ca. 500 Unentwegte die unter Leitung des Baron Baruzy Boxe Française vor dem völligen Verschwinden bewahren.

Nach dem 2. Weltkrieg beginnt langsam der Wiederaufschwung. Nachdem das BF zunächst Teil des Box- und des Judo Verbandes ist, schließen sich die meisten Aktiven 1965 im Comité National de Boxe Française und schließlich 1975 in der Fédération Française de Boxe Française Savate zusammen.

Heute sind in Frankreich ca. 50.000 Aktive im Verband organisiert. Savate ist anerkannter Spitzensport. Der Staat fördert diese Kunst als Teil der französischen Kultur nach Kräften.

Nach mehreren Versuchen Savate außerhalb des französischen Sprachraums zu verbreiten und einen internationalen Verband zu schaffen, kommt es schließlich 1985 zur Gründung der Fédération Internationale de Boxe Française Savate.

Es folgen erste internationale Wettkämpfe. 1991 gibt es die erste Weltmeisterschaft im Combat mit 14 teilnehmenden Nationen. 2000 findet der erste Weltcup im Savate Assaut als Vorläufer der WM ab 1992 statt.

In Deutschland ist Savate heute in einem eigenen Verband organisiert. Als Mitglied des internationalen Verbandes veranstaltet Savate - Canne - Bâton Deutschland e.V. nationale Wettkämpfe, entsendet Mannschaften zu internationalen Meisterschaften und organisiert Prüfungen und Lehrwesen.

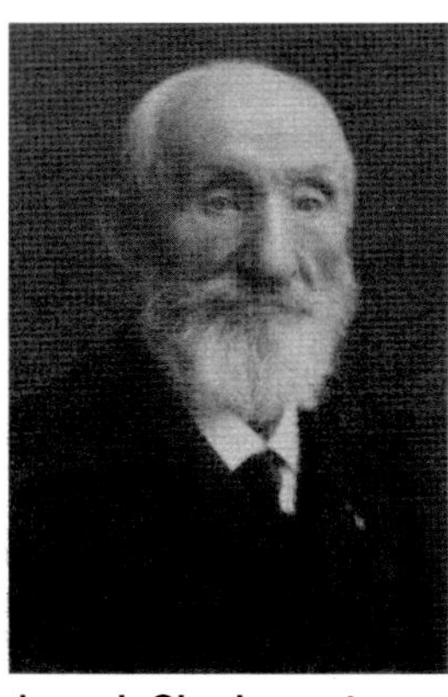

Joseph Charlemont

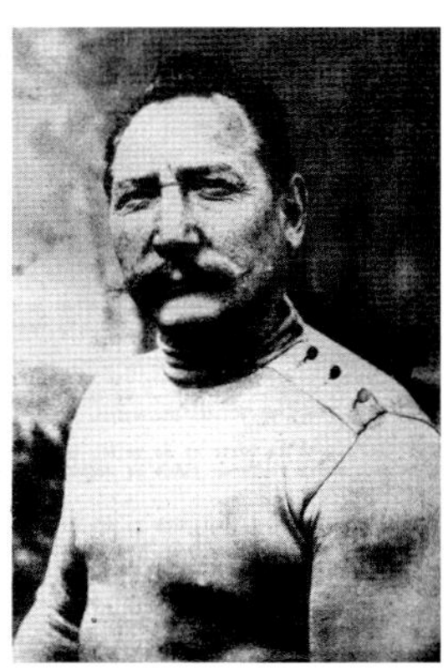

Charles Charlemont

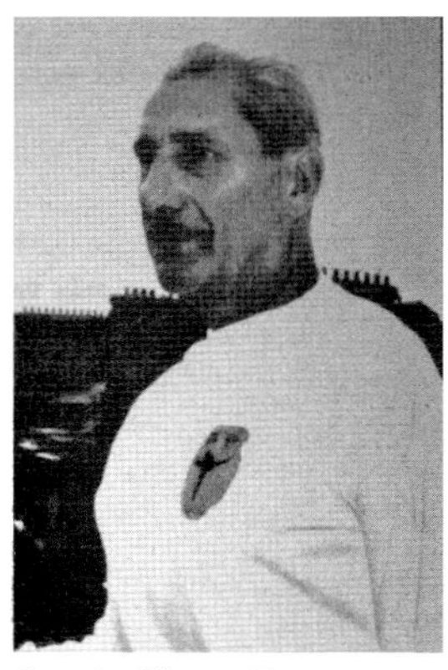

Comte Pierre Baruzy

Die Ausrüstung

Welche Ausrüstung brauchst du für Savate?

Extra Savate-Schuhe sind am besten, zum Training genügt ein nicht zu harter Sportschuh mit profilarmer Sohle.

Boxhandschuhe müssen nur für Combat geschnürt sein, Handschuhe mit Gummizug oder Klettverschluss sind praktischer. Achte beim Kauf auf einen angenähten Daumen.

Der Zahnschutz ist im Wettkampf Pflicht. Die wenigen Euro sind eine clevere Investition um Zahnschäden vorzubeugen.

Der Tiefschutz bewahrt zwar nicht vor allen Schmerzen, verhindert aber meist das schlimmste. Auch er ist im Wettkampf für Männer Pflicht. Die Tiefschutzmodelle für Frauen werden von diesen kontrovers diskutiert.

Schienbeinschützer müssen weich sein, dann verhindern sie Verletzungen beim Zusammenstoß Schienbein gegen Bein oder Unterarm.

Bandagen stabilisieren die Faust, sie sind im Combat Vorschrift, in Assaut und Training völlig entbehrlich. Innenhandschuhe saugen den Schweiß ebenso gut auf.

Bei Wettkampf oder Prüfung tragen Savateure heutzutage einen Einteiler „Tenue Integrale“. Dieses Kleidungsstück ist leicht und praktisch aber nur an schlanken Menschen wirklich schön. Es gibt internationale Tendenzen auch wieder Zweiteiler zuzulassen.

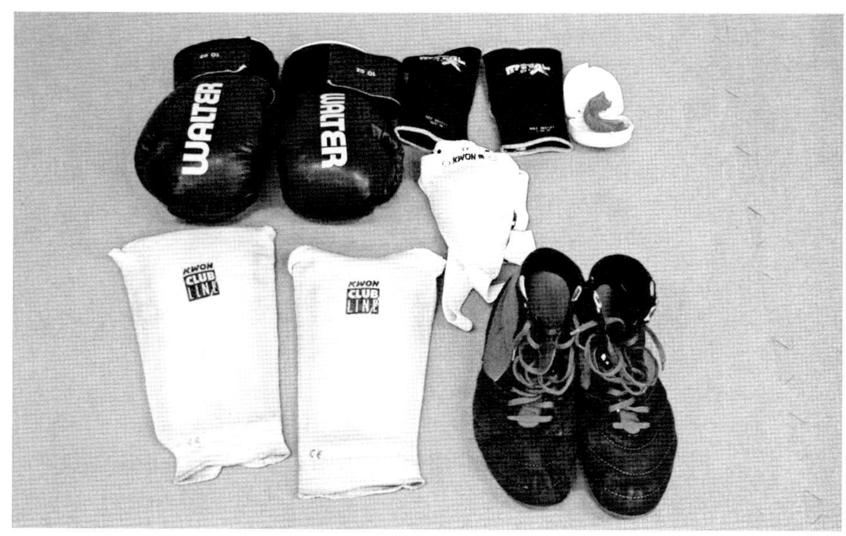

Pflege der Ausrüstung

Auch die Savate Ausrüstung bedarf einer minimalen Pflege.

Boxhandschuhe und Schuhe eignen sich mit ihrem feuchtwarmen Klima prima als Zuchtstationen für Mikroben aller Art. Lasse sie nach jedem Einsatz offen mit der Öffnung nach oben zum Trocknen stehen. Die Handschuhe bekommen irgendwann einen eigenen Geruch, diesen mit Geruchssprays bekämpfen zu wollen ist sinnlos!

Der Zahnschutz wird nach jedem Training abgespült und darf dann außerhalb seiner Dose trocknen. Hin und wieder freut er sich über die Behandlung mit Zahnpasta und Zahnbürste.

Le Salut - der Gruß

Mit dem Gruß drücken wir den Respekt vor unserem Partner und unserer Kampfkunst aus. Durch seine Art des Grußes zeigt Savate seine europäischen Wurzeln und die Verwandtschaft mit anderen europäischen Kampfkünsten.

Wir grüßen zu Beginn und Ende des Trainings sowie vor und nach dem Üben mit einem Partner.

Wir stehen uns mit geschlossenen Füßen gegenüber. Die rechte Faust berührt mit der Handinnenseite die eigene linke Brust. Von hier wird der Arm nach rechts vorne gestreckt und danach wieder in die Ausgangsstellung bewegt. Der Arm kann in der Streckstellung leicht nach unten oder oben weisen oder waagrecht sein. Es ist jedoch schön, wenn dies in einem Verein oder einer Schule einheitlich gehandhabt wird. Auf einem überregionalen Lehrgang wird man sich nach der Ausführung der Lehrgangsleitung richten.

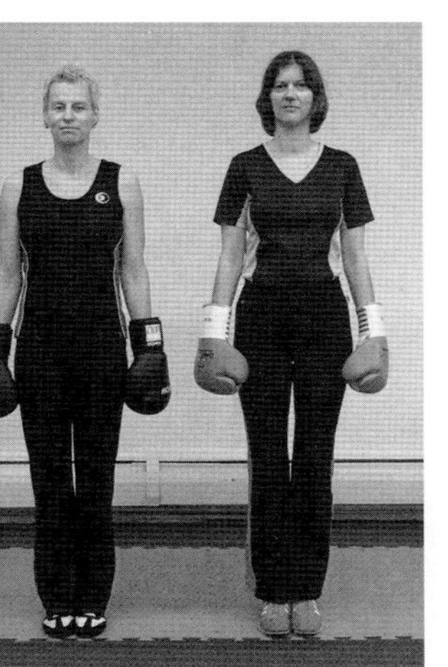

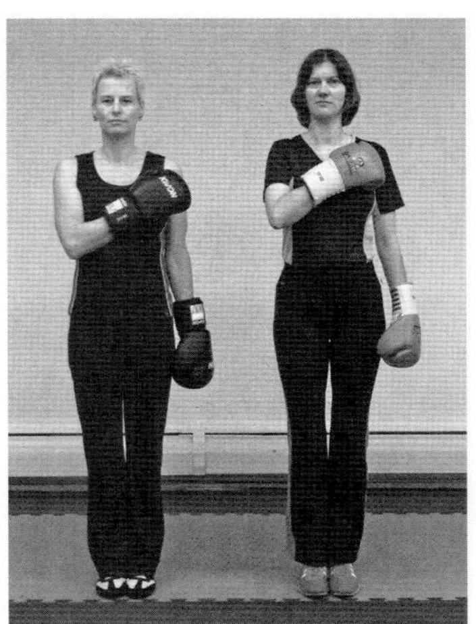

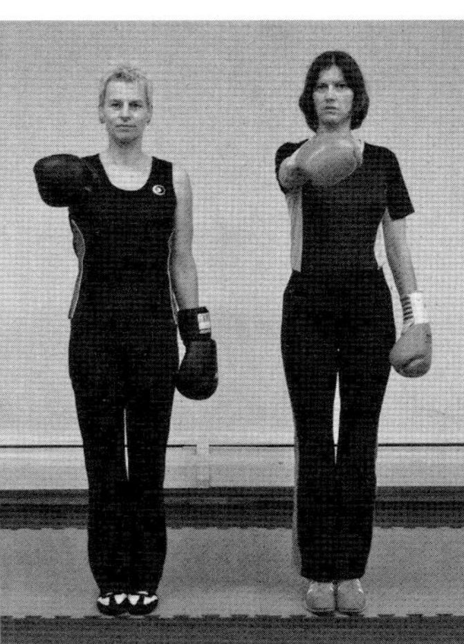

La Garde - die Kampfstellung

Die Kampfstellung im Savate BF verfolgt mehrere Zwecke. Sie soll eine leichte Beinarbeit ermöglichen und trotzdem ein gutes Gleichgewicht bieten. Die Arme sollen aus der Stellung heraus für Abwehr und Angriff gut einzusetzen sein. Mit einiger Verspätung unterlag die bevorzugte Kampfstellung in den letzten 100 Jahren den selben Wandlungen wie im englischen Boxen, so dass diese sich heute wieder weitgehend gleichen.

Wir unterscheiden:
Die Linksauslage (garde à gauche) - der linke Fuß ist vorn;
die Rechtsauslage (garde à droite) - der rechte Fuß ist vorn.

La garde à gauche

Die Linksauslage wird von Rechtshändern bevorzugt. Da diese in unserem Kulturkreis ca 80% der Bevölkerung ausmachen ist die Linksauslage die Regel, wir zwingen aber Linkshänder nicht dazu.

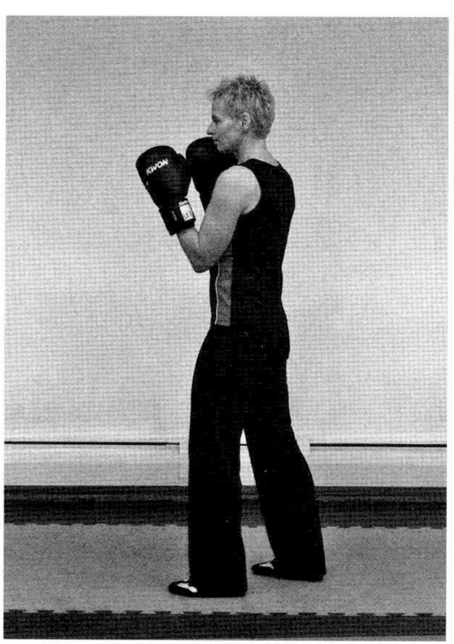

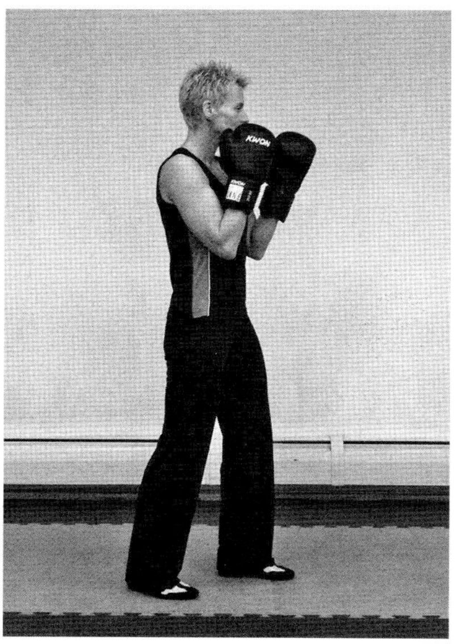

Stelle den linken Fuß einen bequemen Schritt (wie beim spazieren gehen) nach vorn. Seitlich stehen die Füße hüft- bis schulterbreit auseinander. Beide Fußspitzen zeigen nach vorn, die Fußballen tragen den größten Teil des Körpergewichts, hebe die rechte Ferse leicht vom Boden ab.

Beuge die beiden locker neben dem Körper hängenden Arme im Ellenbogen und rolle den Rumpf etwas ein. Dein Kinn verschwindet zwischen deinen Handschuhen und die Ellenbogen decken die Seite des Rumpfes.

Die Rechtsauslage (garde à droite) ist die spiegelverkehrte Ausführung.

Fehler

Typische Fehler, die es zu vermeiden gilt:

Die Kämpferin trägt die Arme vor sich her. Dieser Fehler ist typisch für Schüler asiatischer Kampfsportarten und für ängstliche Personen. Diese Armhaltung ist extrem anstrengend und kaum 3 Runden durchzuhalten. Die Armtechniken werden steif und langsam.

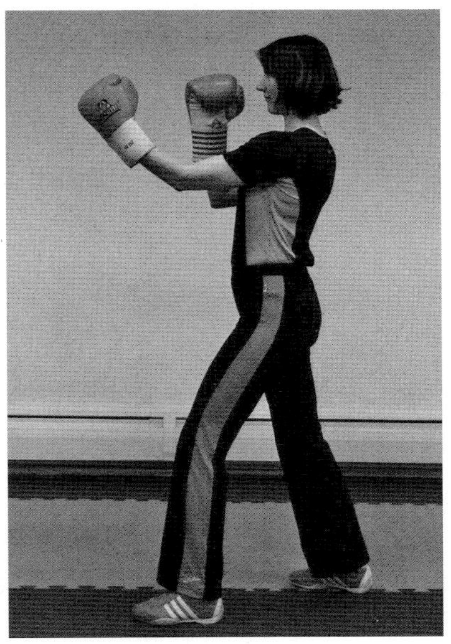

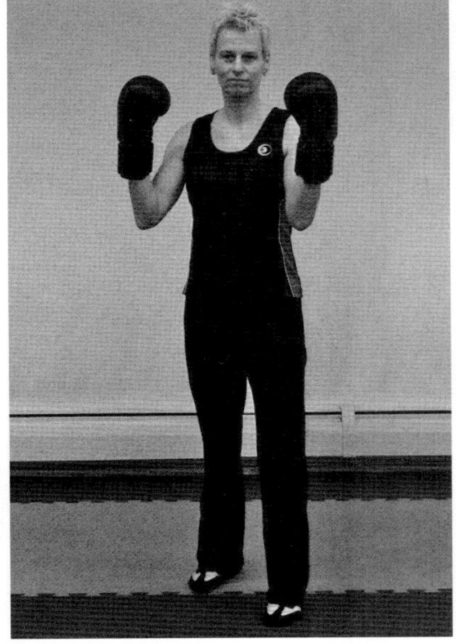

Stolz schwillt die Heldenbrust. Die Körpermitte (Solar Plexus) ist ein leichtes Ziel für Faust und Fuß des Gegners.

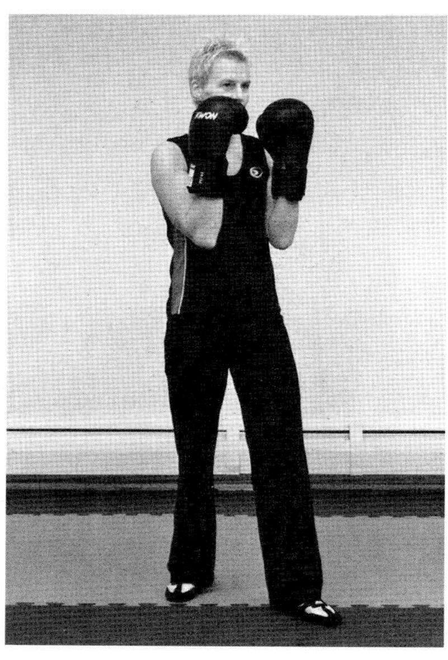

„Häuptling Plattfuß" ist kaum leichtfüßig im Ring unterwegs. Der quer gestellte hintere Fuß und die schmale Stellung erschweren den Einsatz der hinteren Faust.

Übrigens

Stehen beide Kämpfer in der gleichen Auslage, so heißt das „vraie garde", nimmt einer Rechts- und einer Linksauslage ein, so spricht man von „fausse garde".

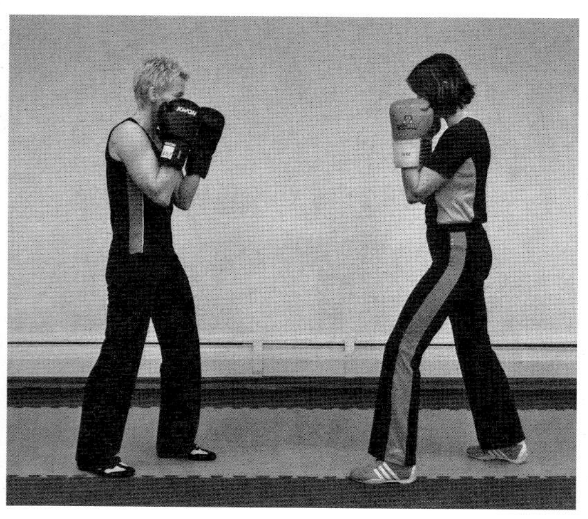

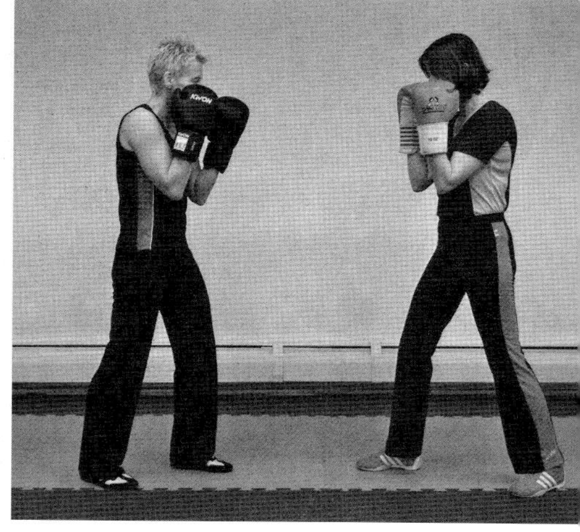

Auslagewechsel *(changement de garde)*

Das Wechseln der Auslage war früher sehr gebräuchlich . Heute kommt es nur noch in bestimmten technisch-taktischen Situationen vor, dann findest du den passenden Hinweis.

Vermeide es möglichst im Kampf die Auslage zu wechseln. In der „falschen“ Auslage bist du mit den Fäusten meist schlechter organisiert und dann unterlegen.

Les Déplacements - die Beinarbeit

Der Beinarbeit kommt eine große Bedeutung in Angriff und Verteidigung zu. Nachdem wir die Grundtechniken gelernt haben üben wir diese regelmäßig aus der Bewegung.

Grundregel der Beinarbeit ist, dass der Fuß in Bewegungsrichtung zuerst bewegt wird und der andere zügig folgt. So stehst du schnell wieder in Kampfstellung. Auf diese Weise kannst du dich vorwärts, rückwärts und seitwärts bewegen.

Bewegung vorwärts (marcher) und rückwärts (rompre)

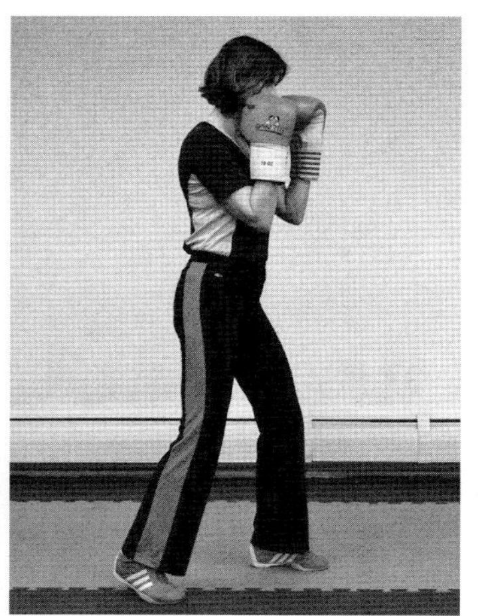

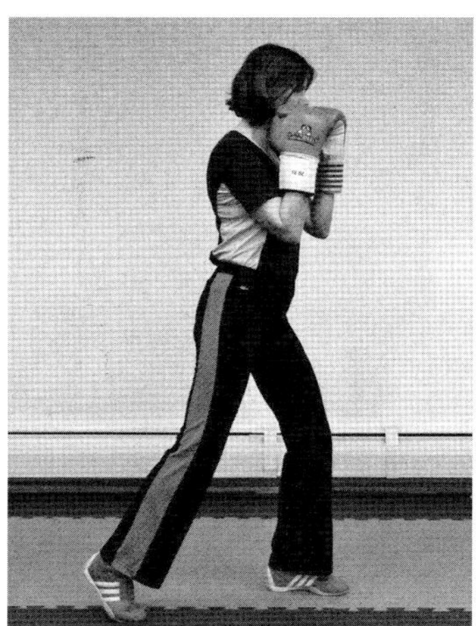

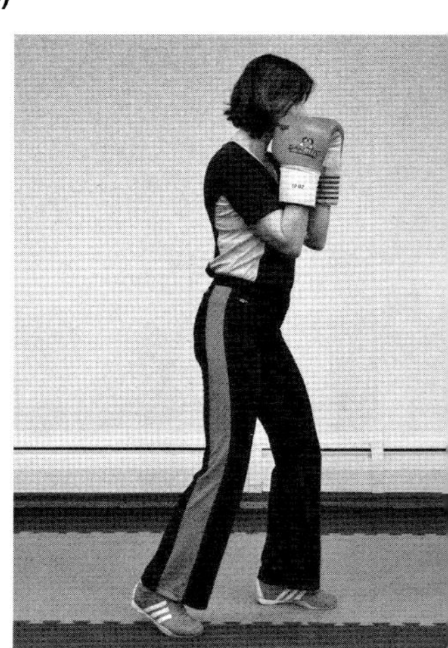

Bewegung seitwärts (pas de coté) nach rechts und links

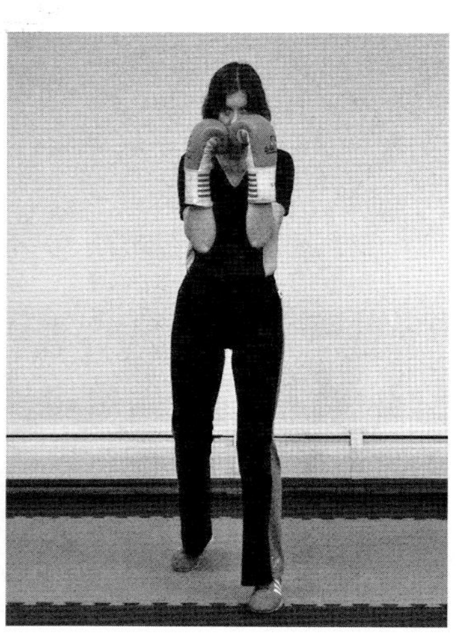

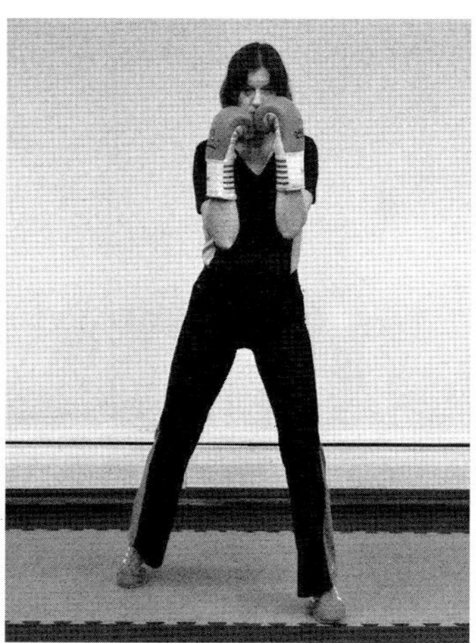

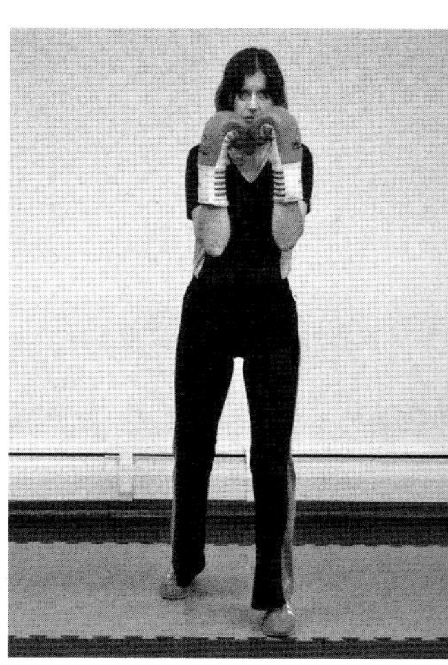

Les Coups de poing - die Fausttechniken

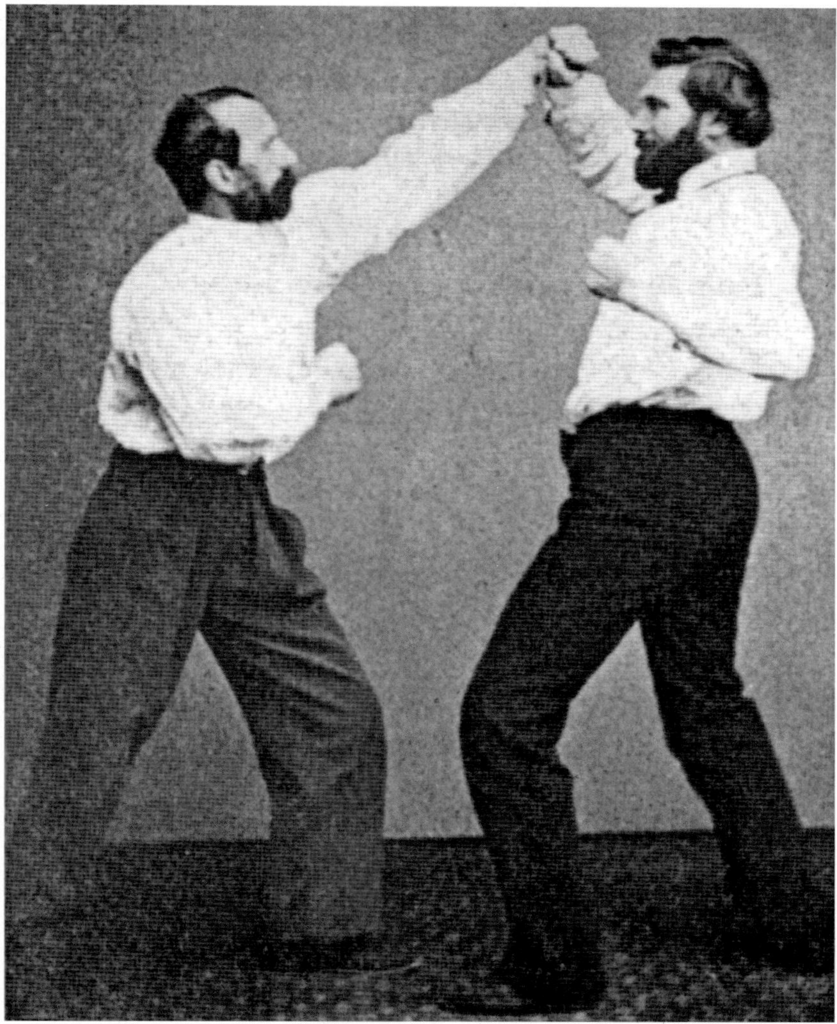

Die Fausttechniken des Savate BF entsprechen denen des englischen Boxens. Im sportlichen Savate ist die zulässige Trefferfläche die Vorderseite der Faust. Ziel der Fausttechniken sind Kopf und Rumpf (oberhalb der Gürtellinie) von vorn und von der Seite.

Bei der Beschreibung der Fausttechniken gehen wir von der Linksauslage aus; die Bezeichnungen „vorderer" und „hinterer Arm" sind entsprechend zu verstehen.

Le Direct - die Gerade

Der Direct ist die wichtigste Fausttechnik. Die Gerade ist die kürzeste Verbindung zwischen zwei Punkten, deshalb ist der Direct schneller und weitreichender als andere Schläge.

Gute, technische Boxer erkennt man an gestochenen Geraden auf der Innenbahn!

Direct du bras avant figure
(vordere Gerade zum Kopf)

Setze den linken Fuß leicht nach vorn und stoße dich mit dem Druck des rechten Beines vorwärts. Strecke die linke Faust geradlinig zum Kopf des Gegners. Beuge Kopf und Körper minimal nach rechts. Beim Treffen zeigt dein Faustrücken nach oben, dein Kinn sucht Schutz hinter deiner linken Schulter, die rechte Hand ist zum Schutz der rechten Kopfseite bereit.

Sofort geht die linke Faust zurück in die Ausgangsstellung. So kannst du die Technik wiederholen oder dich schützen.

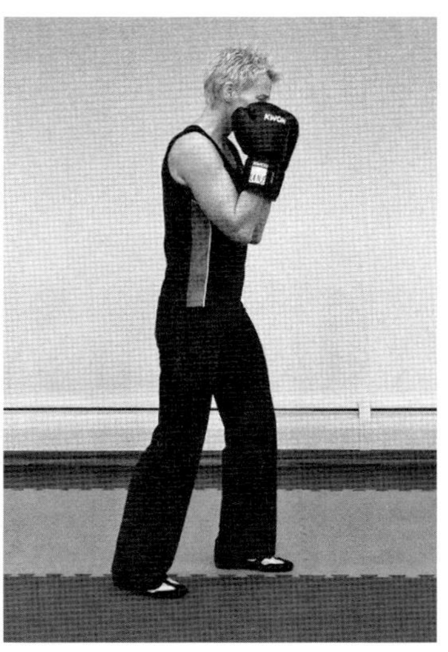

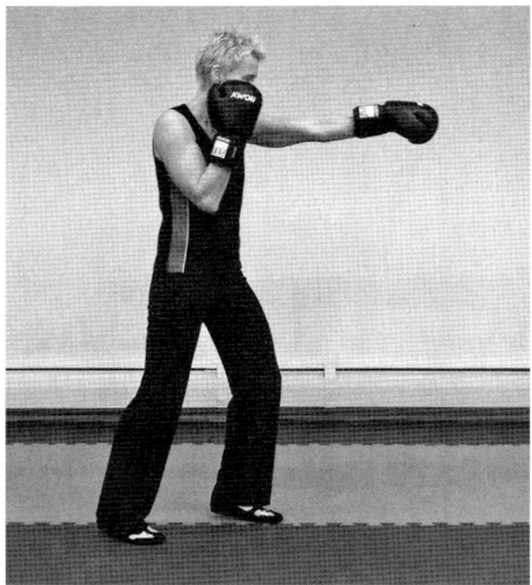

Wichtig

Lasse den Ellenbogen möglichst lange an deinem Körper entlang gleiten und drehe den Faustrücken spät Richtung Decke. So sticht deine Gerade auf der Innenbahn.

Anwendung

Die vordere Gerade kann einen Kampf weitgehend gestalten. Sie hält die Distanz zum Gegner und bereitet weitere Angriffe vor.

Assaut

Im Assaut ist der Direct ein wichtiger und risikoarmer Punktesammler.

Combat

Die vordere Gerade dient hauptsächlich der Vorbereitung anderer Techniken und zum Halten der Distanz. Ein KO mit dieser Technik ist eher die Ausnahme.

Direct du bras avant au corps *(vordere Gerade zum Körper)*

Der Stoß wird wie der entsprechende Stoß zum Kopf ausgeführt. Neige den Körper jedoch stärker nach rechts und beuge die Knie, so dass der Stoß waagrecht nach vorn geht.

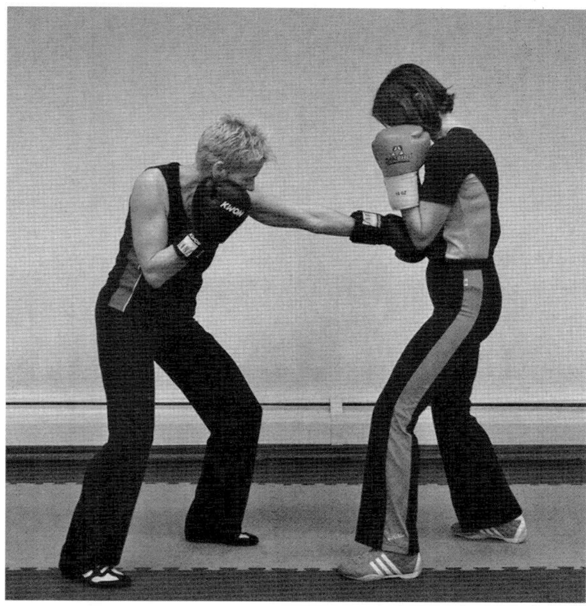

Direct du bras arrière *(hintere Gerade)*

Setze den linken Fuß ein wenig nach vorn und drehe dich um die Körperlängsachse nach links. Schiebe die rechte Schulter nach vorn und strecke dynamisch den rechten Arm. Beim Auftreffen der Faust zeigt dein rechter Handrücken nach oben. Die rechte Schulter deckt die rechte Seite deines Kinns, deine linke Hand schützt die linke Gesichtsseite.

Ziehe den rechten Arm nach dem Stoß ebenso schnell wieder zurück, so dass du sofort wieder aktionsbereit in Garde à gauche stehst.

Um die hintere Gerade waagrecht zum Körper zu stoßen, musst du beide Knie deutlich beugen.

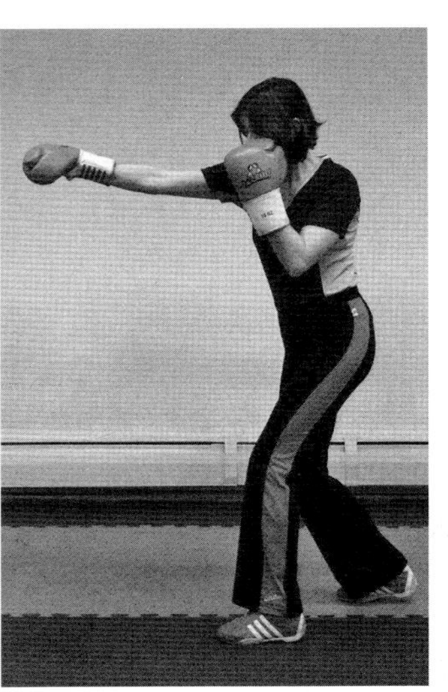

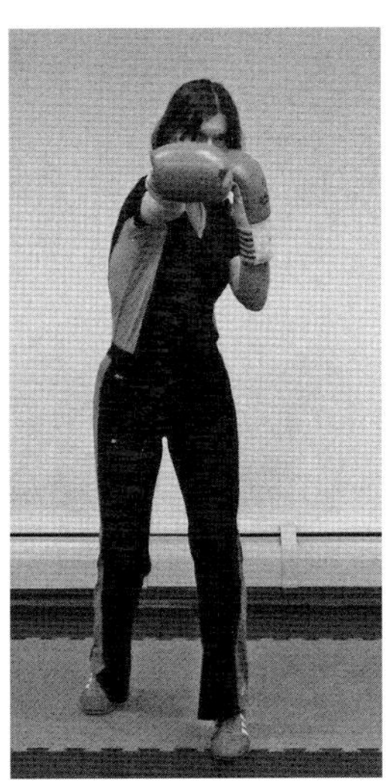

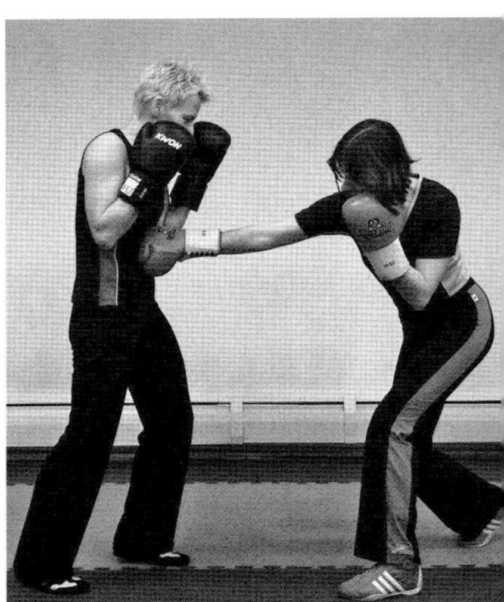

Wichtig

Noch leichter als bei der vorderen Geraden wird aus dem hinteren Direct ein schlechter Haken. Führe den Ellenbogen nah am Körper und stoße auf schmaler Spur nach vorn.

Anwendung

Die hintere Gerade wird oft im Gegenangriff oder als Abschluss einer Kombination eingesetzt.

Assaut

Im Assaut kommt die hintere Gerade weniger oft zum Einsatz als die mit der vorderen Hand. Ihr Einsatz muss gut vorbereitet sein, damit der Gegner sie nicht sofort erkennt.

Combat

Die hintere Hand hat einen wesentlich größeren Beschleunigungsweg als die vordere. Hierdurch und durch die Drehung des Rumpfes ist die hintere Gerade eine sehr kraftvolle Technik. Durch die vordere Hand gut vorbereitet, führt sie oft zum KO.

Le Crochet - der Haken

Der Haken ist ein kurzer, halbkreisförmiger Schlag. Er wird in der Halbdistanz oder im Nahkampf mit dem vorderen oder hinteren Arm zum Kopf oder Körper geführt. Die Stirnseite der Faust trifft das Ziel von der Seite. Die Kraft kommt aus der Gewichtsverlagerung, der Drehung des Rumpfes und der Schulter; der Ellenbogen bleibt ungefähr rechtwinklig gebeugt.

Crochet du bras arrière - Haken mit dem hinteren Arm

Setze den linken Fuß ein wenig nach links und lass dein Gewicht auf diesen Fuß fallen. Drehe den Körper kraftvoll nach links, hebe gleichzeitig den rechten Ellenbogen zur Waagrechten an. Halte den rechten Arm hakenförmig gebeugt, der Handrücken zeigt nach oben. Schlage mit der Kraft des Körpers und der Schulter von der Seite zum Ziel. Deine linke Schulter zieht dabei zurück, die linke Hand deckt deine linke Kopfseite.

Kehre sofort in deine Ausgangsstellung zurück.

Beim Schlag zum Kopf bleibst du relativ aufrecht, beim Schlag zum Körper gehst du in die Knie.

Crochet du bras avant
(Haken mit dem vorderen Arm)

Setze den rechten Fuß etwas nach rechts und / oder nach vorn. Verlagere das Gewicht vom linken auf den rechten Fuß. Drehe den Rumpf nach rechts und schlage den Haken mit der linken Faust zum Kopf oder Körper. Die rechte Hand deckt dabei deine rechte Kopfseite. Kehre zügig in Garde à gauche zurück.

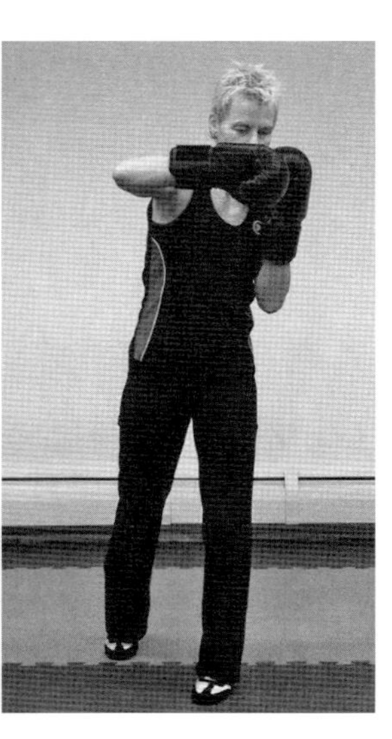

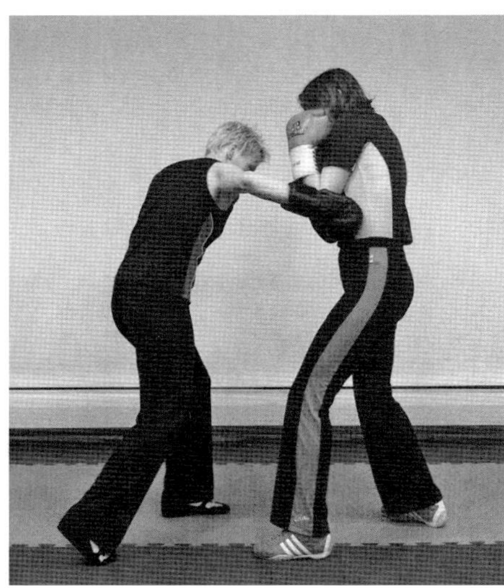

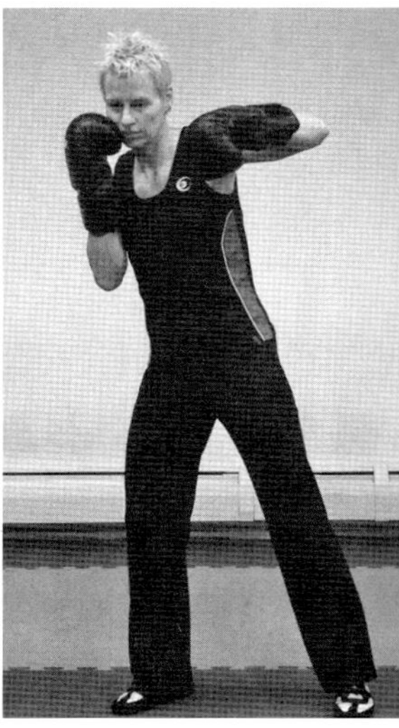

Falsch

Das Schlagen mit der Innenhand ist verboten. Außerdem bleibt so der Ellenbogen tief und der Gegner kann sich bei korrektem Abducken an diesem stoßen. Dieser Fehler wird dir angelastet und mit einer Verwarnung bestraft.

Bei falschem Abstand trifft der Unterarm.

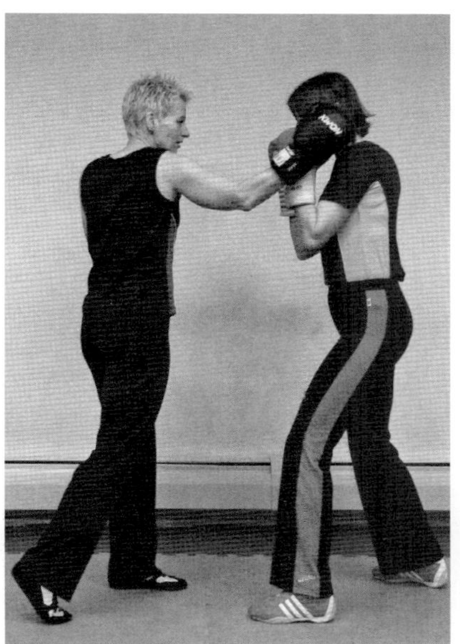

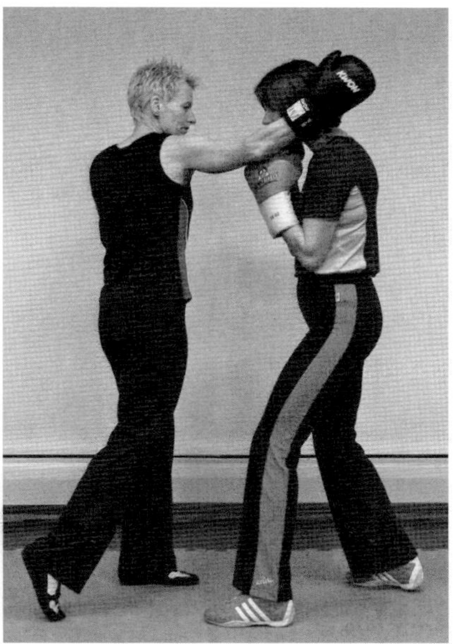

Wichtig

Motor für den Haken ist die Verlagerung des Körpergewichts vom faustseitigen auf den Fuß der Gegenseite. Die Verlagerung von hinten nach vorn wie beim Direct ist biomechanisch ungünstig und führt zu einem schwachen, wirkungslosen Crochet.

Die Unterscheidung zwischen vorderem und hinterem Fuß verliert im Nahkampf an Bedeutung, die Fußstellung wird fast parallel.

Anwendung

Der Haken hat zwei hauptsächliche Anwendungen:

1.) Der gerade Weg ist durch die Doppeldeckung des Gegners versperrt.

2.) Die Distanz ist für Gerade zu kurz, z.B. weil du gegen einen Gegner mit größerer Reichweite in die Halbdistanz gegangen bist.

In beiden Fällen will der Einsatz des Crochet gut vorbereitet sein. Einzelne Haken aus der Distanz zu schlagen, ist ein schlechter Boxstil für Menschen mit starken Nehmerqualitäten und schwacher Intelligenz.

Assaut

Mit Haken nimmst du gelegentlich einen Punkt mit. Leicht schlägst du zu hart und bekommst dann Schwierigkeiten mit dem Ringrichter.

Combat

Der Crochet ist eine starke Technik für den Nahkampf. Zum Rumpf geschlagen, nimmt er dem Gegner die Luft. Leberhaken und Haken zum Kopf haben schon viele Kämpfe durch KO entschieden.

L'Uppercut - der Aufwärtshaken

Der Uppercut ist ein kurzer Schlag in Form eines senkrechten Hakens von unten nach oben oder oben vorn. Die Bewegung der Faust ist fast geradlinig. Der Faustrücken zeigt nach unten / vorn. Der Schlag wird auf Halbdistanz und vor allem im Nahkampf zum Kopf oder Körper geführt.

Uppercut du bras avant - Aufwärtshaken mit dem vorderen Arm

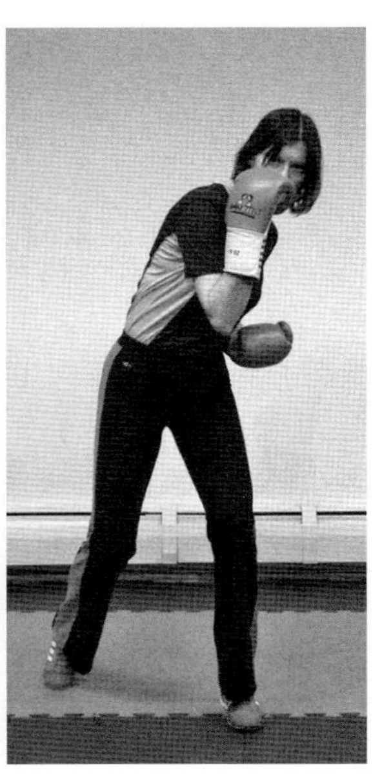

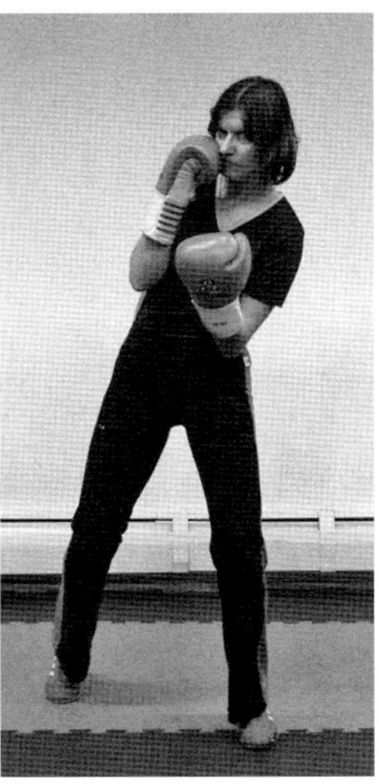

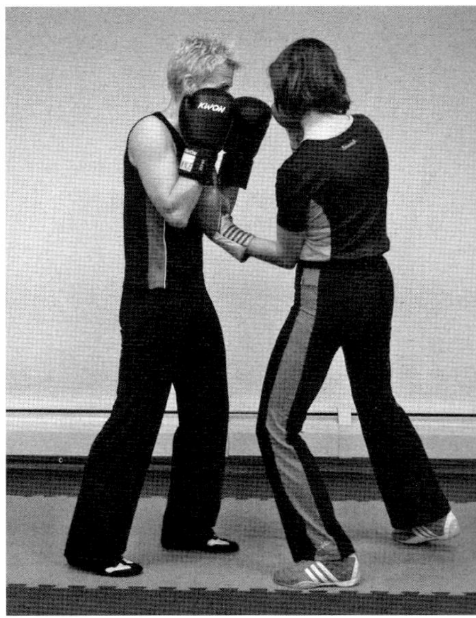

Verlagere das Körpergewicht fast komplett auf das linke Bein. Die linke Ferse hat Bodenkontakt, das linke Bein wird gebeugt um für den Schlag zu „laden“. Die Streckung des linken Beines treibt die linke Hüfte nach oben und vorn. Ziehe den linken Ellenbogen vor deine linke Hüfte und setze den Bewegungsimpuls des Beines fort bis die Faust das Ziel trifft.

Uppercut du bras arrière
(Aufwärtshaken mit dem hinteren Arm)

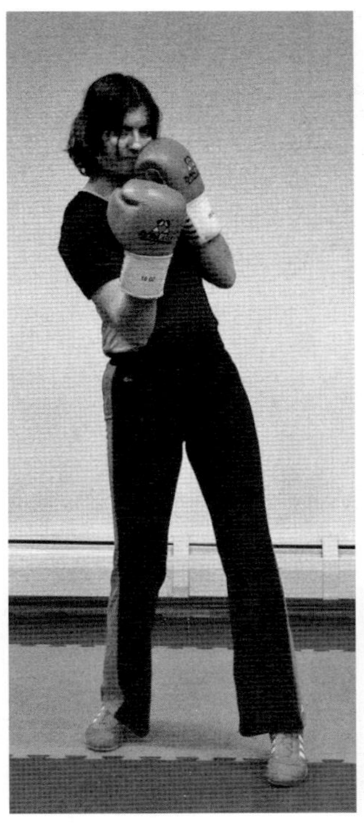

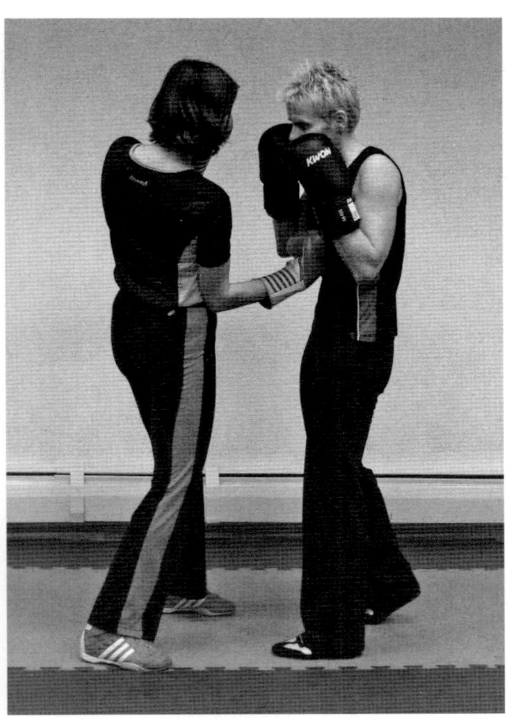

Bringe dein Körpergewicht über deinen rechten Fuß. Vielleicht musst du den Fuß hierfür nach vorn oder rechts stellen. Die rechte Ferse ist fest im Boden verankert, das rechte Bein „lädt“ für den Schlag. Strecke das rechte Bein kraftvoll ohne das Gewicht nach links zu verlagern. Zieh den rechen Ellenbogen vor dich und lass den Bewegungsimpuls von Bein und Becken in die rechte Faust fließen.

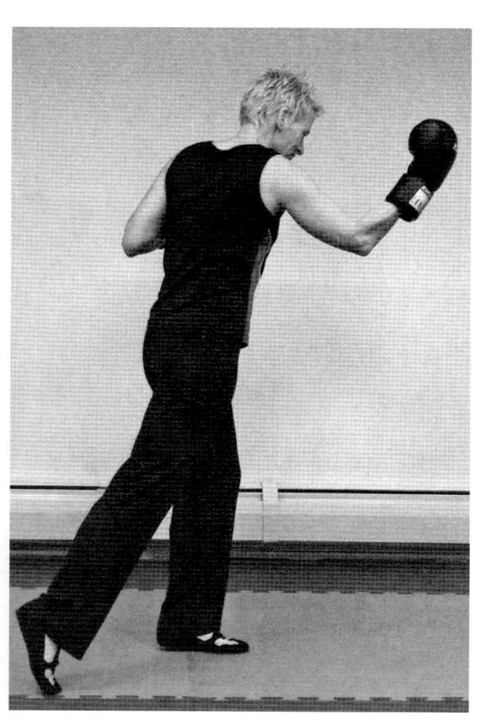

Falsch

Das Körpergewicht wird von hinten nach vorn verlagert, die rechte Ferse löst sich vom Boden.

Der Ellenbogen ist neben dem Körper, eine sinnvolle Kraftübertragung ist nicht möglich.

Wichtig

Auch für den Uppercut liegt der Motor in den Beinen. Eine Bewegung nur aus dem Arm mag im Assaut einen Punkt bringen. Im Combat wird sie keine Wirkung zeigen und in der Prüfung als falsch bewertet.

Anwendung

Gelegenheit zum Uppercut gibt es, wenn du in Angriff oder Verteidigung die Konfrontationsachse etwas verlässt.

Assaut

Der Aufwärtshaken kann in Kombinationen einen Punkt gutmachen.

Combat

Zum Rumpf geschlagen kostet der Aufwärtshaken den Gegner viel Kraft, selbst wenn er auf die Deckung geht. Ein Uppercut zum Kinn kann den Kampf entscheiden.

Übrigens

Auf „echt französisch" wird der Uppercut wie „Üpperkütt" ausgesprochen. Bitte nicht lachen!

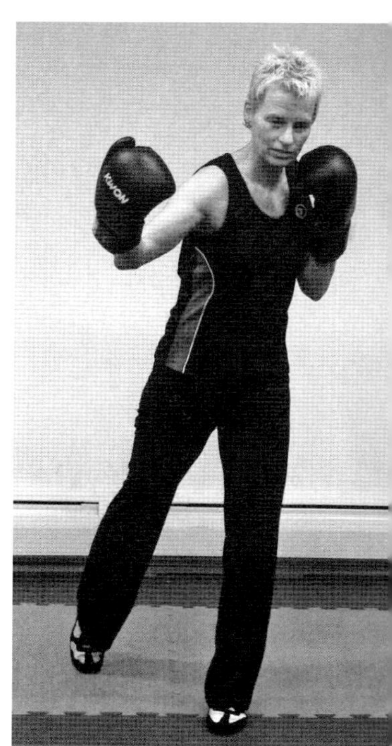

Les Coups de pied - die Fußtechniken

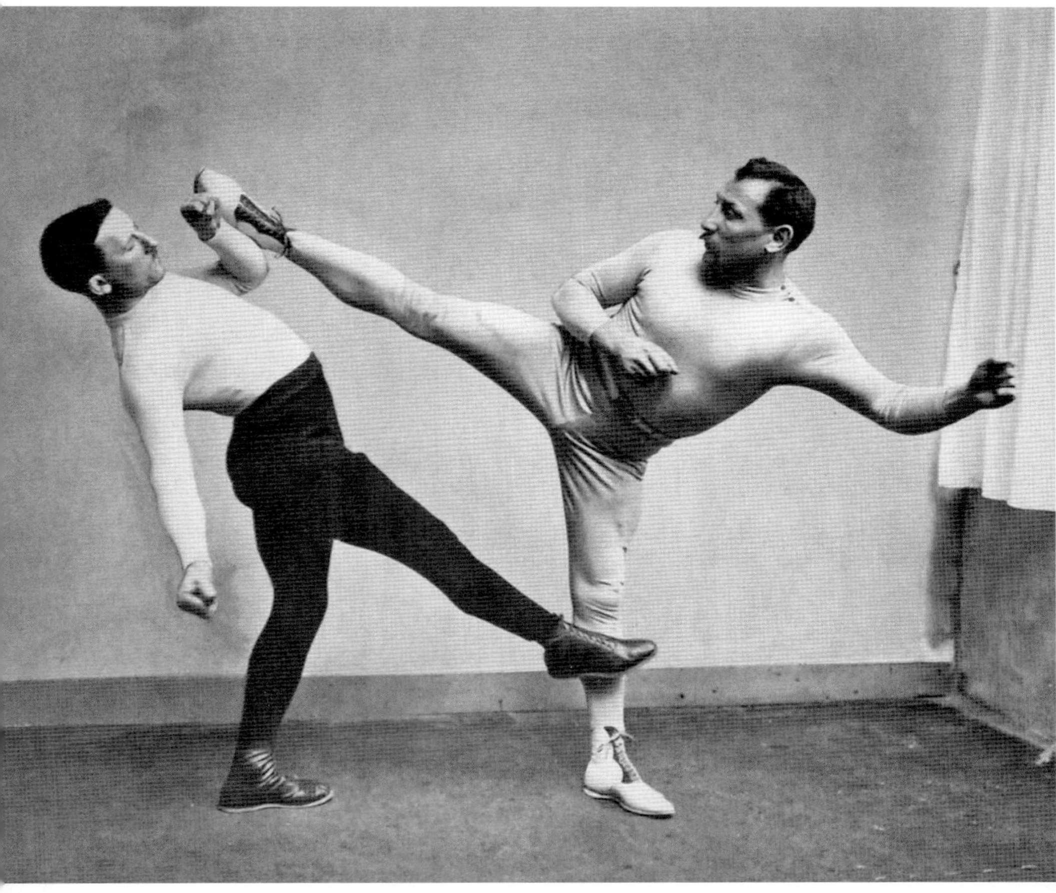

Die Fußtechniken machen den besonderen Charakter des Savate - Boxe Française aus. Besonders der Reichtum an Tritten gegen die Beine ist so in keiner anderen Kampfkunst zu finden und stellt Kampfsportler anderer Stilrichtungen regelmäßig vor unlösbare Probleme. Auch für die Selbstverteidigung sind diese Techniken von unschätzbarem Wert.

Im sportlichen Kampf ist der ganze Körper Trefferfläche für den Fuß. Ausgenommen sind nur der Nacken, der Unterleib und die weibliche Brust. Getroffen wird mit dem Fuß; Tritte mit dem Knie oder Schienbein sind im sportlichen Savate verboten. Das Meistern der korrekten Distanz für jeden Tritt ist eine der größten Herausforderungen beim Erlernen des Savate.

Nicht alle Tritte des Savate sind im sportlichen Kampf erlaubt. Im Kapitel über französisches Boxen lehren wir zunächst nur die Wettkampftechniken.

Le Coup de pied bas - tiefer Fußschlag

Dieser Fußschlag ist sehr einfach und hochwirksam. Deshalb wurde er früher als „erste Grundtechnik" in den Boxschulen unterrichtet.

Die Innenkante des Fußes trifft den Unterschenkel unterhalb des Knies. Der Fuß bewegt sich in einer fast horizontalen Bahn vorwärts.

Wir unterscheiden den auf Schmerzwirkung zielenden Fußschlag (Coup de pied bas de frappe) und die Ausführung um den Gegner zu Fall zu bringen oder sein Gleichgewicht zu stören (Coup de pied bas de déséquilibre).

Coup de pied bas de frappe

Verlagere das Gewicht auf das vordere Bein. Beuge es leicht und drehe die Spitze des linken Fußes leicht nach außen. Schlage das gestreckte rechte Bein nach vorn; der nach außen gedrehte Fuß streift über den Boden. Gleichzeitig lehnst du den Rumpf zurück und schiebst das Becken deutlich nach vorn. Die Innenkante deines rechten Fußes trifft das Ziel von vorn.

Schwinge das Bein zurück, richte den Rumpf auf und nimm sofort wieder Garde à gauche ein.

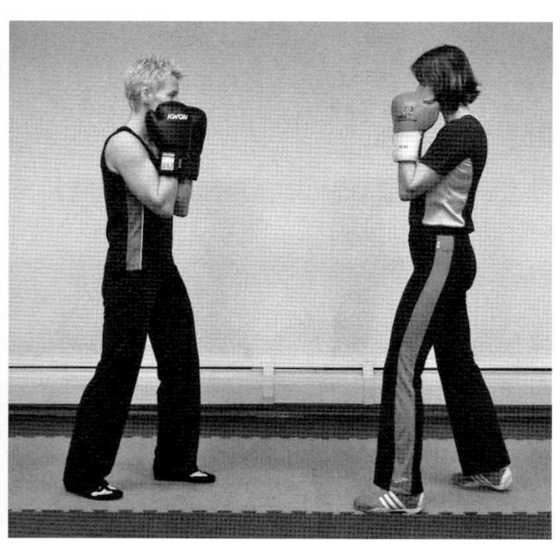

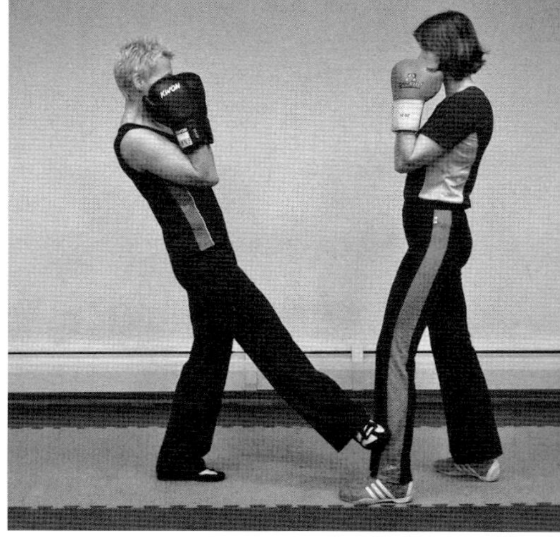

Wichtig

Durch den Einsatz des Beckens und das Zurücknehmen des Kopfes bekommt der Coup de pied bas eine enorme Reichweite.

Anwendung

Gleich ob als Einzelangriff oder in Kombination mit anderen Fuß- oder Fausttechniken, der Coup de pied bas ist immer nützlich.

Assaut

Im Assaut ist der Coup de pied bas immer gut für einen schnell mitgenommenen Punkt. Er lässt sich unauffällig in Faustkombinationen einfügen, auch wenn die Distanz nicht optimal ist.

Combat

Ohne Schienbeinschützer ist der Coup de pied bas extrem schmerzhaft, da am Schienbein die empfindliche Knochenhaut dicht unter der Oberfläche liegt. Stehen die Kämpfer in Fausse garde trifft der Fuß das Schienbein leicht von innen, wo es besonders empfindlich ist. So lässt sich mit dieser Technik durchaus die Kampfunfähigkeit herbei führen.

Übrigens

Coup de pied bas de frappe wird praktisch nur mit dem hinteren Fuß ausgeführt. Mit dem vorderen Fuß ist diese Technik sehr schwach und wirkt sehr ungeschickt. Deshalb heißt diese Ausführung bei den Franzosen „Coup de pied de Belges“ - Fußtritt der Belgier (politisch nicht korrekt!)

Coup de pied bas de déséquilibre

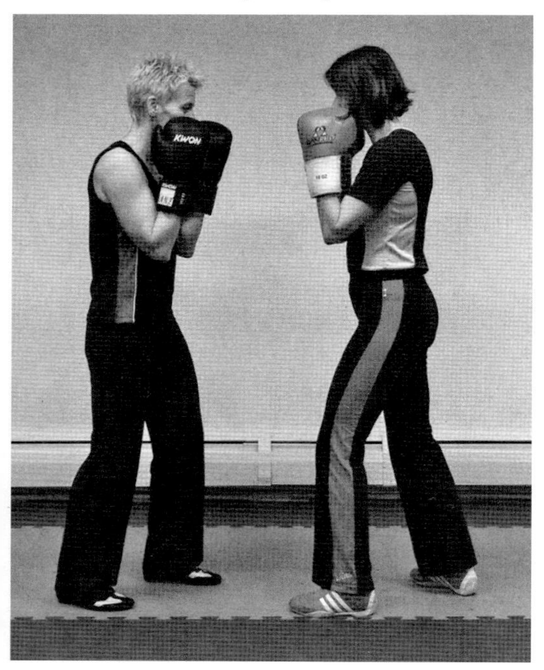

Bei dieser Ausführung wird der belastete oder teilbelastete Fuß des Gegners mit dem eigenen Fuß weggeschoben. So kommt der Gegner zu Fall oder wird zumindest aus dem Gleichgewicht gebracht.

Bringe dich mit einem Schritt deines rechten Fußes neben und fast hinter deinen Gegner. Drehe dich so weit nach links, dass ihr fast parallel steht. Nun führe schiebend und mit starkem Hüfteinsatz Coup de pied bas aus; dein rechter Fuß trifft den linken Fuß des Gegners an der Ferse und schiebt ihn nach vorn weg.

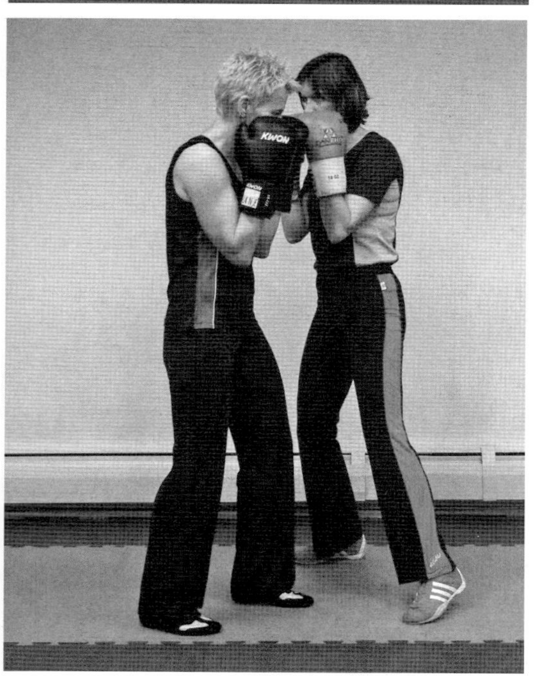

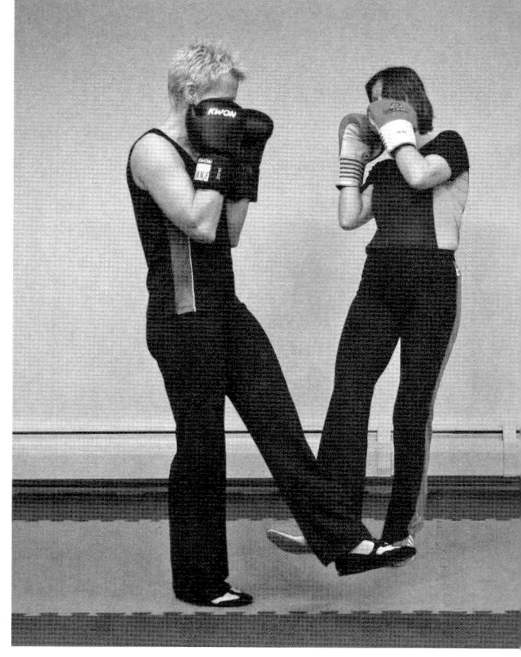

Falsch

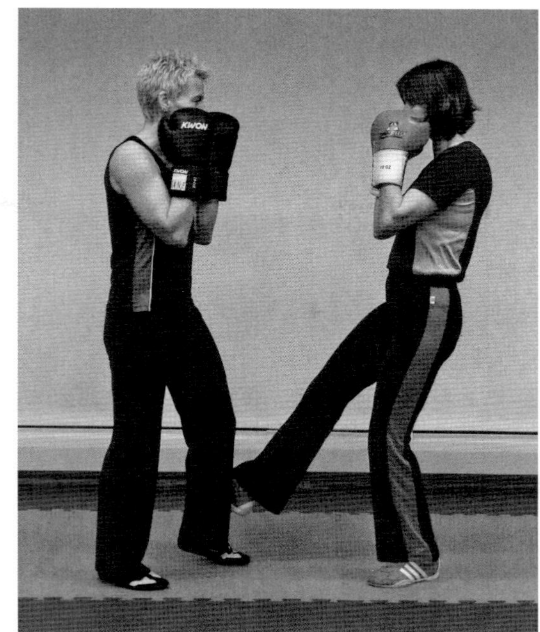

Bleibst du vor dem Gegner stehen, so schlägst du mit der Fußinnenkante von der Seite zu. Dies ist keine korrekte Technik, wenig effektiv und im Wettkampf verboten.

Während des Coup de pied bas den Gegner zu fassen ist im Savate BF nicht erlaubt und der Selbstverteidigung vorbehalten.

Assaut

Den Gegner zu Fall zu bringen gibt zwar auch nur einen Punkt für eine tiefe Fußtechnik; die moralische Wirkung ist jedoch ungeheuer.

Combat

Auch beim Kampf mit Vollkontakt kann das Werfen des Gegners diesen moralisch komplett demontieren. Oft gibt dies dem Kampf die entscheidende Wendung.

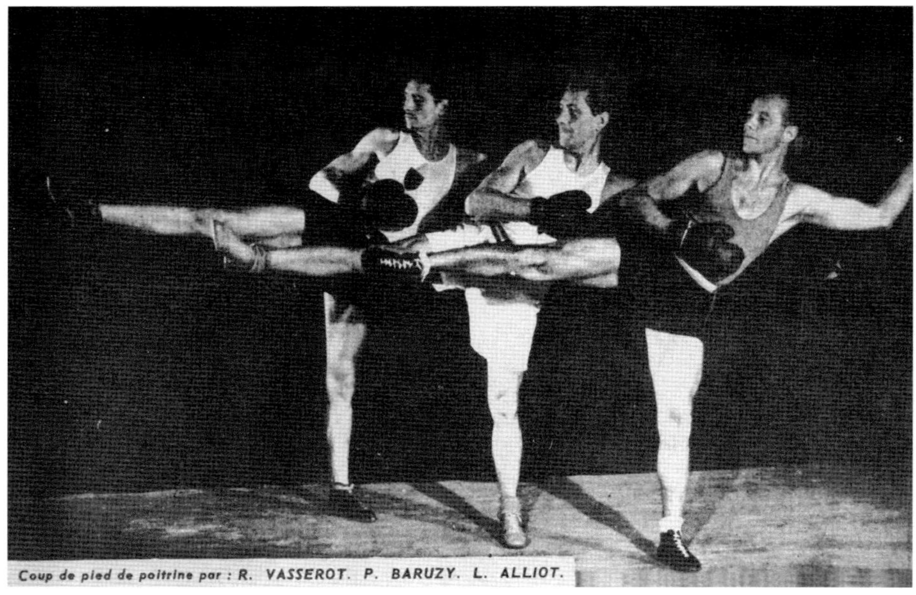
Coup de pied de poitrine par : R. VASSEROT. P. BARUZY. L. ALLIOT.

Le Fouetté - der Peitschentritt

Der Schnapptritt aus dem Kniegelenk ist eine natürliche und deshalb leicht zu lernende Bewegung. Im sportlichen Savate wird diese Art des Trittes jedoch nur waagrecht von außen nach innen angewandt. Der Fouetté ist die meist verwendete Fußtechnik.

Der Fuß trifft entweder mit dem Fußrücken oder mit der Fußspitze. Das Treffen mit dem Schienbein ist im sportlichen Savate, wie bereits erwähnt, verboten.

Bis in die 70-er Jahre des 20. Jahrhunderts wurden die Fouettés je nach Ziel verschieden benannt als „Coup de pied de flanc, Coup de pied à la poitrine, Coup de pied figure“, heute unterscheiden wir nur noch Fouetté bas (tief), - médian (zum Körper) und - figure (zum Kopf).

Fouetté médian de la jambe arrière - Schnapptritt mit dem hinteren Fuß zum Körper

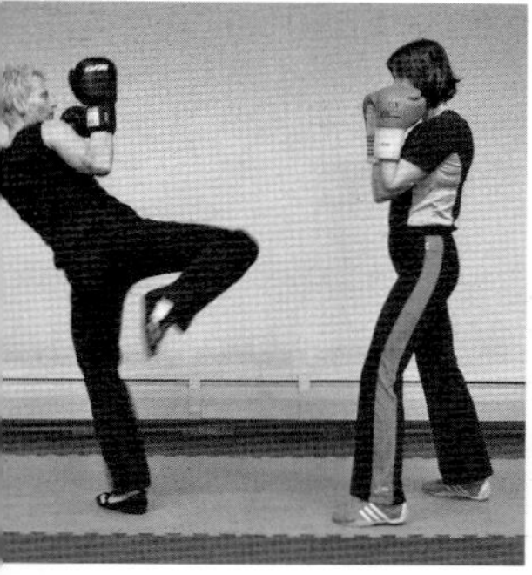

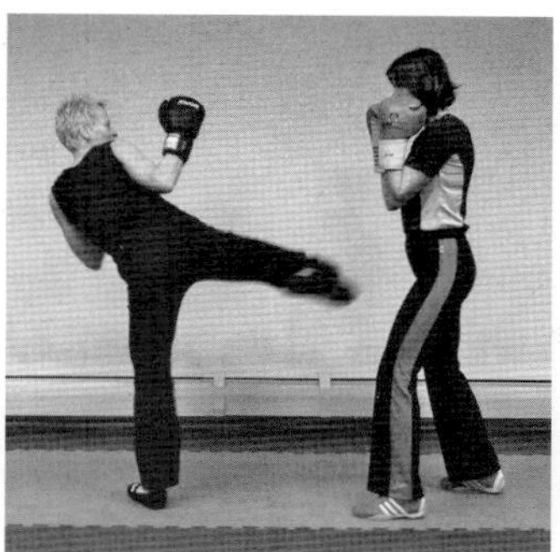

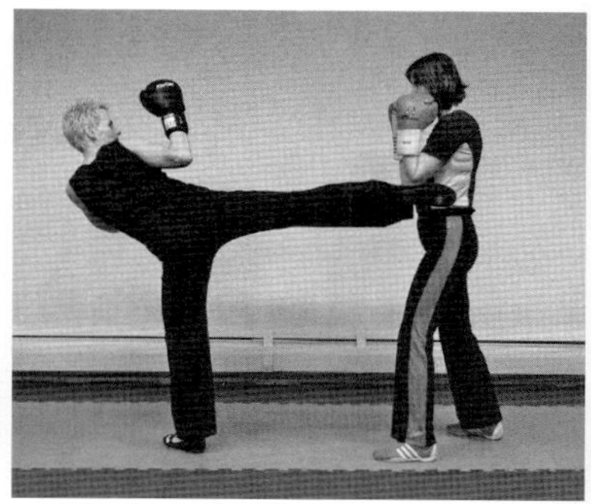

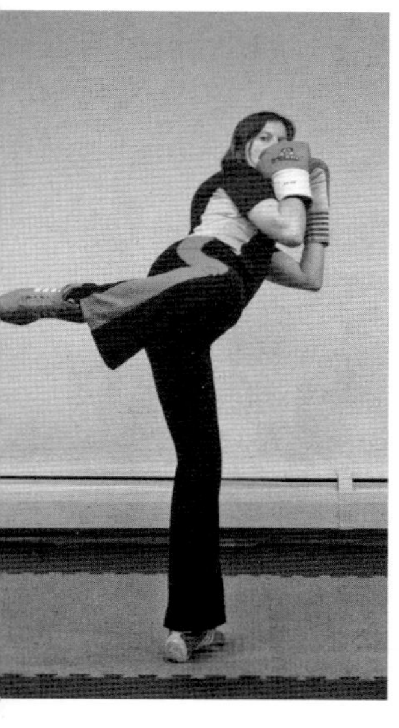

Drehe deinen linken Fuß nach links, bringe deine rechte Hüfte nach vorn und ziele mit deinem rechten Knie zum Körper des Partners. Dein rechtes Knie ist stark gebeugt, dein Unterschenkel waagrecht neben dem Oberschenkel. Diese Position heißt „Armé (Groupé) - Fouetté“.

Strecke dein rechtes Knie. Dein Fuß schnappt in einem waagrechten Kreisbogen nach vorn und trifft des Ziel von der Seite. Im Moment des Auftreffens stehen Fuß, Knie und Hüften in einer Linie.

Beuge das Knie und kehre sofort zur Position „Armé“ zurück. Dann setze den rechten Fuß nach hinten, so dass du wieder in Garde à gauche stehst.

Wichtig

Drehe den Standfuß so weit, dass die Fußspitze von Ziel weg zeigt. Nur so kannst du das Becken weit genug drehen, um die volle Reichweite des Trittes zu erreichen. Außerdem vermeidest du so Fehlbeanspruchungen am Knie des Standbeines.

Halte das linke Bein gestreckt, wenn du Fouetté zum Körper oder Kopf trittst.

Assaut

Mit dem hinteren Fuß ist der Fouetté nur nach guter Vorbereitung oder in Kombinationen erfolgreich. Anfänger bevorzugen Tritte mit dem hinteren Bein, setzen sich aber der Gefahr von Gegenangriffen aus und verschwenden so viel Energie.

Combat

Erst recht will der Fouetté mit dem hinteren Bein gut vorbereitet sein. Im richtigen Moment angewandt ist er jedoch extrem kraftvoll.

Fouetté médian de la jambe avant - Schnapptritt mit dem vorderen Fuß zum Körper

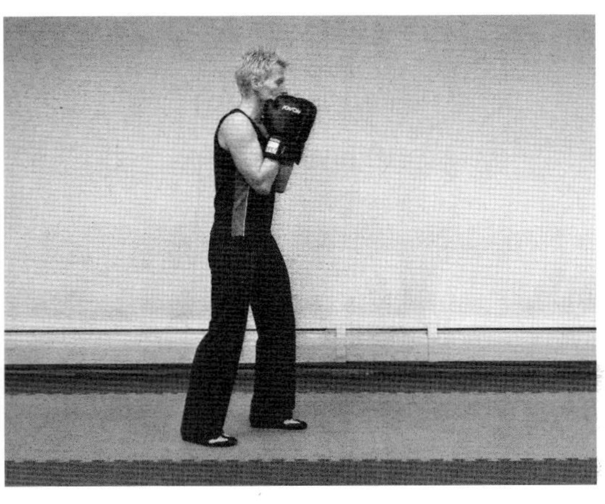

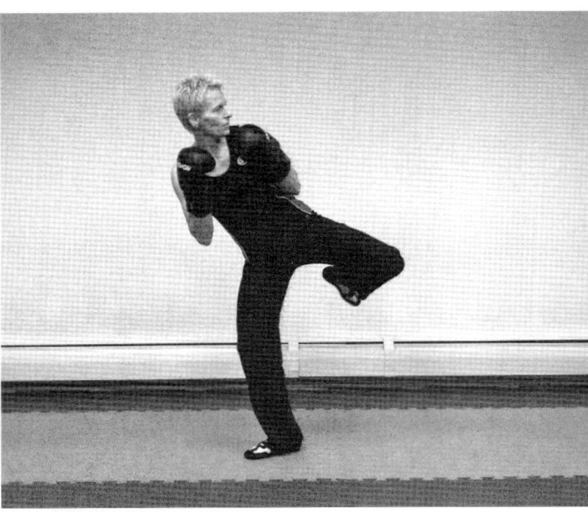

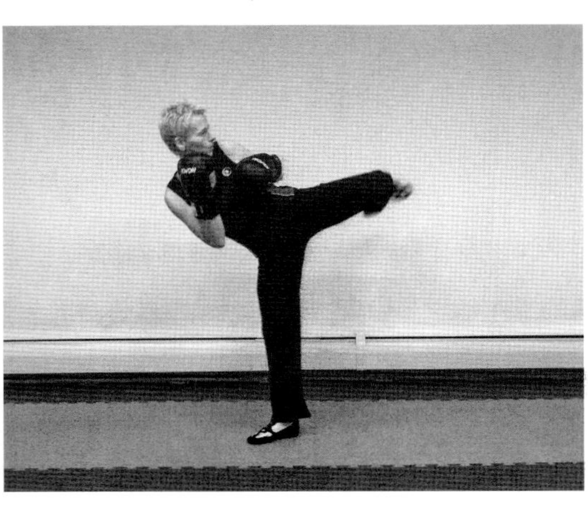

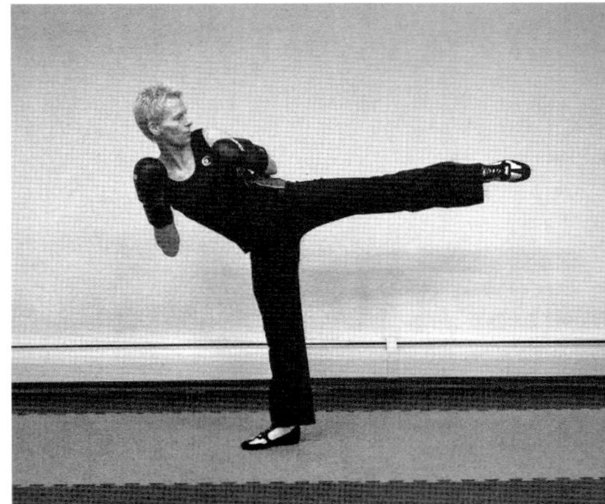

Bringe deinen rechten Fuß in die Nähe des linken. Drehe dabei die Fußspitze vom Ziel weg. Ziele mit deinem linken Knie zum Körper des Partners und mache das Armé für Fouetté. Schnappe deinen Fuß zum Ziel und dann zurück. Setze den linken Fuß ab und dann den rechten Fuß zurück, um in Garde à gauche zurück zu kehren.

Wichtig

Auch wenn es schnell gehen soll, drehe den Standfuß und bringe das Becken gut ins Profil. So wird der Fouetté wirklich waagrecht und erreicht seine maximale Reichweite.

Assaut

Mit dem vorderen Fuß trifft der Fouetté oft überraschend. In vraie garde kannst du mit der Fußspitze zwischen den Armen des Gegners zum Solar Plexus pieken; selbst der leichte Kontakt im Assaut ist schmerzhaft.

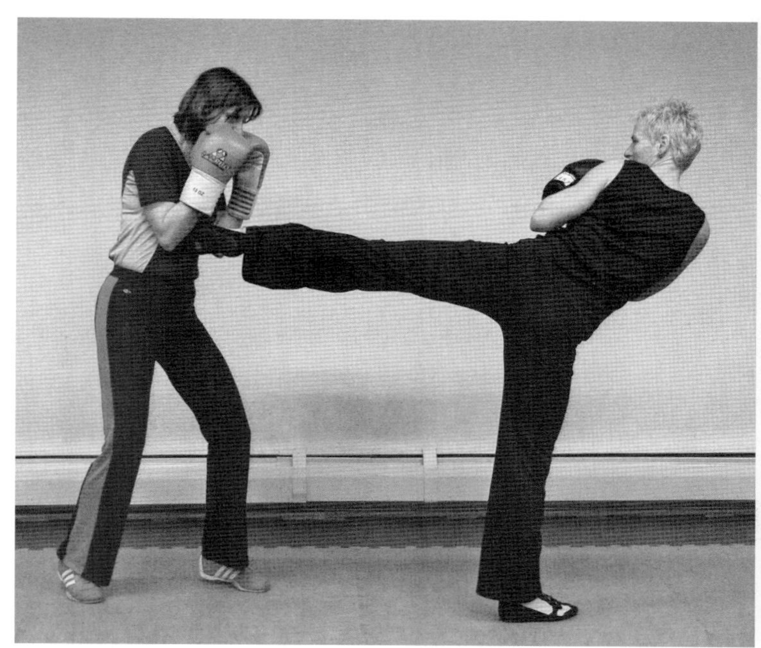

Der Fouetté mit dem vorderen Fuß ist eine gute Eröffnung für viele Kombinationen.

Combat

Der Fouetté zum Solar Plexus (Coup de pied à la poitrine) hat schon viele Kämpfe durch KO beendet.

Fouetté figure - Schnapptritt zum Kopf

Der Fouetté zum Kopf entspricht in seiner Ausführung weitgehend dem zum Körper. Hebe das Knie beim Armé entsprechend höher und schnappe den Fuß aus dem Knie locker zum Ziel.

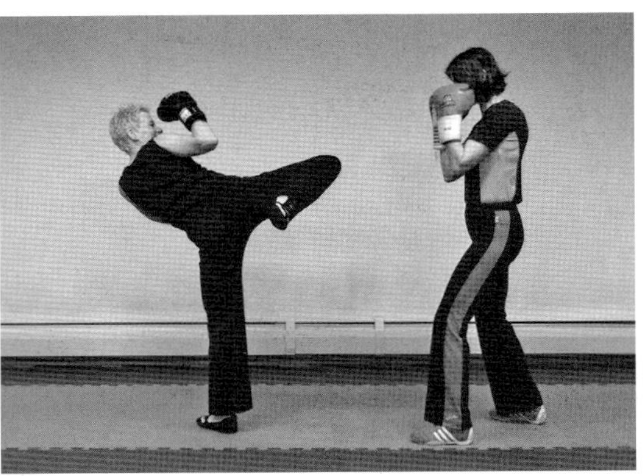

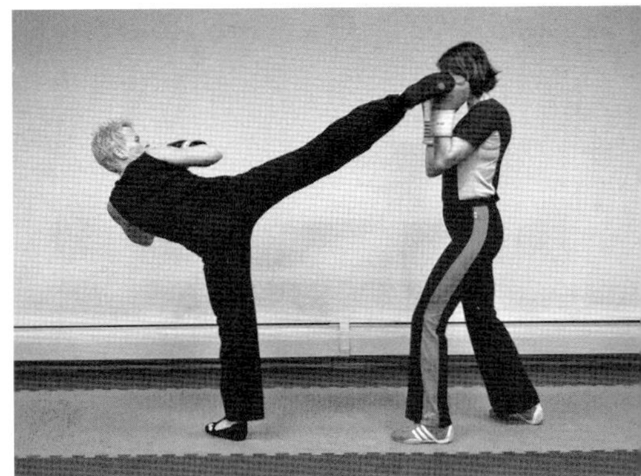

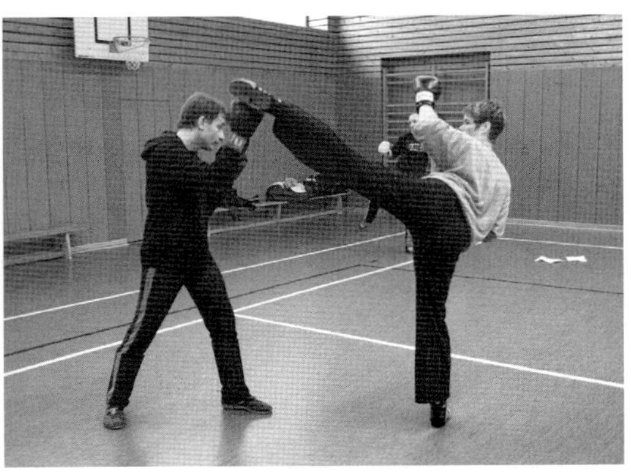

Falsch

Das Knie sackt beim Strecken des Beines ab. So ist die Bahn des Fußes zum Schluss nicht mehr waagrecht. Außerdem bedeutet das nach unten fallende Knie für dich und den Partner eine erhebliche Verletzungsgefahr!

Assaut

Der Fouetté zum Kopf beeindruckt Gegner und Punktrichter. Du gehst zwar ein größeres Risiko ein, wirst dafür aber mit mehr Trefferpunkten belohnt.

Combat

Ein Fouetté zum Kopf, besonders mit dem hinteren Fuß, führt regelmäßig zum KO. Du gehst jedoch ein echtes Risiko ein, deshalb gilt es den passenden Moment abzuwarten.

Oft wird der Fouetté figure etwas überdreht, so dass er leicht von oben über die Deckung geht. Das ist zwar hart an der Grenze des Reglements, wird von den Ringrichtern aber regelmäßig toleriert.

Fouetté bas de la jambe arrière - tiefer Schnapptritt mit dem hinteren Fuß

Der Fouetté bas entspricht in seiner Ausführung weitgehend dem Tritt zu Körper oder Kopf. Drehe dich aus Linksauslage kraftvoll auf dem linken Fuß zum Armé ein. Schnappe dann den rechten Fuß zum Oberschenkel des Gegners und beuge dabei deutlich dein Standbein. So bekommt der tiefe Fouetté seine maximale Reichweite (schaue dir das Foto der Endposition genau an). Sofort schnappt der Fuß in die Position des Armé zurück und du stellst ihn zurück in Garde à gauche.

Assaut

Wie bei allen Fouetté mit dem hinteren Fuß, kommt es auf die gute Vorbereitung und den richtigen Abstand an. Übe sorgfältig und oft wirklich mit dem Fuß und nicht mit dem Schienbein zu treffen. Besonders gut gelingt der Fouetté bas mit dem rechten Fuß, wenn sich der Gegner nach links bewegt, dann kann der diesem Tritt praktisch nicht ausweichen.

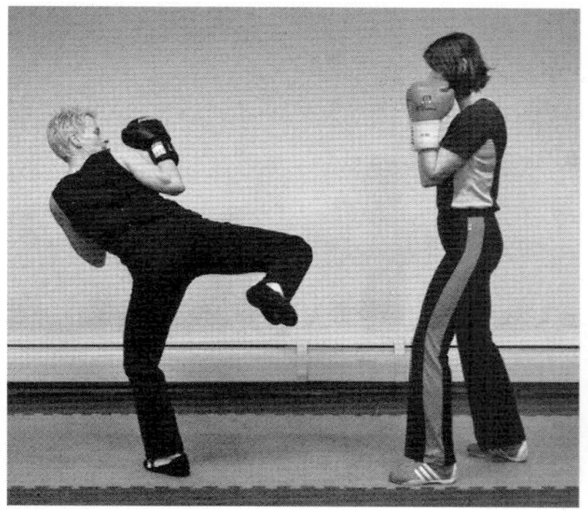

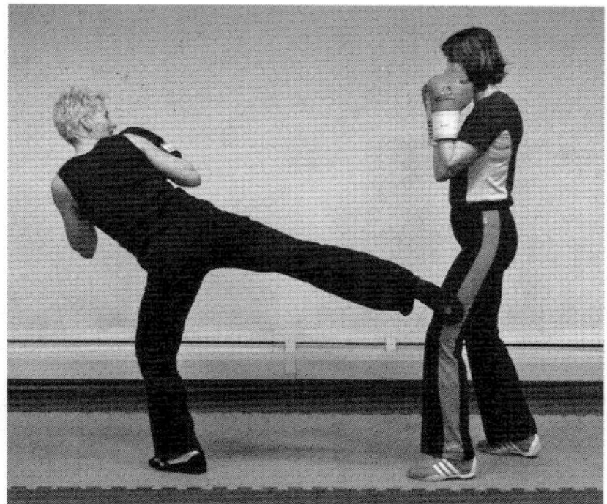

Combat

Kraftvolle Fouetté zur Außenseite des Oberschenkels (da wo wir früher „Pferdeküsse" platzierten) machen den Gegner mürbe und beinlahm. Manchmal kann so ein Fouetté bas auch kampfentscheidend sein. Die Kämpfer ziehen den Tritt oft nicht zurück, sondern drehen sich mit dem Schwung des Trittes durch, falls dieser nicht auf Widerstand trifft. Vorsicht: Im Assaut oder im Training mit den anderen macht ihr euch mit dieser Ausführung keine Freunde, denn der Tritt ist nicht mehr zu kontrollieren!

Wenn der Fuß beim Fouetté den Oberschenkel mit voller Kraft trifft, reißt das sehr stark am Bandapparat des Sprunggelenks. Nur muskulär gut abgesicherte Gelenke vertragen diesen Stress.

Fouetté bas de la jambe avant - tiefer Schnapptritt mit dem vorderen Fuß

In vraie garde zielt der vordere Fuß zur Innenseite des Oberschenkels. Drehe auch diesmal den Standfuß ordentlich nach außen und beuge das Standbein. So erreichst du die volle Reichweite und vermeidest, dass ein Tritt schräg aufwärts dem Partner in den Schritt rutscht.

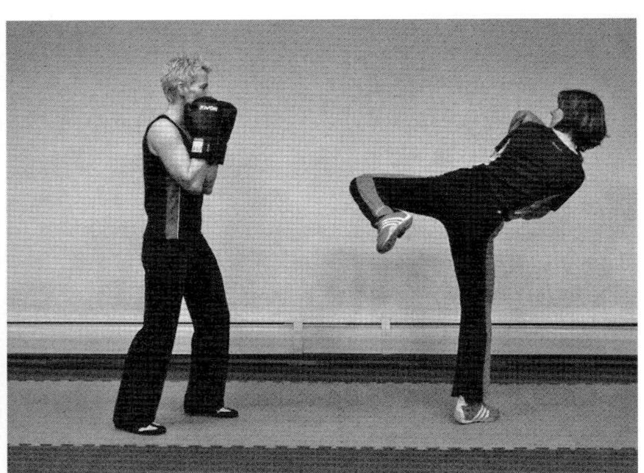

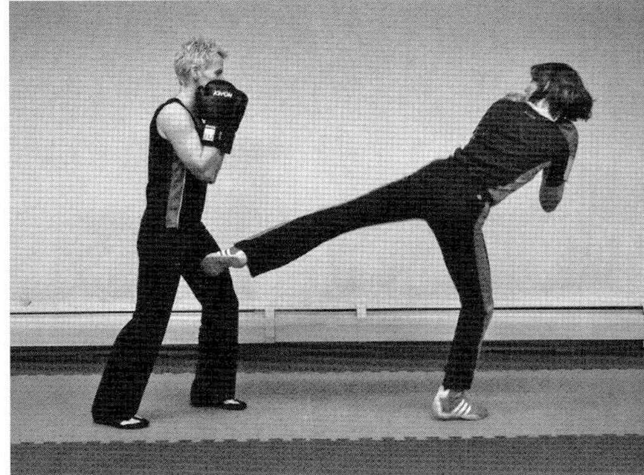

Assaut

Der tiefe Fouetté mit dem vorderen Fuß ist sehr schnell und es ist schwer ihm auszuweichen. So ist diese Technik ein wertvoller Punktesammler. Achte darauf, dass du am Oberschenkel triffst; das Knie als Ziel ist zwar erlaubt, beide Partner sind hier aber verletzungsgefährdet.

Combat

Mit dem vorderen Fuß ist der Fouetté bas kaum kampfentscheidend. Er kann den Gegner jedoch weichspülen und schafft oft eine Öffnung für nachfolgende Fausttechniken.

Übrigens

Viele Jahre (so zwischen 1900 und 1975) war der Fouetté bas im sportlichen Savate BF nicht erlaubt und wurde deshalb nicht unterrichtet.

Le Chassé - der Fußstoß

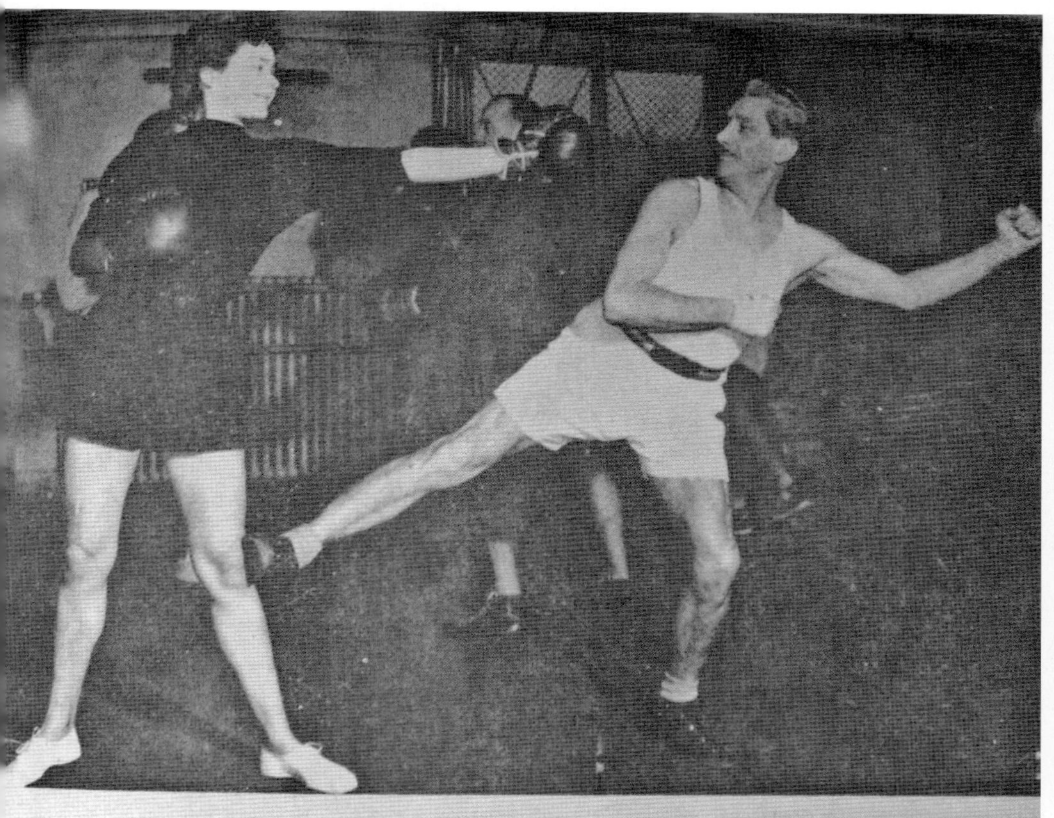

Mlle A. MORAUX contre M. P. BARUZY

Die Bezeichnung „Fußstoß“ beschreibt eine in der Endphase geradlinige Bewegung des Fußes. Diese wird im Savate BF nach vorn (Chassé frontal) oder zur Seite (Chassé latéral) geführt.

Chassé frontal bas de la jambe arrière - Fußstoß vorwärts mit dem hinteren Fuß zum Bein

Hebe aus Garde à gauche das rechte Knie in Richtung deiner rechten Schulter. Dein rechter Unterschenkel weist schräg nach unten, dein Fuß steht senkrecht. Diese Position ist das Armé für Chassé frontal bas. Stoße nun durch gleichzeitige Streckung von Knie und Hüfte den rechten Fuß zum Oberschenkel deines Partners und triff diesen mit der Fußsohle oder Ferse. Hebe danach das Knie wieder in Richtung Armé und stelle den rechten Fuß wieder nach hinten ab.

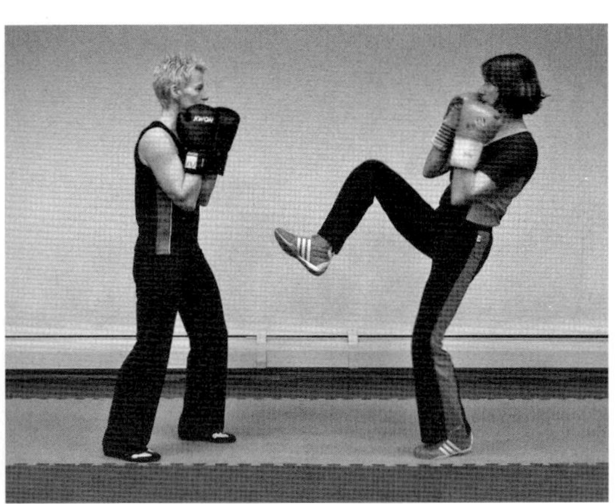

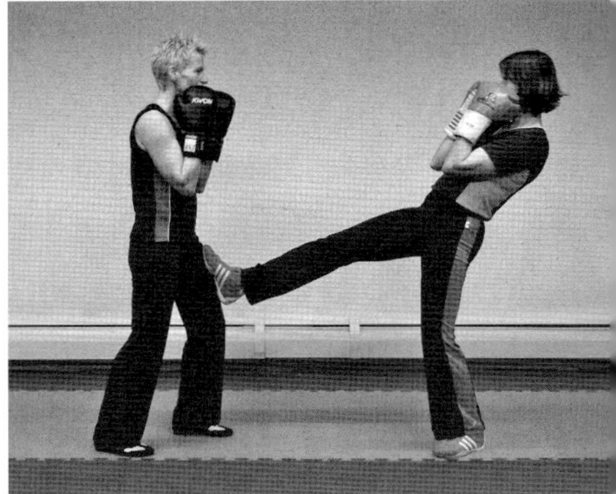

Wichtig

Je höher du das Knie hebst um so besser. Du kannst den Fuß wirklich abwärts stoßen und bist durch Stoppfußstöße nur schwer zu bremsen.

Assaut

Diese Technik ist beim Angriff oder zum Stoppen des Gegners gut geeignet. Achte auf kontrollierte Ausführung, denn schnell wird dieser Tritt für den Assaut zu fest.

Combat

Der Fußstoß auf den großen Oberschenkelmuskel ist extrem schmerzhaft und manchmal kampfentscheidend.

Chassé frontal bas de la jambe avant - Fußstoß vorwärts mit dem vorderen Fuß zum Bein

Dein rechter Fuß rutscht an deinen linken heran. Hebe das linke Knie hoch zur linken Schulter und führe dann den Chassé frontal zum vorderen Bein des Gegners. Kehre sofort in Garde à gauche zurück.

Chassé frontal médian - Fußstoß vorwärts zum Körper

Das Armé entspricht dem des Chassé bas, dein Unterschenkel zeigt dabei bereits nach vorn. Stoße den Fuß durch Streckung von Knie und Hüfte nach vorn und treffe den Körper des Partners von vorn. Ziehe danach das Bein in Richtung Armé zurück und gehe wieder in Garde à gauche.

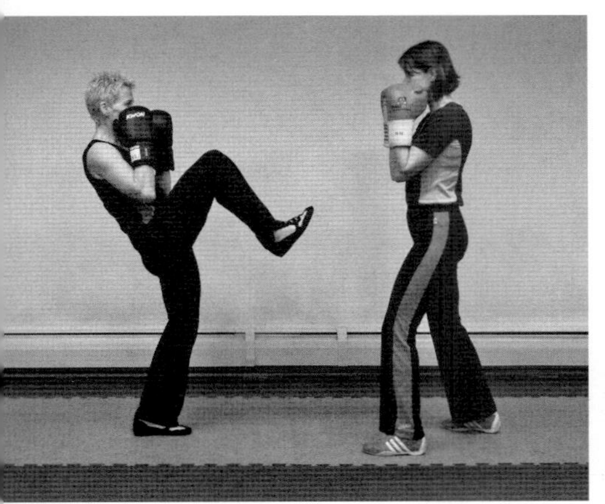

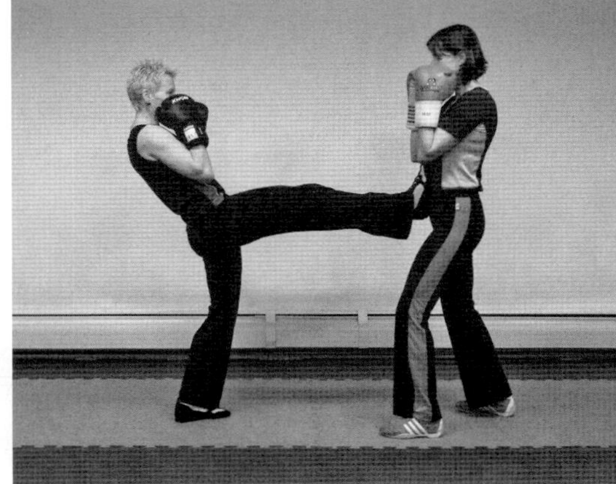

Falsch

Das Knie zeigt beim Armé nach vorn, der Fuß beschreibt einen Kreisbogen. Dieser Schnapptritt nach vorn ist im Savate BF verboten und wird immer geahndet.

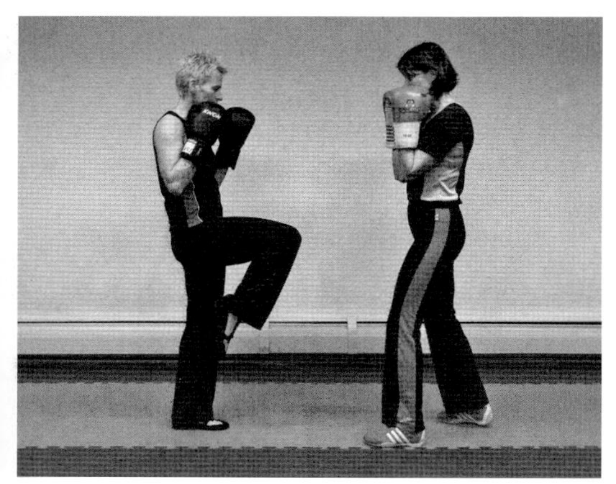

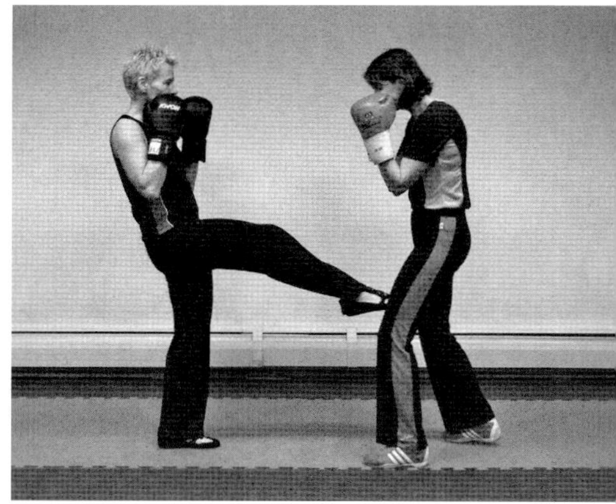

Wichtig

Ein Stoßen des Fußes nach vorn ist nur mit deutlichem Hüfteinsatz möglich. Schiebe das Becken beim Fußstoß weit nach vorn und ziehe es danach wieder zurück.

Assaut

Chassé frontal zum Körper hält den Gegner gut auf Distanz.

Combat

Auch hier dient der Chassé frontal zum Körper als Abstandhalter. Einen anstürmenden Gegner kannst du so gut und manchmal überraschend stoppen. Kampfentscheidend ist der Chassé frontal médian nur selten.

Übrigens

Du darfst beim Chassé frontal auch mit Fußballen oder Fußspitze treffen. Das gibt dir etwas mehr Reichweite und verkleinert die Auftrefffläche. Dabei musst du jedoch besonders auf ein ordentliches Armé und eine sauber Ausführung des Fußstoßes achten, damit nicht irgend ein schlechter „front kick“ entsteht.

Chassé frontal figure - Fußstoß vorwärts zum Kopf

Wenn du Chassé frontal zum Kopf ausführen willst, ist das extreme Anheben des Knies und das Vorstoßen der Hüfte noch wichtiger. Diese Technik verlangt eine gute Dehnung und nicht zu große Partner. Für viele Sportler ist sie daher nicht ausführbar; dann lieber bleiben lassen.

Assaut und Combat

Bei schlechter Deckung des Gegners kannst du mit Chassé frontal figure einen überraschenden Treffer setzen. Danach ist der Überraschungseffekt aber meist verbraucht.

Übrigens

Auch der Chassé frontal war zur Zeit der Vorherrschaft der Méthode Charlemont aus dem Boxe française verschwunden.

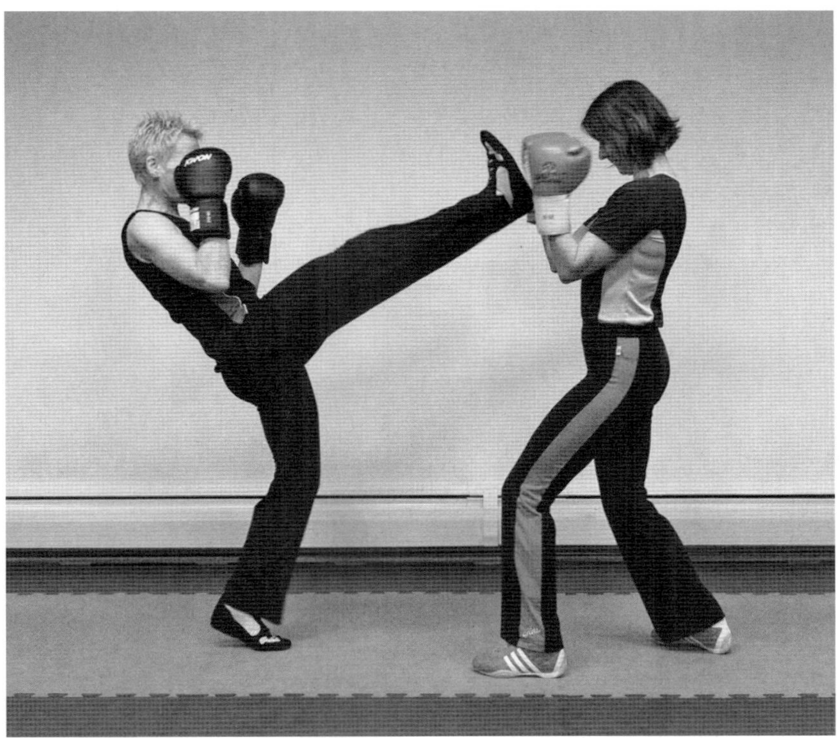

Chassé latéral bas de la jambe arrière - tiefer Fußstoß seitwärts mit dem hinteren Fuß

Eigentlich richtet sich der Chassé latéral gegen einen seitlich von uns stehenden Gegner. Da im sportlichen Savate der Gegner meist vor uns steht, gilt es diesem erst einmal die Seite zuzuwenden.

Drehe dich auf dem linken Fuß so weit nach links, bis deine linke Fußspitze von Partner weg und deine rechte Hüfte zu ihm zeigt. Nun hebe dein rechtes Knie in Richtung deiner linken Schulter, dein rechter Unterschenkel weist schräg nach unten, dein rechter Fuß steht waagrecht. Strecke aus diesem Armé das rechte Bein im Knie- und Hüftbereich und stoße den rechten Fuß seitwärts abwärts zum vorderen Bein des Partners. Beuge dabei dein linkes Knie deutlich und senke so deinen Schwerpunkt ab. Kehre zum Armé zurück und stelle dann den rechten Fuß wieder nach hinten zu Garde à gauche.

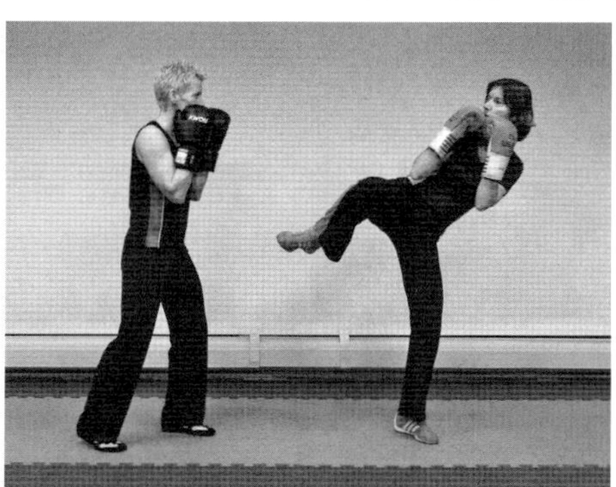

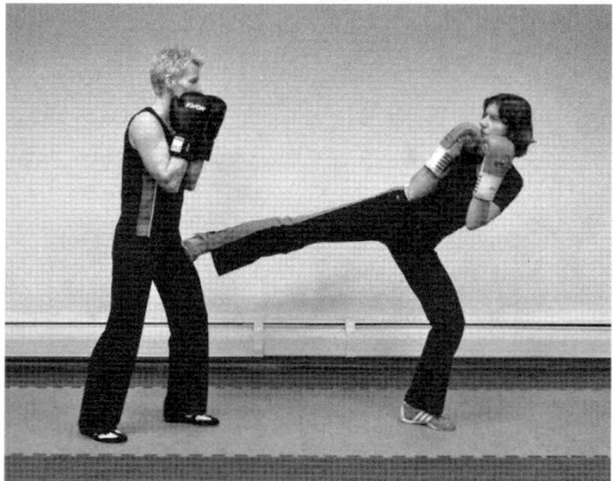

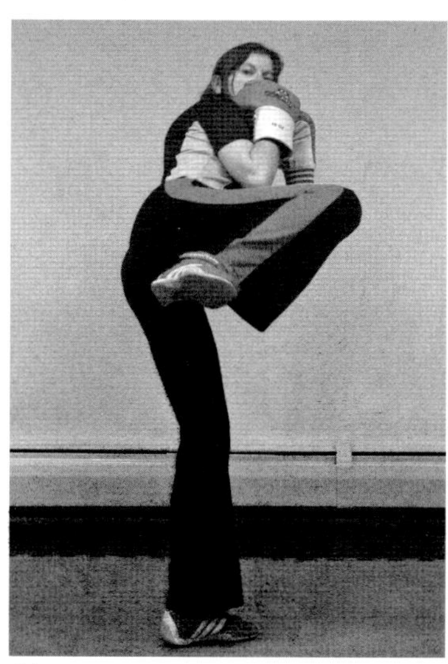

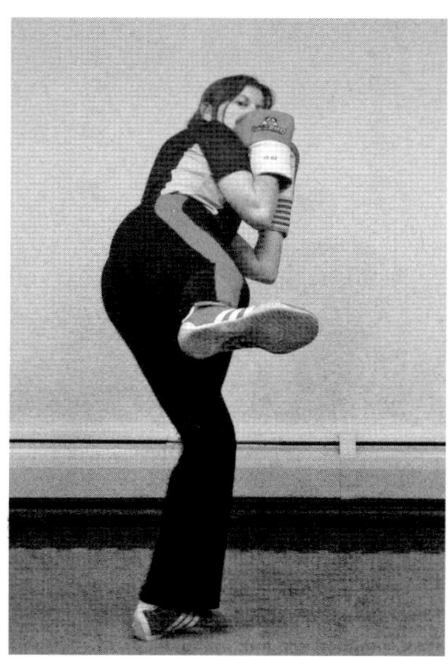

Wichtig

Im Moment des Treffens bilden Fuß, Knie und Hüfte des rechten Beines eine Linie. Dein linkes Bein ist deutlich gebeugt. Dein rechter Fuß steht waagrecht. Kehre nach dem Fußstoß in deine Auslage zurück, falle dem Fußstoß nicht hinterher.

Assaut

Chassé latéral bas ist im Assaut nach gründlicher Vorbereitung oder in Kombinationen möglich.

Achte auf einen kontrollierten Kontakt.

Combat

Beim Kampf mit Vollkontakt musst du den Chassé bas de la jambe arrière sorgfältig vorbereiten. Dann hat er jedoch eine verheerende Kraft, die den Gegner kampfunfähig machen kann.

Chassé latéral bas de la jambe avant - tiefer Fußstoß seitwärts mit dem vorderen Fuß

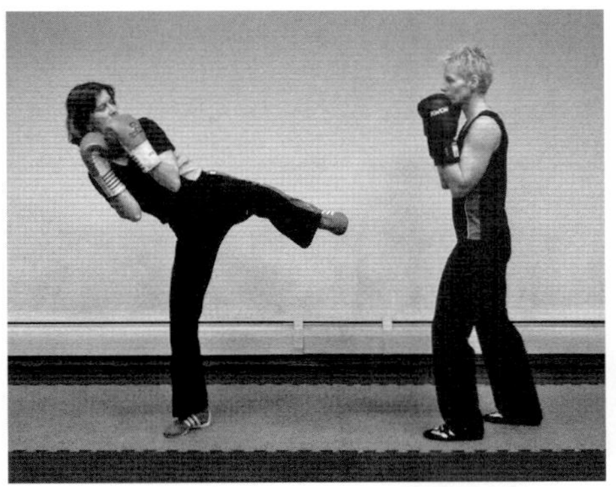

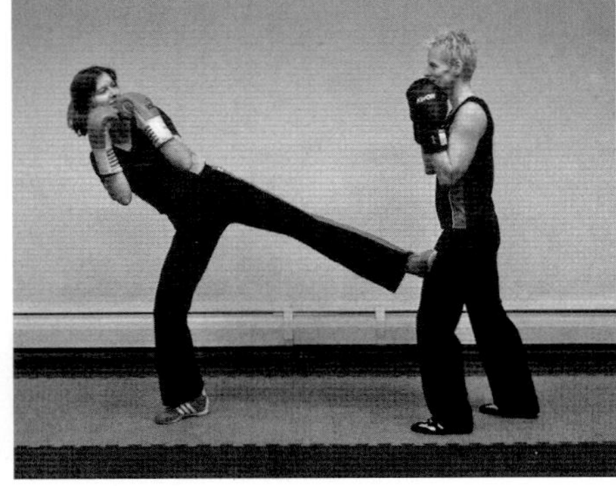

Um für einen Fußstoß seitwärts mit dem vorderen Fuß dem Partner die Seite zuzuwenden, brauchst du wesentlich weniger Weg. Deshalb ist der Chassé latéral mit dem vorderen Fuß einfacher und schneller.

Rutsche den rechten Fuß an deinen linken heran und drehe dabei die rechte Fußspitze nach hinten außen. Wende dem Partner die linke Hüfte zu und hebe das linke Knie zum Armé in Richtung deiner rechten Schulter. Führe nun den Chassé latéral mit dem linken Fuß zum vorderen Bein deines Partners. Senke dabei deinen Schwerpunkt durch Beugen deines rechten Knies ab. Kehre zum Armé und dann zu Garde à gauche zurück.

Assaut

Mit dem Chassé bas des vorderen Fußes kannst du den Gegner vor dir her treiben. Diese Technik ist ein wertvoller Punktesammler. Sie kann leicht doppelt ausgeführt oder mit anderen Tritten kombiniert werden.

Der Chassé latéral de la jambe avant ist die häufigste Stopptechnik (Coup d'arrêt).

Combat

Durch den kürzeren Weg als der Chassé mit dem hinteren Bein ist der mit dem vorderen Fuß nur selten kampfentscheidend. Seine ständige Anwendung zermürbt den Gegner und bereitet oft die Entscheidung durch andere Techniken vor.

Chassé latéral médian - Fußstoß seitwärts zum Körper

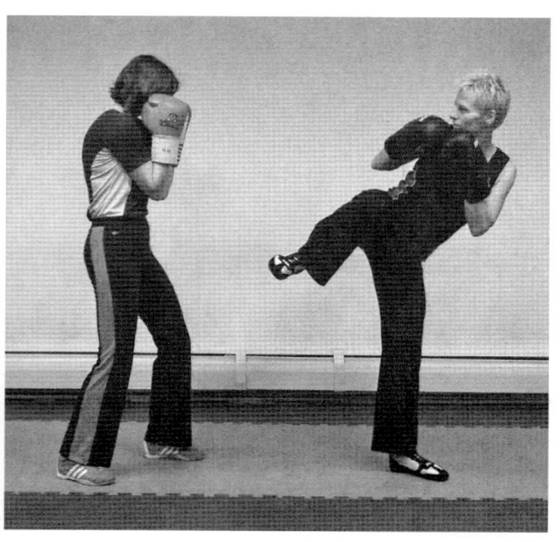

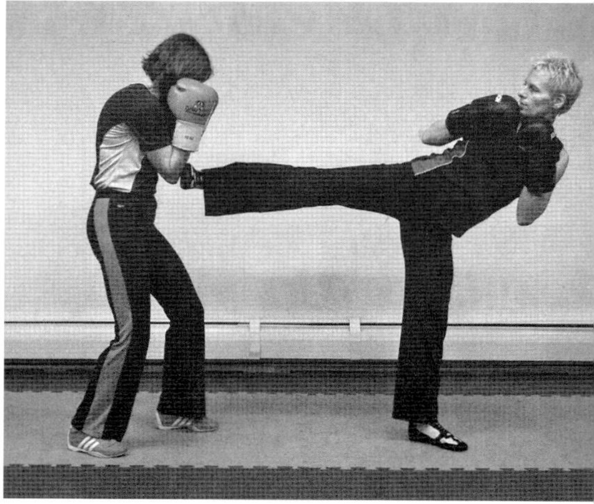

Armé und Ausführung der Technik entsprechen dem Chassé latéral bas. Beim Armé ist der Unterschenkel bereits fast horizontal. Das Standbein bleibt beim Fußstoß zum Körper gesteckt.

Falsch

Das Knie ist beim Armé deutlich höher als der Fuß; der Fuß beschreibt beim Tritt einen Kreisbogen aufwärts. Diesen Fehler machen oft Sportler, die zuvor asiatische Kampfsportarten gelernt haben.

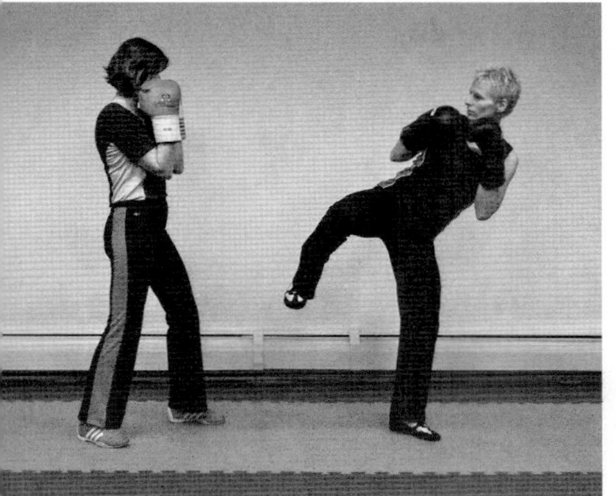

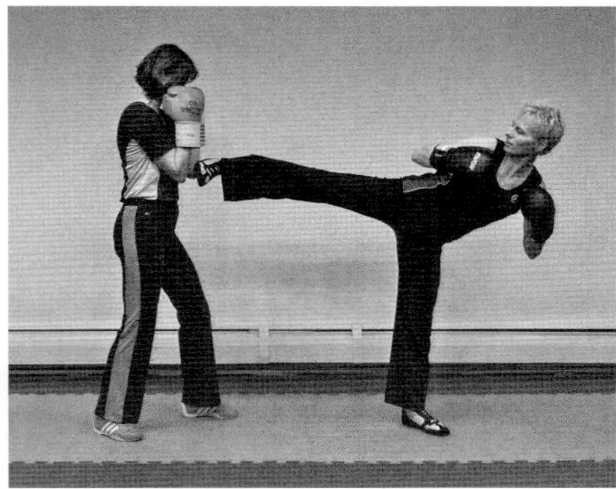

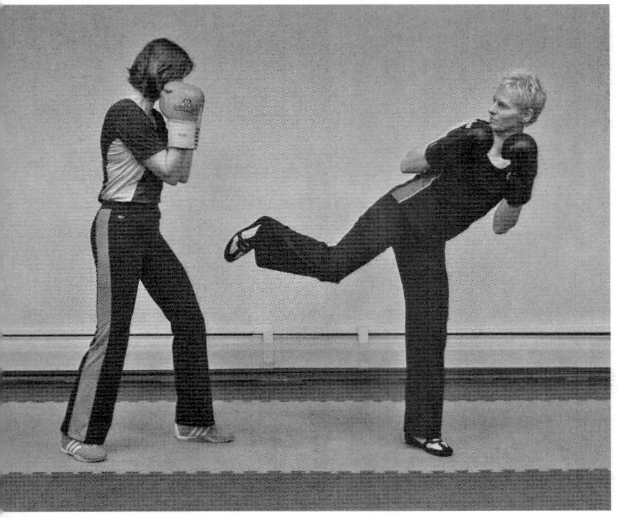

Das Knie ist beim Armé zu tief, es entsteht ein Fußstoß rückwärts, der im sportlichen Savate BF verboten ist.

Assaut

Im Assaut wird der Chassé médian mit dem vorderen Fuß meist zum Jagen des Gegners eingesetzt.

Combat

Es ist nicht leicht mit einem Chassé latéral zum Körper zu treffen. Die Technik hat jedoch eine verheerende Kraft, die einen Kampf sofort beenden kann.

Chassé latéral figure - Fußstoß seitwärts zum Kopf

Die Ausführung entspricht der zum Körper. Es bedarf jedoch einer großen Beweglichkeit der Hüfte, um einen korrekten Chassé latéral zum Kopf zu führen.

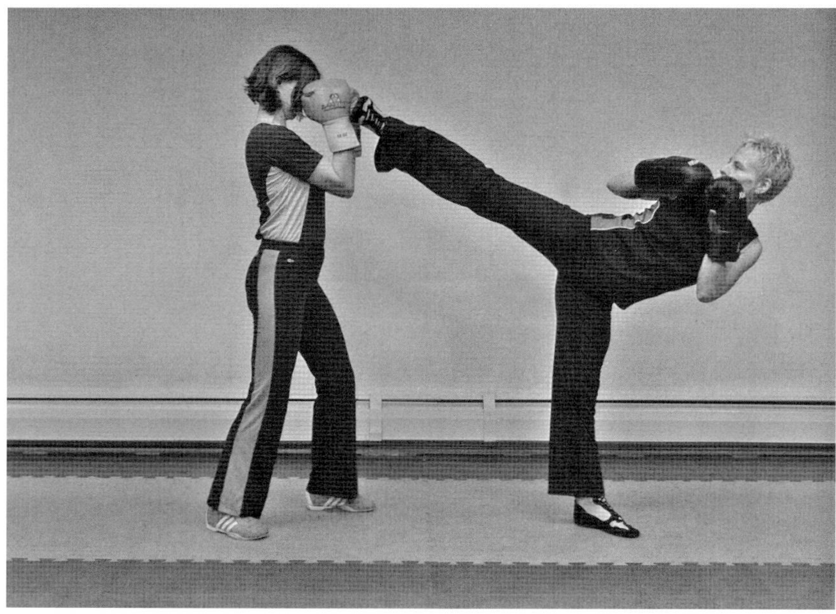

Assaut

Bewegliche und vor allem große Kämpfer überraschen ihre Gegner mit dieser Technik.

Combat

Einen kampfentscheidenden Chassé latéral zum Kopf zu führen ist sehr schwer; der Kopf kann leichter ausweichen als der Körper.

Le Revers - der Fußschlag auswärts

Beim Revers beschreibt das gestreckte Bein einen Kreisbogen von innen nach außen. Der Fuß trifft das Ziel von der Seite mit der Ferse, Fußsohle oder mit der Außenkante.

Revers frontal figure de la jambe arrière - senkrechter Fußschlag zum Kopf hinteres Bein

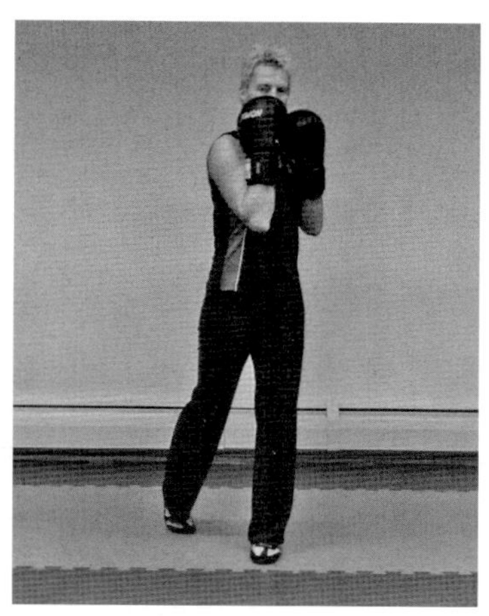

Drehe aus Garde à gauche die rechte Hüfte nach vorn. Hebe das gestreckte rechte Bein nach innen bis in Kopfhöhe. Beschleunige nun den gestreckten rechten Fuß so nach außen, dass du das Ziel mit der Außenkante des Fußes triffst. Beende nun die Kreisbewegung des rechten Beines und kehre zurück in Garde à gauche.

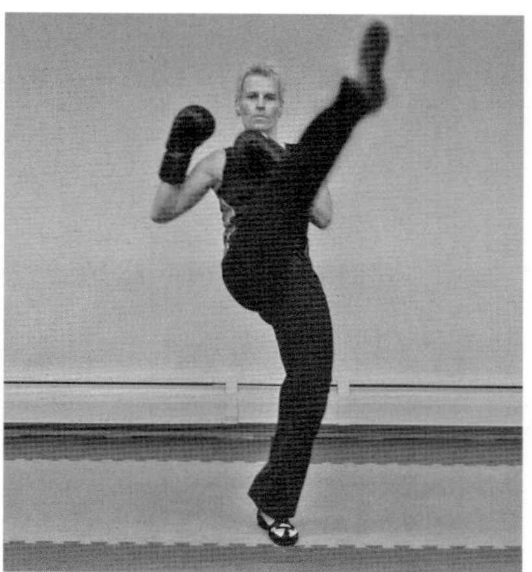

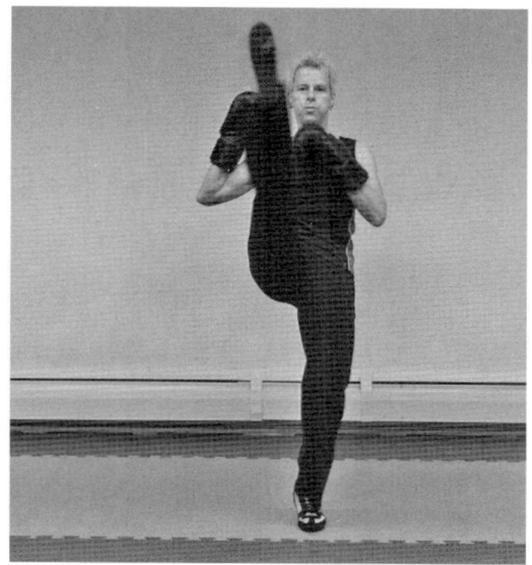

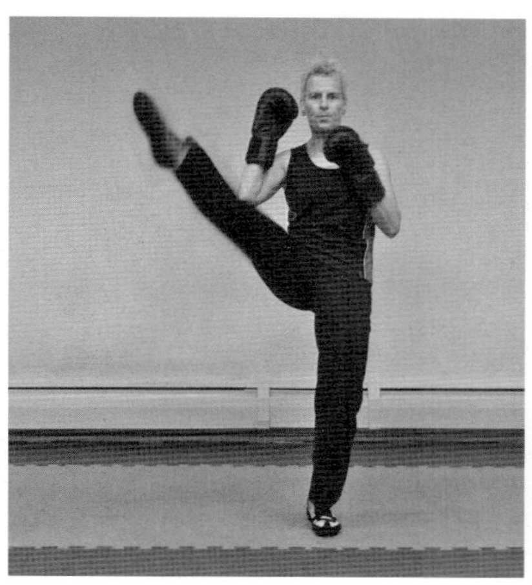

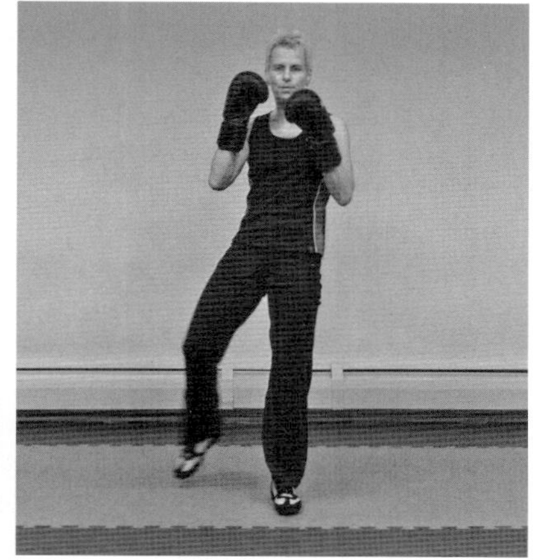

Revers frontal de la jambe avant - senkrechter Fußschlag mit dem vorderen Fuß

Ziehe den hinteren Fuß an den vorderen heran und führe Revers frontal mit dem vorderen Bein aus.

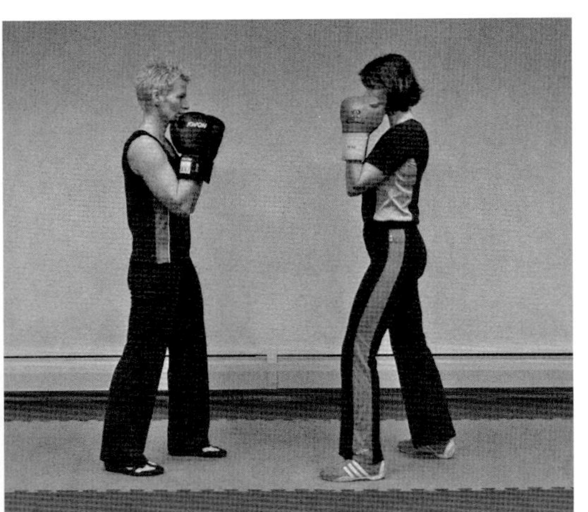

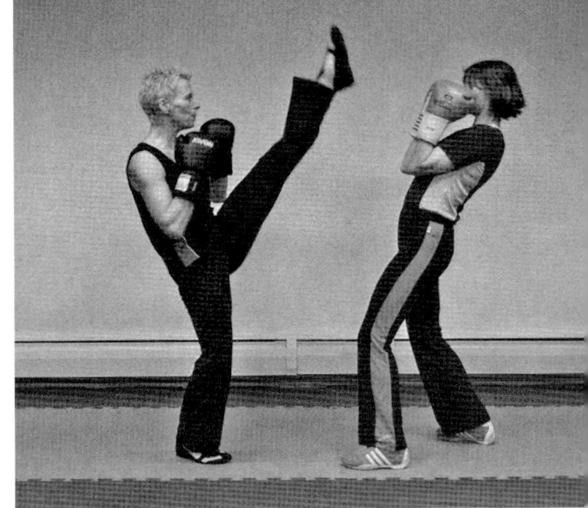

Wichtig

Das Bein beschreibt vor deinem Körper einen Kreis; die Beschleunigung und damit Kraftentfaltung erfolgt waagrecht nach außen.

Schiebe das Becken nach vorn und strecke den Fuß, um eine maximale Reichweite zu erzielen.

Falsch

Die Beschleunigung erfolgt abwärts. Dieser Revers descendant ist im sportlichen Savate BF verboten und wird von den Ringrichtern unnachgiebig geahndet!

Assaut

Der Revers frontal ist eine schöne und gut vorbereitet recht erfolgreiche Technik. Er wird fast ausschließlich zum Kopf gezielt.

Combat

Auch im Combat kann der Revers frontal Punkte bringen. Er beinhaltet jedoch ein hohes Risiko mit der Faust gekontert zu werden. Eine Kampfentscheidung mit Revers frontal ist kaum möglich.

Revers horizontal figure de la jambe arrière - waagrechter Fußschlag zum Kopf hinteres Bein

Aus Garde à gauche drehst du dich so weit nach links, dass deine rechte Hüfte zum Ziel weist. Hebe das rechte Bein nun seitwärts bis die Fußsohle neben dem Ziel steht. Eine leichte Streckung der Hüfte schlägt die Fußsohle zum Ziel. Hast du dieses getroffen, beschreibt der Fuß die gleiche Bahn auf dem Rückweg. Ohne Kontakt zum Ziel kannst du auch das Knie beugen und den Revers horizontal wie einen Fouetté beenden.

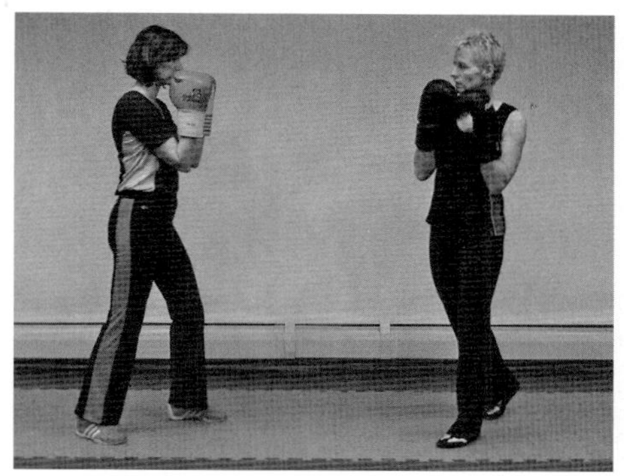

Außer diesem Revers mit gestrecktem Bein (Jambe tendue) gibt es auch noch die Ausführung mit Armé (groupé). Du beginnst mit dem Armé für einen Chassé latéral. Stoße seitlich am Ziel vorbei und schlage dann die Fußsohle durch Strecken der Hüfte und minimales Beugen des Knies zum Ziel.

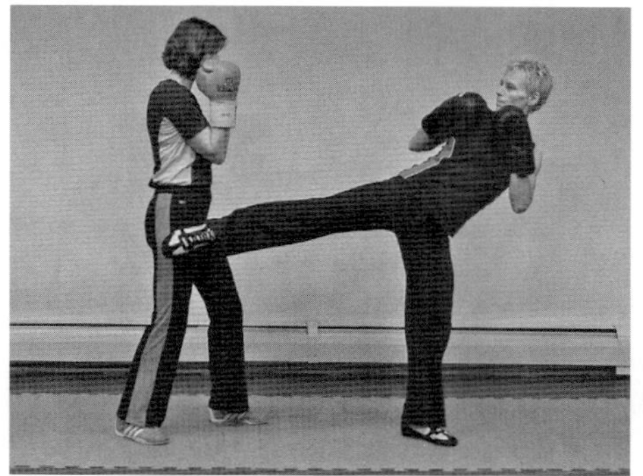

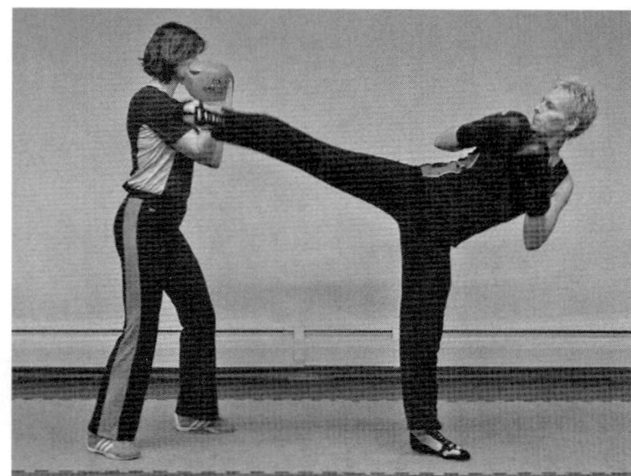

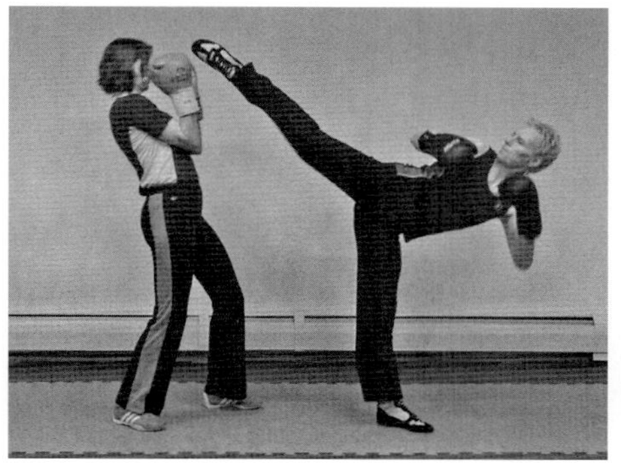

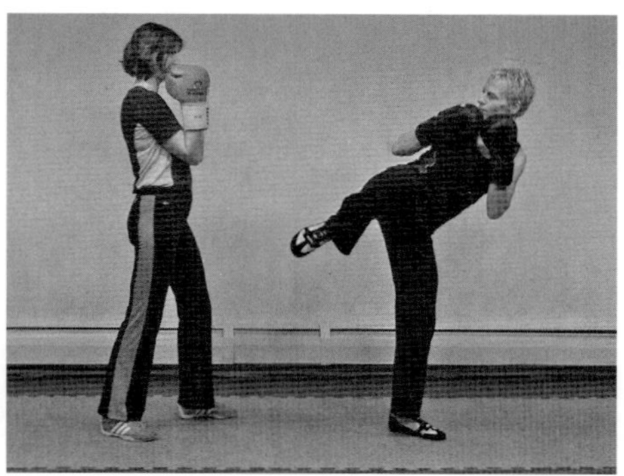

Revers horizontal de la jambe avant - waagrechter Fußschlag mit dem vorderen Bein

Ziehe den hinteren Fuß an den vorderen heran und führe den Revers mit dem vorderen Bein aus. Auch hier hast du die Möglichkeit zu einem Tritt mit dem gestreckten Bein oder mit Armé .

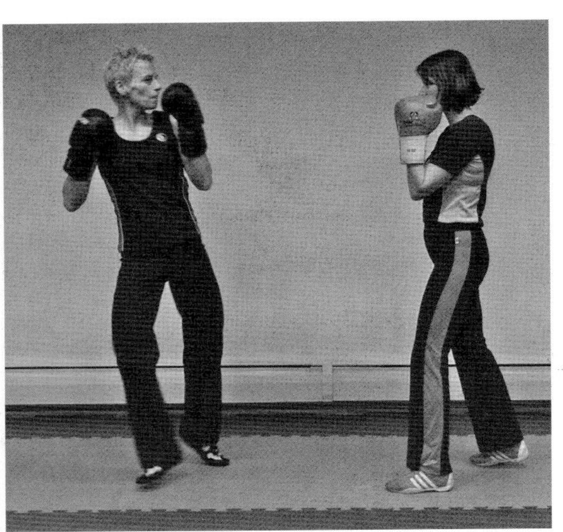

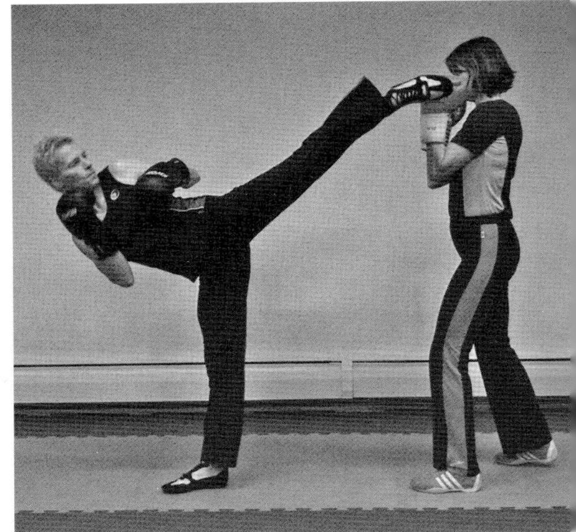

Wichtig

Der Revers horizontal trifft waagrecht von der Seite, weder schräg aufwärts noch schräg abwärts!

Lerne die Technik so zu beherrschen, dass ein kontrollierter Kontakt zu Ziel möglich ist. Nur so kannst du sie im Assaut und Training einsetzen ohne dir Feinde zu machen.

Assaut

Der Revers horizontal zum Kopf ist eine spektakuläre Technik. Treffer beeindrucken die Punktrichter sehr. Sie müssen jedoch korrekt und kontrolliert erfolgen. Der Treffer mit der Ferse ist im Assaut zulässig, das Risiko den Gegner zu verletzen ist jedoch groß.

Combat

Im Combat musst du die raren Gelegenheiten für einen Revers zum Kopf abwarten, denn das Risiko für dich ist groß! Mit der Ferse geschlagen ist ein KO möglich.

Synthese der Fußtechniken

Die Fußtechniken des Savate BF treffen (fast) waagrecht von vorn oder von der Seite. Sie beschreiben dabei eine weitgehend geradlinige oder kreisförmige Bahn.

Geradlinige Tritte	***Tritte mit Kreisbahn***
Coup de pied bas	Fouetté
Chassé frontal	Revers frontal
Chassé latéral	Revers horizontal

Das Bein des Ausführenden befindet sich beim Treffen vor ihm oder seitlich.

Frontale Fußtechniken	***Seitliche Fußtechniken***
Coup de pied bas	Fouetté
Chassé frontal	Chassé latéral
Revers frontal	Revers horizontal

In der Endposition sehen die seitlichen Fußtechniken fast identisch aus!

Les Coups de pied tournants - die gedrehten Fußtritte

Tritte aus der Drehung sind in verschiedenen Kampfsportarten zu finden. Auch Savate beinhaltet diese spektakulären Techniken.

Da unsere Wettkampfregeln uns nicht vor Tritten in den Rücken schützen, ist es sehr gefährlich, dem Gegner den Rücken zuzudrehen. Gedrehte Tritte müssen deshalb immer gut vorbereitet sein, sonst folgt die Rache auf dem Fuße!

Chassé tournant - Fußstoß seitwärts aus der Drehung

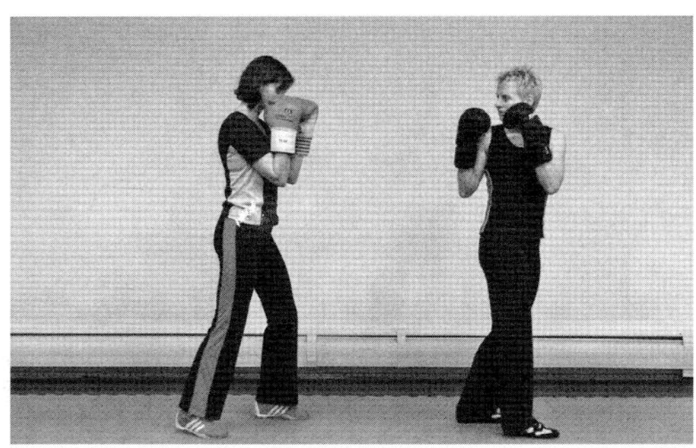
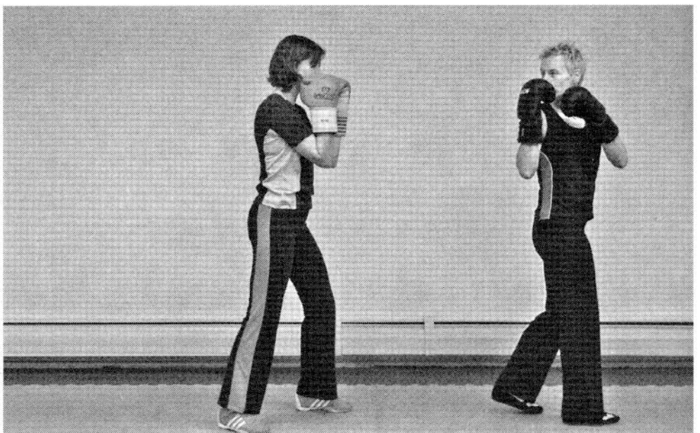
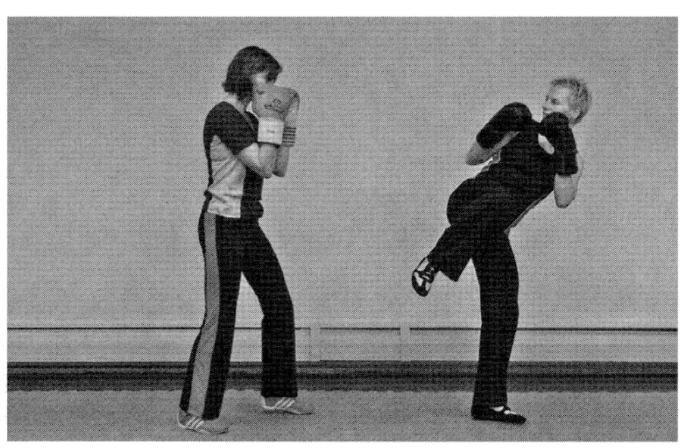
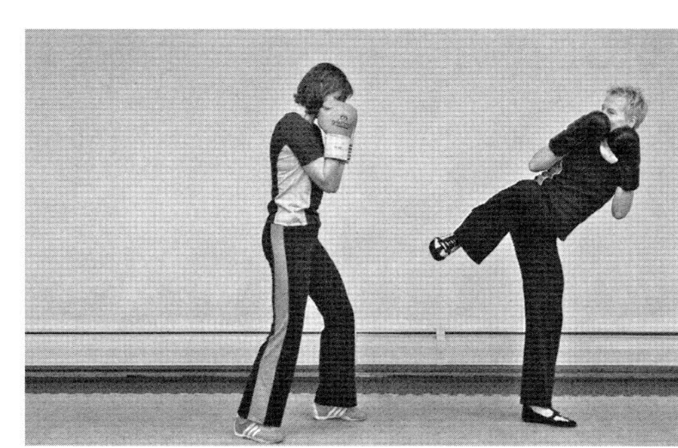
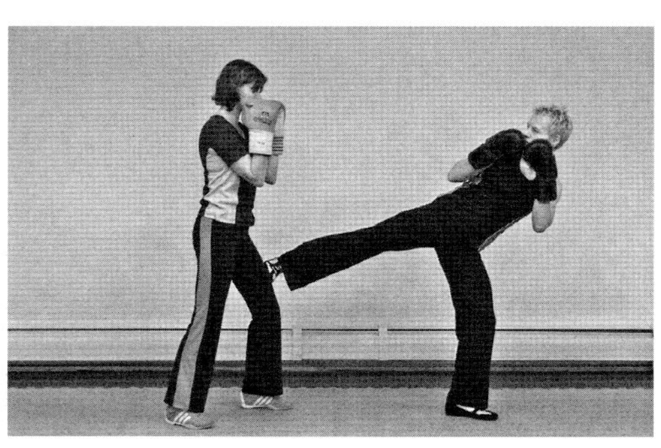
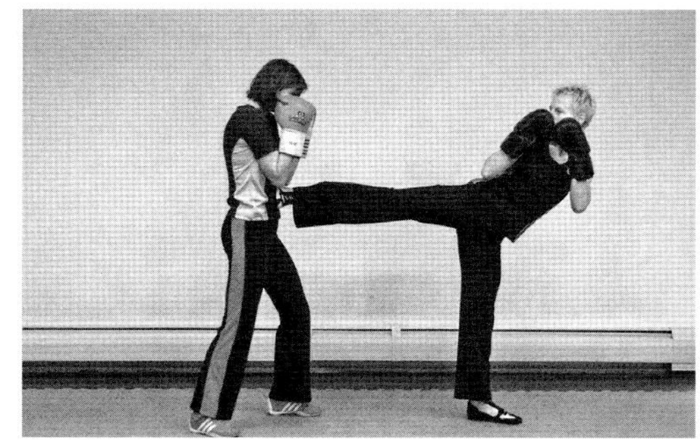

Setze aus Garde à gauche den linken Fuß ein wenig nach rechts und beginne dich nach rechts zu drehen. Du wendest deinem Gegner den Rücken zu und blickst über die rechte Schulter zu ihm. Deine Füße scheinen über Kreuz zu stehen, der rechte Fuß ist weiter vom Ziel entfernt. Nun erfolgt das Armé für den Chassé latéral und der Fuß stößt zum Ziel. Dabei addiert sich die Kraft der Drehung mit der des Fußstoßes. Nach dem Tritt kannst du dich in Drehrichtung weiter drehen um zu Garde à gauche zurück zu kehren. Nach dem Treffer mit Chassé ist aber auch ein Zurückdrehen möglich.

Wichtig

Bereite den Chassé latéral durch ein ordentliches Armé vor, damit kein Fußstoß rückwärts entsteht, der im sportlichen Savate BF verboten ist.

Assaut

Nach Vorbereitung ist der Chassé tournant eine schöne Technik für Punkte vor allem auch in der technischen Wertung.

Combat

Im Chassé tournant steckt eine verheerende Wirkung, weil zur Kraft des ohnehin starken Chassé die Wucht der Drehung kommt. Auch ein Treffer zum Körper führt regelmäßig zum KO.

Revers tournant - Fußschlag aus der Drehung

Die Drehung entspricht der für den Chassé tournant. Aus der Drehung erfolgt dann meist ein Revers horizontal. Die Ausführung mit gestrecktem Bein oder mit Armé ist möglich. Auch ein Revers frontal kann aus der Drehung erfolgen.

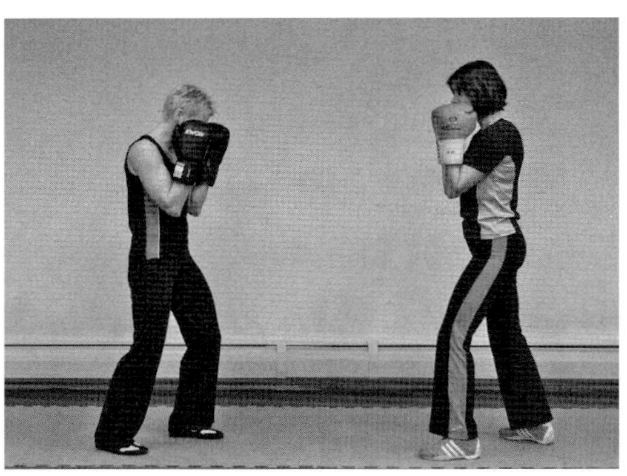

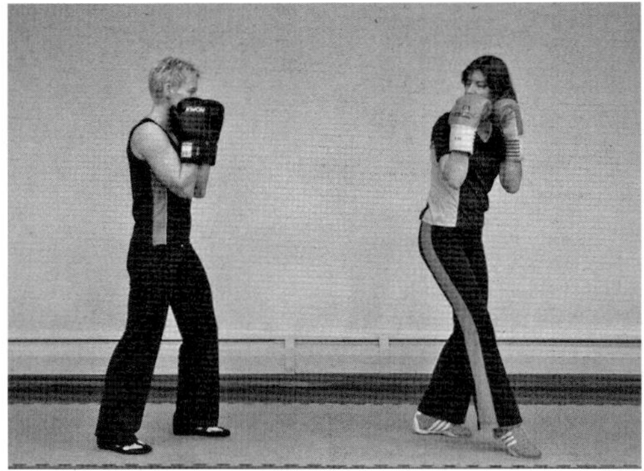

Assaut

Im Assaut verlangt der Revers tournant eine besondere Kontrolle. Du musst in der Lage sein ihn sanft touchieren zu lassen, falls der Gegner nicht abwehrt oder ausweicht. Gute Ringrichter ahnden unkontrollierbar geschlagene Revers tournant auch dann, wenn sie nicht treffen.

Punkte gibt es aber auch nur, wenn das Ziel berührt wird. Angeberische Revers tournant in die Luft beeindrucken gute Punktrichter nicht.

Combat

Auch im Revers tournant steckt eine unbändige Kraft. Mit der Ferse an den Kopf geschlagen, ist ein KO sehr wahrscheinlich. Denke jedoch an das große Risiko für dich selbst und bereite die Technik gut vor.

Revers tournant bas - tiefer Fußschlag aus der Drehung

Während der normale Revers meist zu Kopf geführt wird, ist der Revers tournant auch zu den Beinen sehr wirksam. Er hat eine riesige Reichweite.

Aus der Drehung schlägst du einen Revers tournant knapp über dem Boden. Beuge dabei das Standbein deutlich, so wie du es bei Chassé bas auch tun würdest. Das Ziel wird von der Seite mit der Fußsohle oder Ferse getroffen.

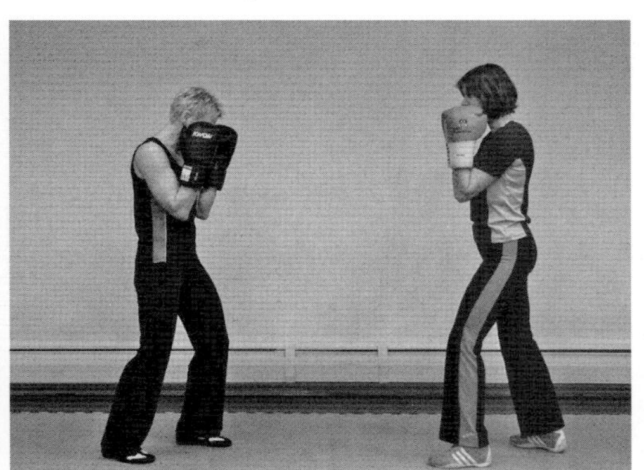

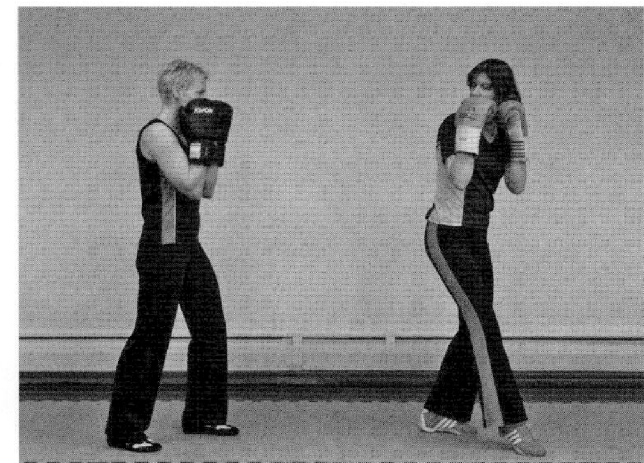

Wichtig

Die Distanz muss stimmen damit du mit der Fußsohle oder Ferse triffst. Ein Schlag mit der Wade ist im sportlichen Savate BF nicht erlaubt.

Assaut

Gut getimt kannst du den Gegner mit Revers tournant bas zu Fall bringen. Das gibt zwar nur einen Punkt für einen Treffer am Bein; die moralische Wirkung ist aber ungeheuer.

Combat

Hier ist es meist das Ziel den Gegner mit dem Revers tournant bas zu Fall zu bringen. Dies führt zwar in aller Regel nicht direkt zur Kampfunfähigkeit, kann einem Kampf aber die entscheidende Wendung geben.

Fouetté tournant - Peitschentritt aus der Drehung

Einen Fouetté aus der Drehung auszuführen erscheint auf den ersten Blick wenig logisch. Trotzdem stellen wir die beiden gängigen Methoden vor.

Methode A

Drehe dich wie für Chassé oder Revers tournant. Der Gegner erwartet einen Stoß von vorn oder Tritt von seiner rechten Seite. Stattdessen machst du ein Armé für Fouetté und triffst ihn von seiner linken Seite.

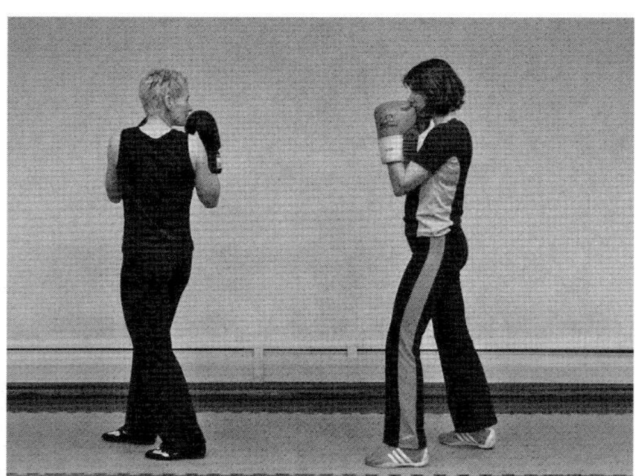

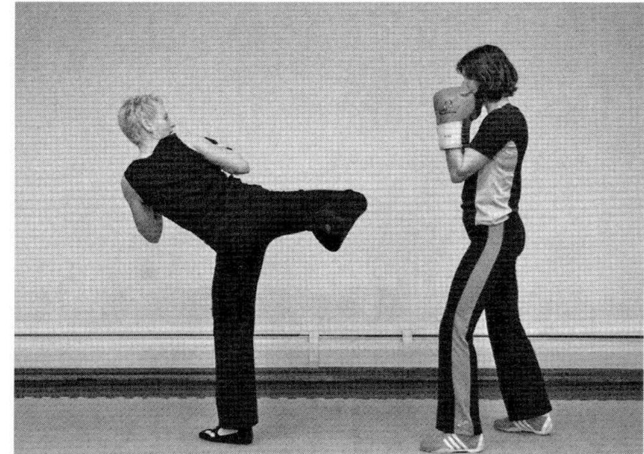

Wichtig

Drehe dich nicht zu kraftvoll, sonst bekommst du Probleme mit dem Gleichgewicht, denn die Bewegungsrichtung des Trittes ist ja der Drehung entgegengesetzt.

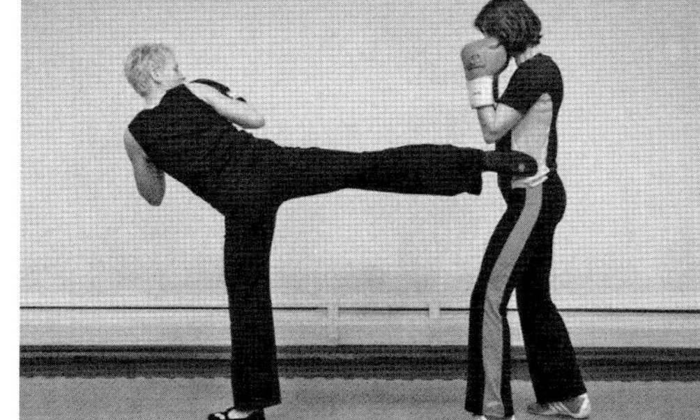

Assaut

Wenn du im Kampf öfter Gelegenheit zu einer Drehung findest, kannst du mit dieser Variante überraschende Treffer erzielen.

Combat

Diese Methode des Fouetté tournant ist ziemlich kraftlos. Die Wirkung steht im Combat in keinem Verhältnis zum Risiko.

Methode B

Durch die Drehung bereitest du scheinbar einen Chassé oder Revers mit dem rechten Fuß vor. Stattdessen setzt du den rechten Fuß nach außen ab und nutzt den Schwung der Drehung für einen Fouetté links.

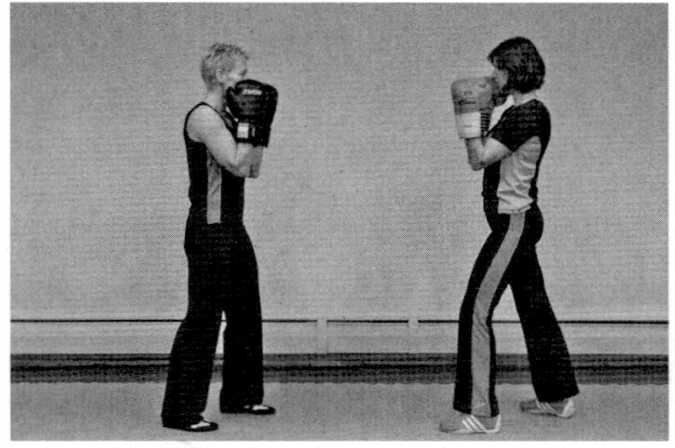

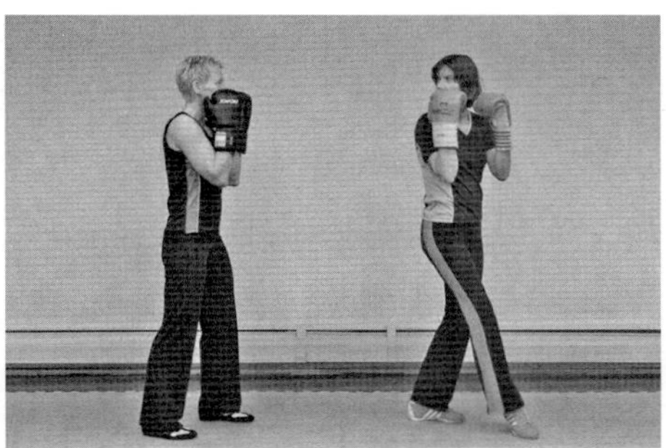

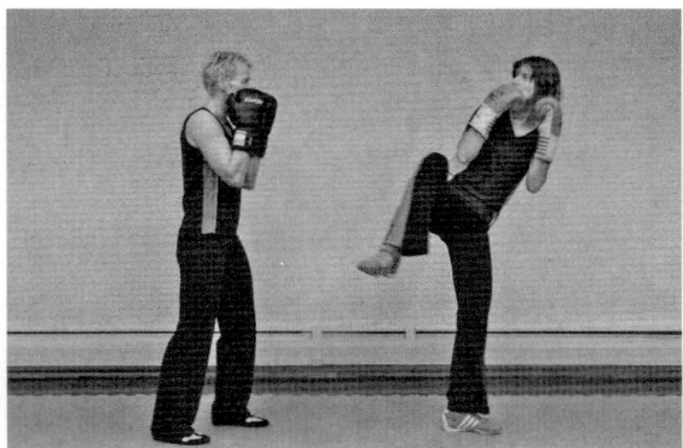

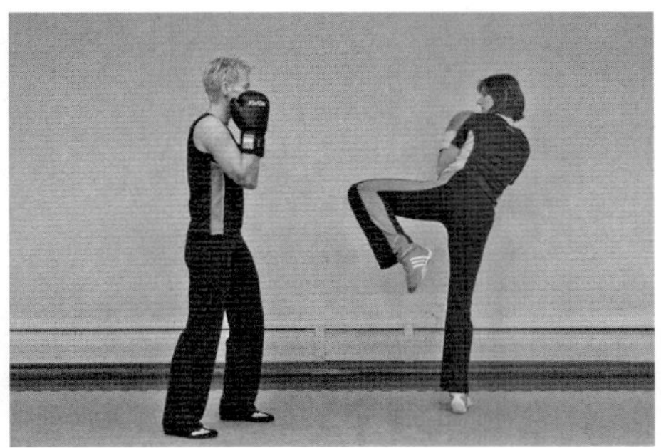

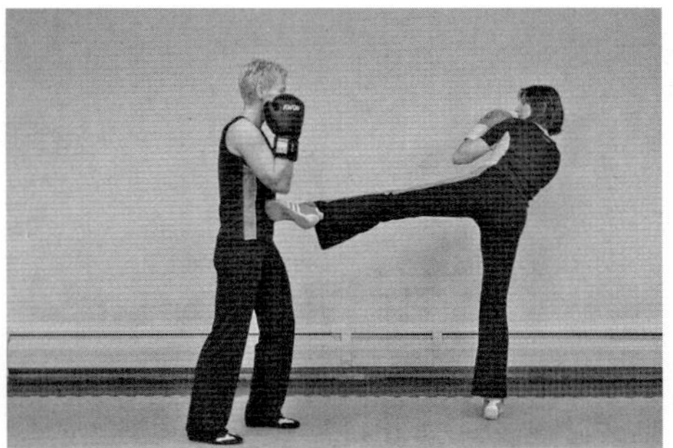

Assaut

Auch mit dieser Technik kannst du den Gegner echt überraschen.

Combat

Zur Überraschung kommt die enorme Kraft aus der Drehung. Ein KO ist gut möglich.

Übrigens

Die gesprungene Version dieses Fouetté tournant ist sehr kraftvoll und spektakulär. Man nennt sie Helicopter.

Coups de pied tournants jambe avant - Drehtritte mit dem vorderen Bein

Meist werden gedrehte Tritte mit dem hinteren Bein ausgeführt. Du hast jedoch auch die Möglichkeit, diese Techniken mit dem vorderen Bein auszuführen.

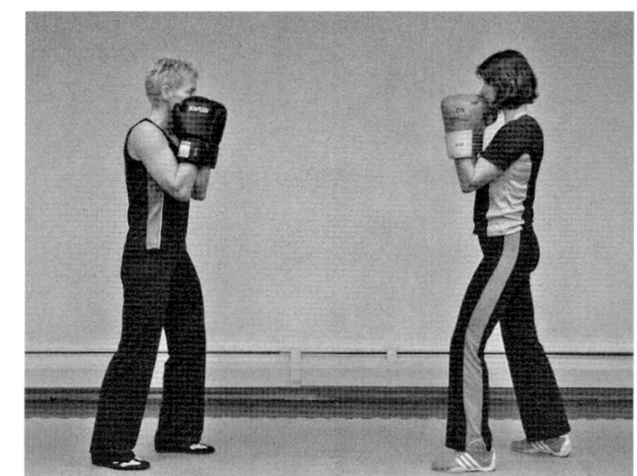

Der Abstand ist größer als üblich. Zur Vorbereitung machst du einen Schritt oder angedeuteten Tritt mit dem rechten Fuß nach vorn. Dabei leitest du durch die Fußstellung bereits die Drehung ein. Trete nun mit dem linken Fuß zum Ziel; als Beispiel ist hier Chassé tournant gezeigt.

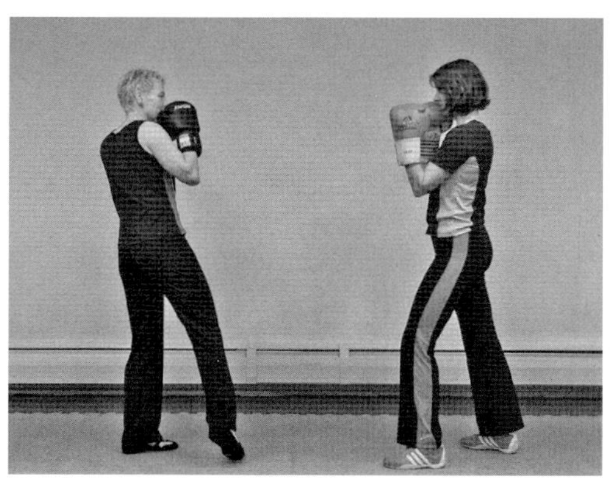

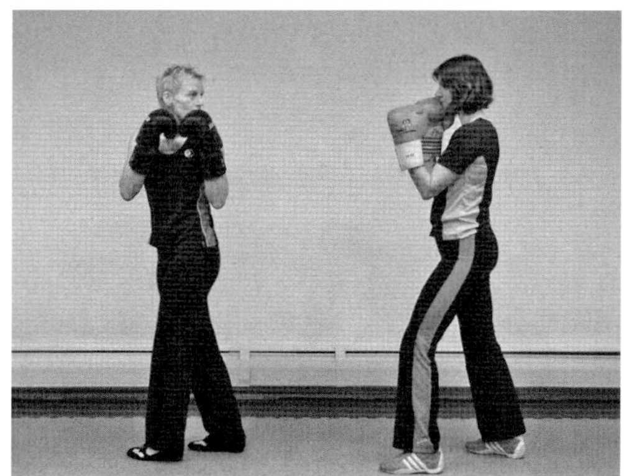

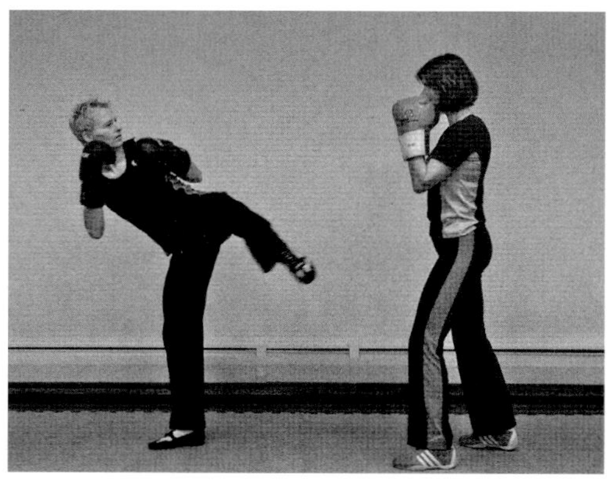

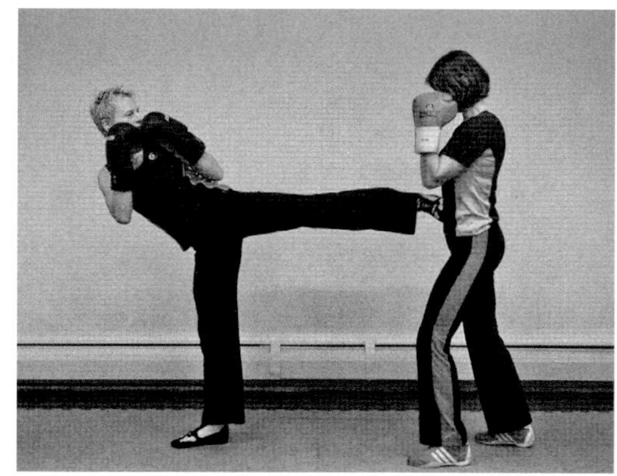

Les Coups de pied croisés - Tritte aus dem Kreuzschritt

Normalerweise vermeidet man es beim Savate die Füße über Kreuz zu setzen, da man in dieser Stellung leicht angreifbar ist. Steht der Gegner für einen normalen Fußtritt zu weit weg, so stellt der Kreuzschritt jedoch eine effektive Möglichkeit dar, die Entfernung zu überbrücken.

Coups de pied croissé erfolgen immer mit dem vorderen Fuß. Durch den Kreuzschritt ist dieser jedoch für einen Moment weiter vom Ziel entfernt. Der zusätzliche Beschleunigungsweg verleiht diesen Tritten zusätzlich Kraft.

Fouetté croissé

Beginne in der Linksauslage. Setze den rechten Fuß mit einem Kreuzschritt vor den linken und drehe dabei die Fußspitze nach außen. Trete nun den Fouetté mit dem linken Fuß.

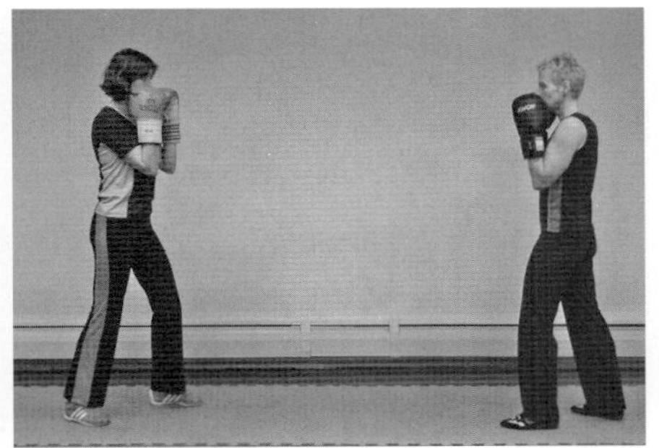

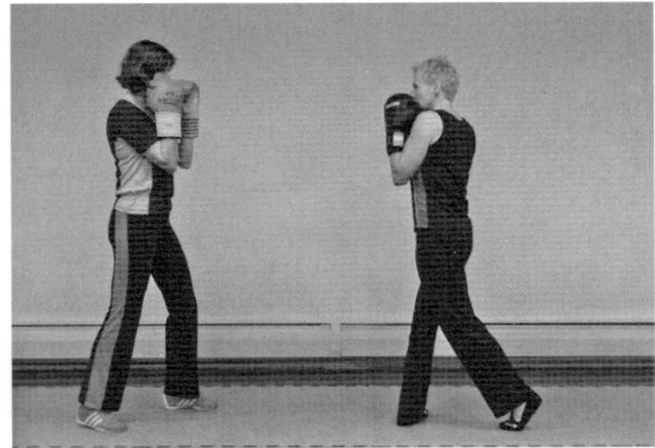

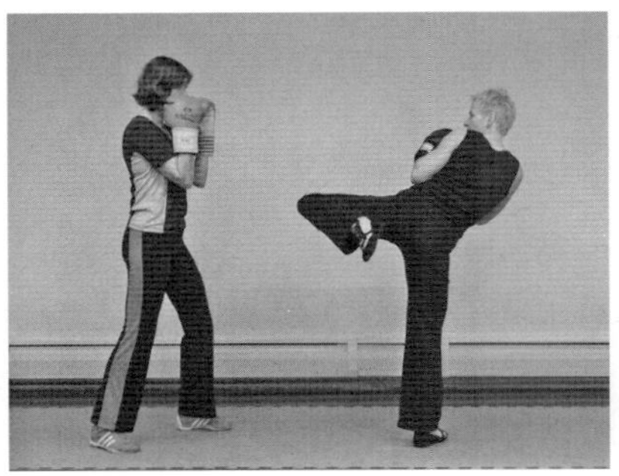

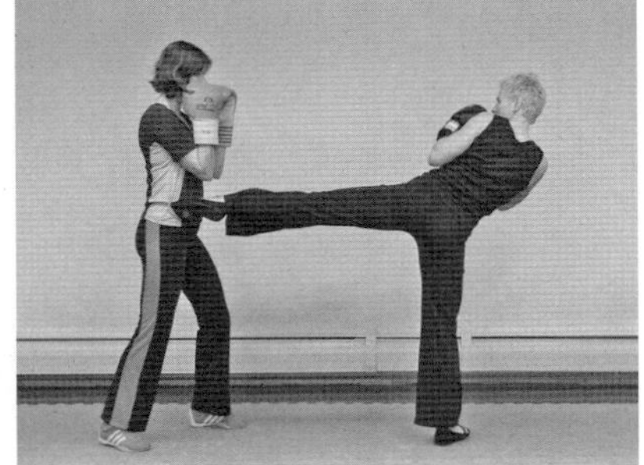

Wichtig

Halte deine linke Hüfte dem Ziel zugewandt, damit wirklich ein Kreuzschritt und kein Auslagewechsel entsteht.

Assaut

Einen weit zurück weichenden Gegner kannst du mit Fouetté croissé evtl. noch einholen. Die Sicherung des Kreuzschrittes durch einen zeitgleichen Direct mit der vorderen Hand ist möglich.

Combat

Bei passendem Abstand kann der Kreuzschritt dem Fouetté zusätzliche Kraft geben. Dafür wird der Weg länger und der Tritt weniger überraschend.

Chassé croissé

Aus der Linksauslage kreuzt du den rechten Fuß hinter den linken. Lasse die rechte Fußspitze dabei vom Ziel weg zeigen. Nun trittst du mit dem linken Fuß einen Chassé latéral.

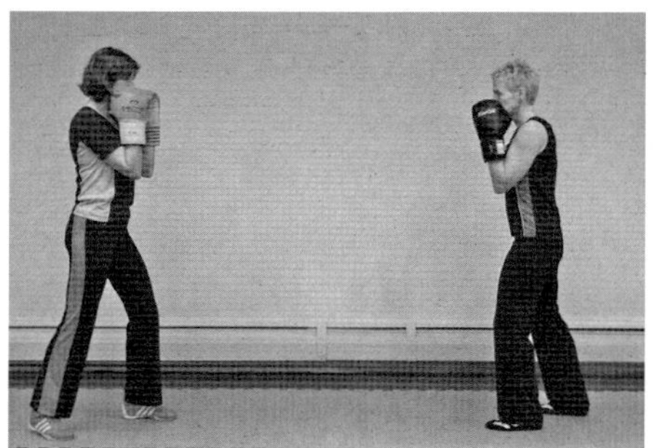

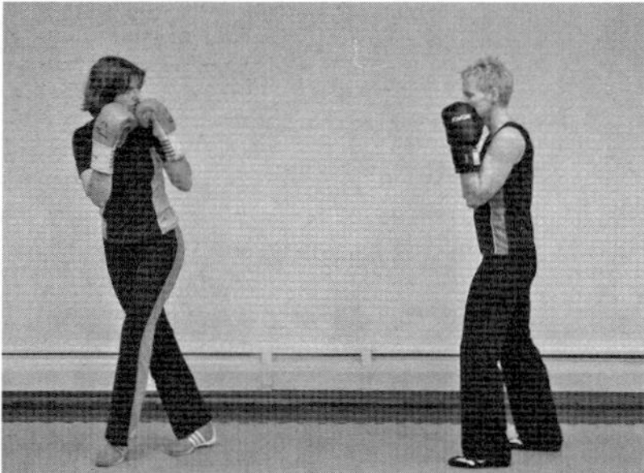

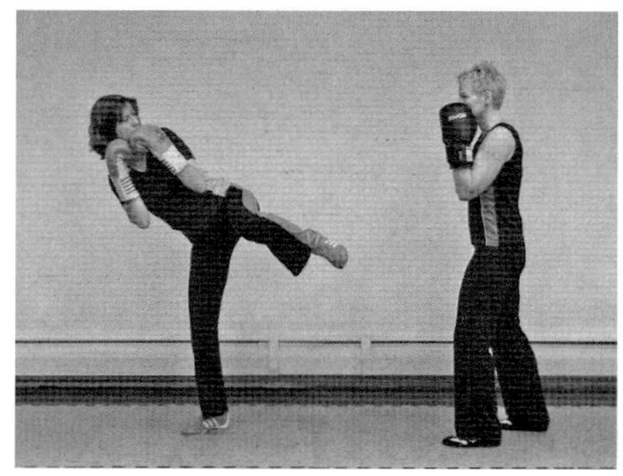

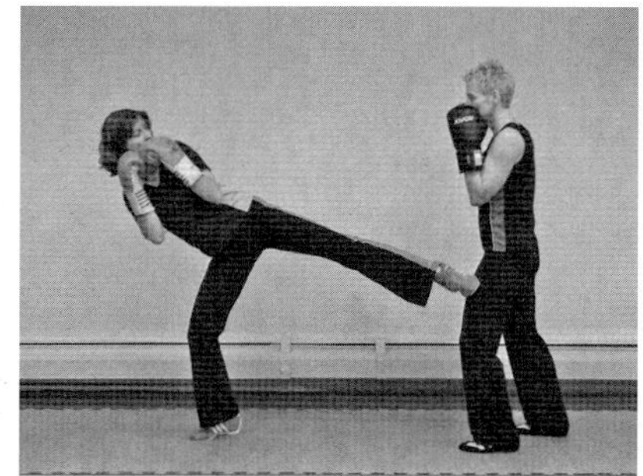

Assaut

Mit dem Chassé croissé kannst du eine große Entfernung überbrücken. Kontrolliere den Tritt im Assaut gut, denn leicht wird die Technik ohne Absicht zu hart .

Combat

Chassé croissé ist eine kraftvolle Technik, die an jedem Ziel und selbst auf der Deckung Wirkung zeigt. Mit dieser Technik wurde schon mancher KO. erzielt.

Revers croissé

Wie beim Chassé kreuzt du den rechten Fuß hinter dem linken. Dann trittst du mit dem linken Fuß einen Revers horizontal , evtl. auch einen Revers frontal.

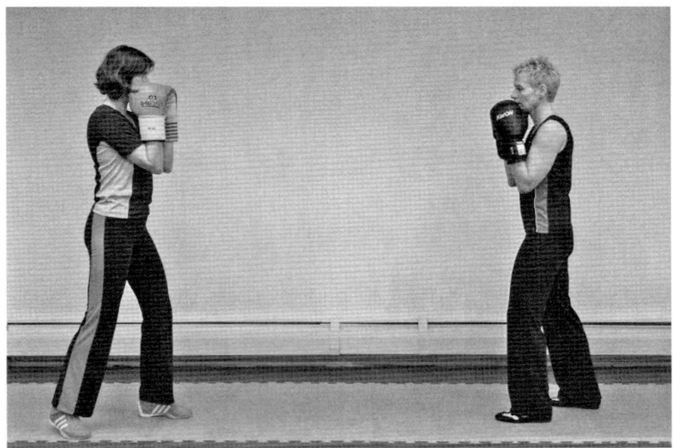

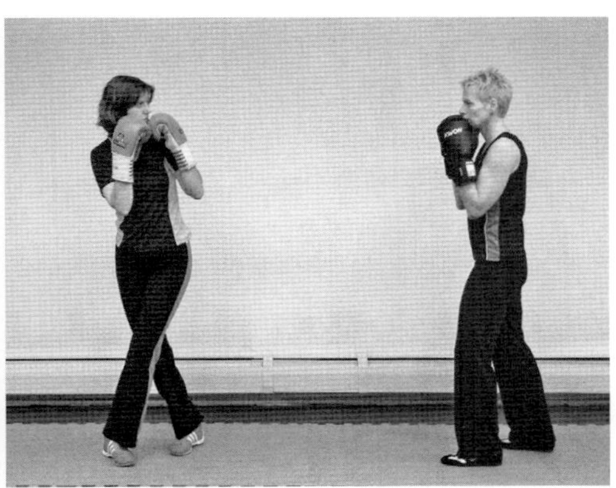

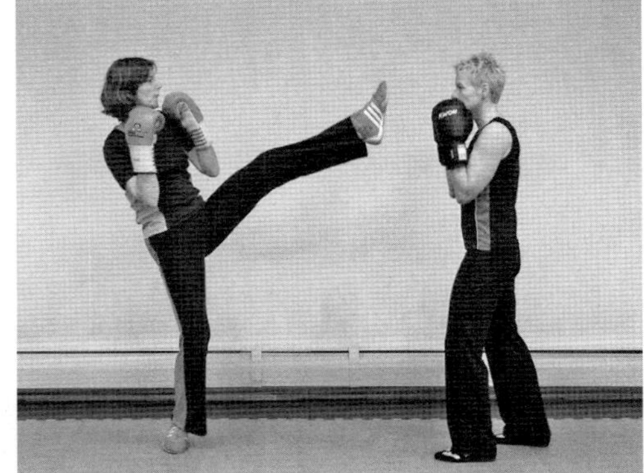

Combat

Durch den Kreuzschritt kannst du den Rumpf nach links vorspannen und dem Tritt damit deutlich mehr Wucht als einem normalen Revers mit dem vorderen Fuß verleihen.

Les Coups de pied sautés - gesprungene Tritte

Gesprungene Fußtritte sind sehr spektakulär, aber auch mit großem Risiko behaftet. Deshalb ist im Savate das Springen kein Selbstzweck. Sprünge in die Höhe sind selten und meist nur für Fotos geeignet. Meist dient der Sprung dem Anpassen der Entfernung oder der Täuschung des Gegners.

Es ist jeweils möglich mit dem selben Fuß abzuspringen und zu treten oder mit einem Fuß zu springen und mit dem anderen zu treten.

Um nicht zu verwirren zeigen wir alle Sprungmethoden mit einem Fouetté. Trainieren sollst du diese natürlich auch mit anderen Tritten.

Coup de pied sauté jambe arrière - Sprungtritt mit dem hinteren Bein

Absprung mit dem vorderen Fuß

Mit dieser Technik überbrückst du die zu große Entfernung zum Gegner. Mache mit dem rechten Bein Armé für einen Fouetté. Springe mit dem linken Fuß ab und trete den Fouetté so, dass dein rechter Fuß im selben Moment trifft, wenn dein linker Fuß den Boden wieder berührt.

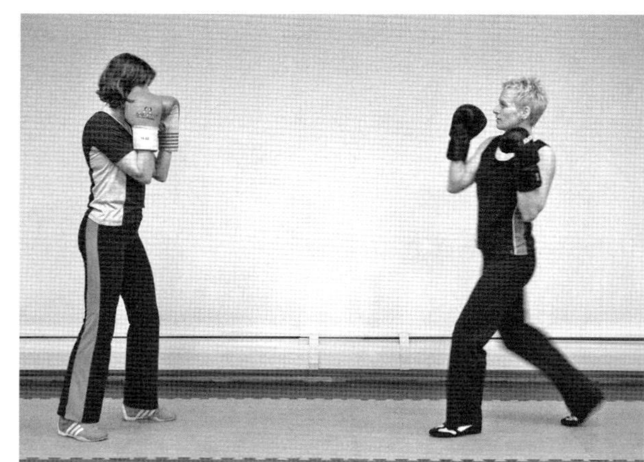

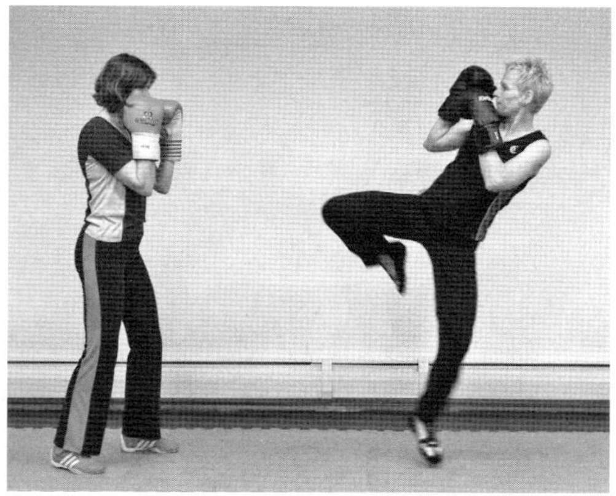

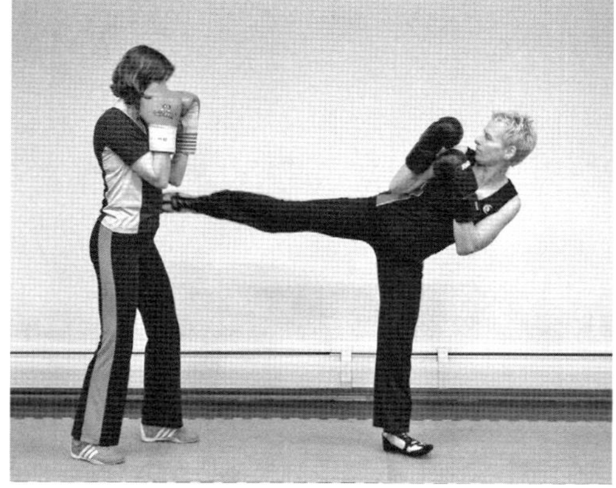

Absprung mit dem hinteren Fuß

Hebe das linke Knie um für den Sprung Schwung zu holen und den Gegner zu täuschen. Springe mit dem rechten Fuß ab. Das Drehen des Beckens, Armé und den Tritt selbst - das alles musst du während des Sprungs machen. Triff das Ziel noch im Sprung oder spätestens, wenn der linke Fuß den Boden wieder berührt.

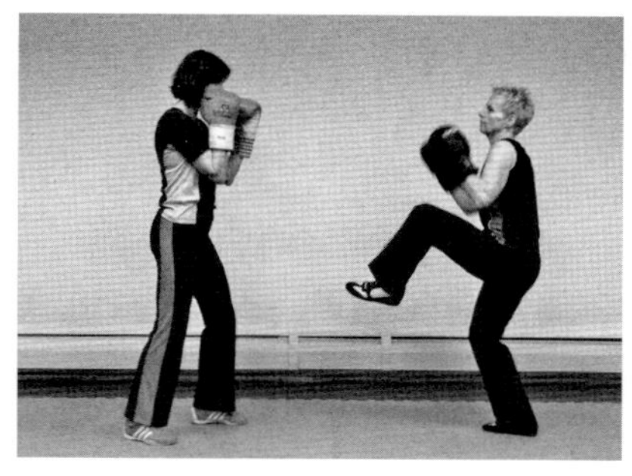

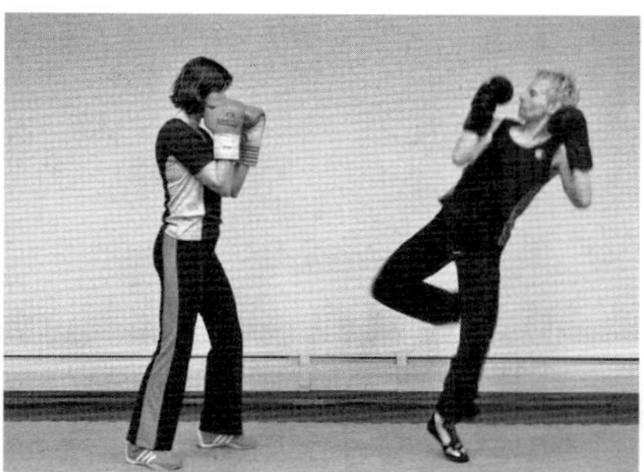

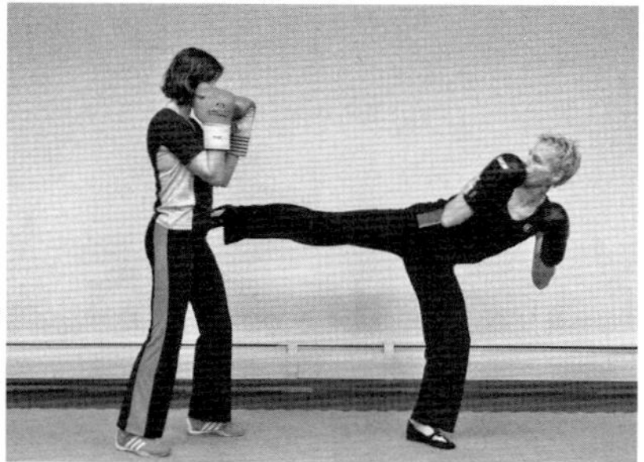

Coup de pied sauté jambe avant - Sprungtritt mit dem vorderen Bein

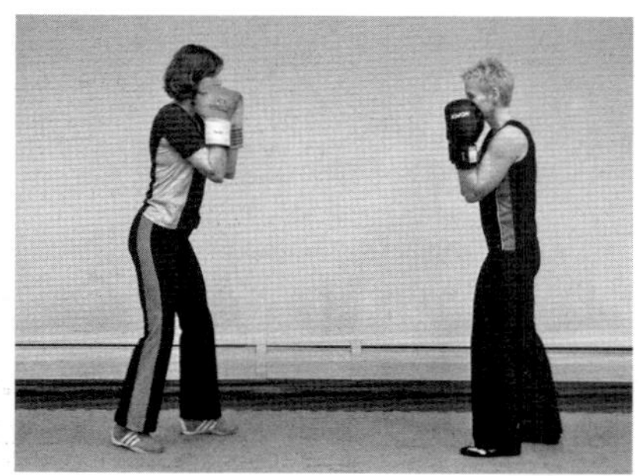

Absprung mit dem hinteren Fuß

Mit dem linken Bein machst du Armé für den Fouetté. Nun springst du mit dem rechten Fuß ab und trittst zugleich mit links. Oft ist dieser „Sprung“ nur ein kleiner Hüpfer um in die richtige Distanz zu kommen.

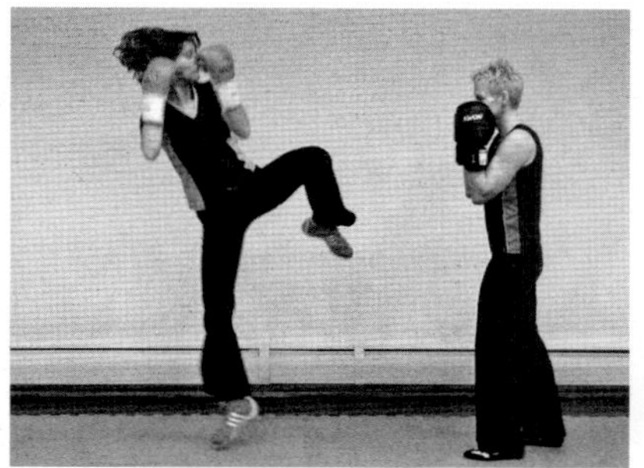

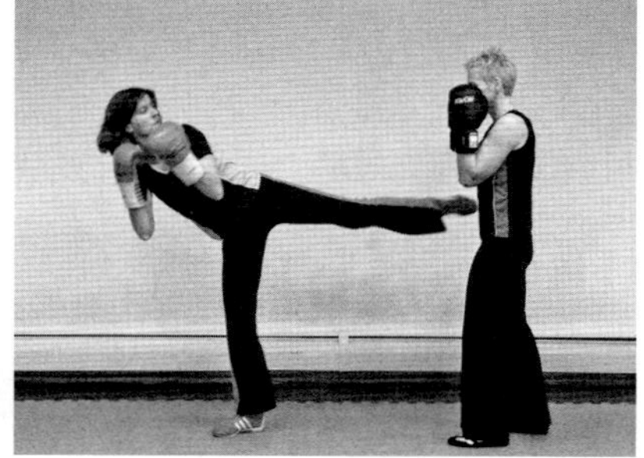

Absprung mit dem vorderen Fuß

Reiße das rechte Knie kraftvoll nach oben vorn und springe gleichzeitig mit dem linken Fuß ab. Trete den Fouetté mit dem linken Fuß während des Sprungs oder spätestens bis zur Landung.

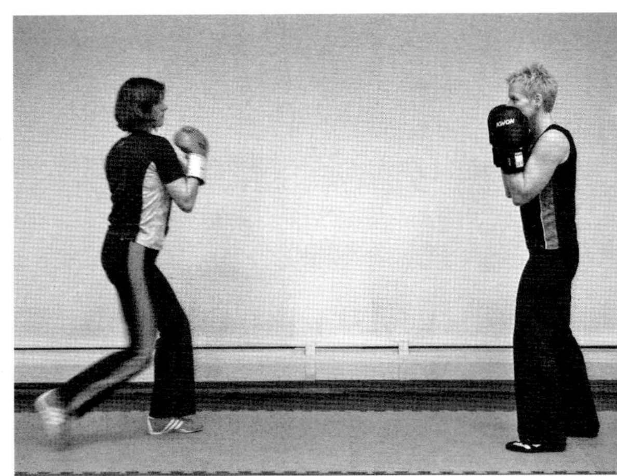

Mit diesem Sprung kannst du sowohl hoch als auch sehr weit springen.

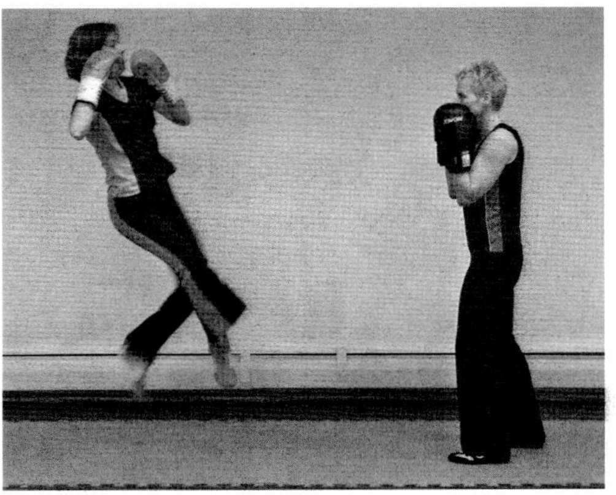

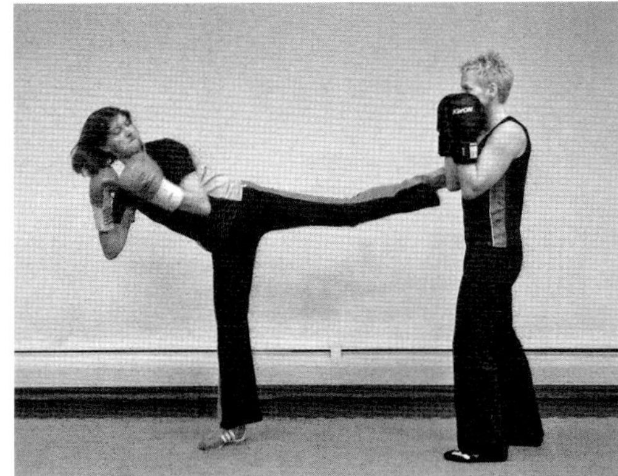

Coups de pied sautés croissés - Tritte mit Sprung und Kreuzschritt

Du kannst den Kreuzschritt mit einem Sprung kombinieren und somit die Reichweite enorm vergrößern.

Springe mit dem vorderen Fuß ab. Kreuze im Sprung entsprechend dem geplanten Tritt vorne oder hinten. Trete wenn der gekreuzte Fuß den Boden wieder berührt.

Besonders der Chassé sauté croissé hat eine riesige Reichweite, 3-4 Meter sind kein Problem.

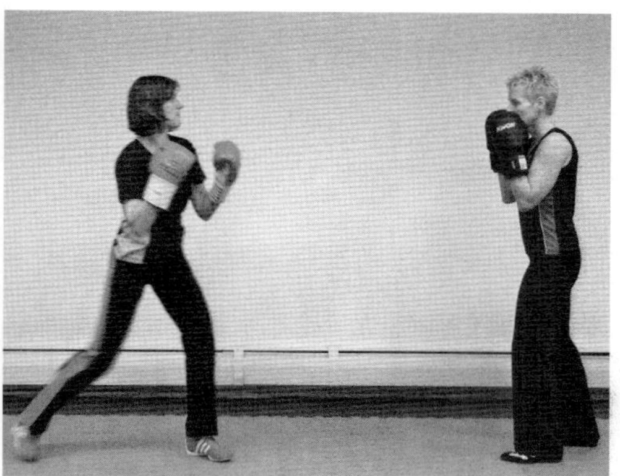

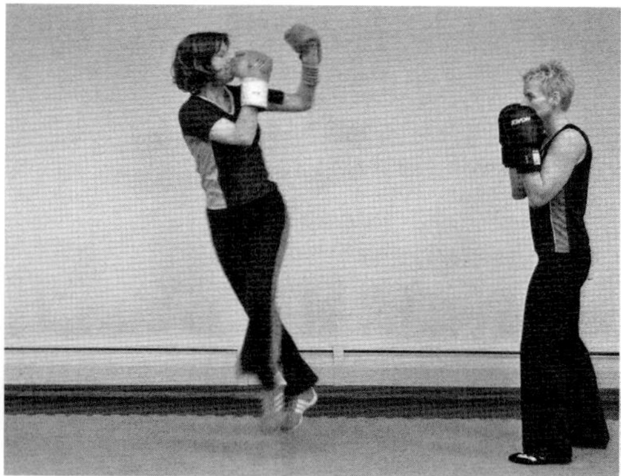

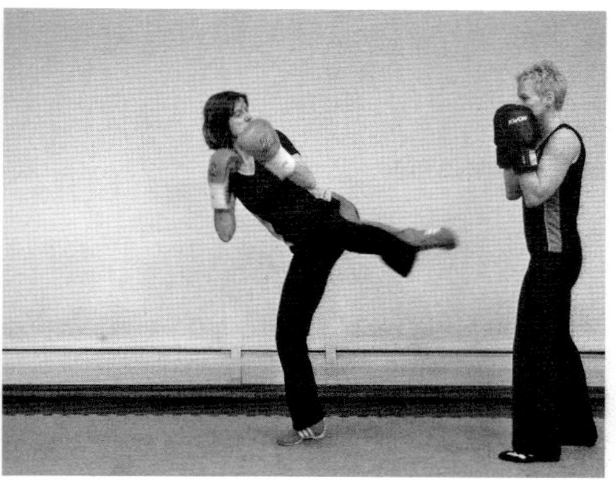

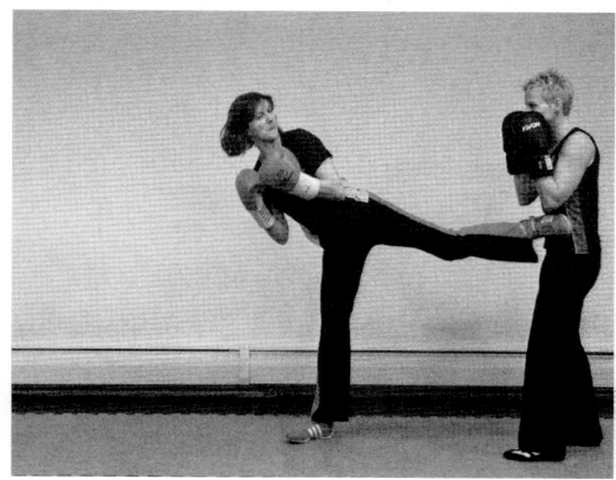

Wichtig

Springe immer so, dass du nach dem Sprung dein Gleichgewicht sofort wieder findest. Sprünge nach dem Motto „alles oder nichts" sind sehr gefährlich!

Les Défenses - die Abwehren

Ebenso so wichtig wie die Grundtechniken des Angriffs sind die Abwehren. Es gibt prinzipiell zwei Möglichkeiten einen gegnerischen Angriff zu vermeiden. Man kann ihn mit Hilfe der Arme oder Hände Abwehren (Parade) oder dem Angriff ausweichen (Ésquive).

Wichtig

Nach dem Ausweichen oder Blocken solltest du sofort einen Gegenangriff führen. So kannst du die Blöße, die sich dein Gegner durch seinen Angriff gibt, nutzen.

Hier sind die Abwehren der Klarheit wegen ohne Gegenangriff demonstriert.

Les Parades - die Blocks

Es gibt zwei Arten von Paraden:

Parade bloquée - Der Angriff erreicht sein Ziel nicht, die Bewegung wird vorher gestoppt.

Parade chassée - Der Angriff wird nicht gestoppt sondern am Ziel vorbei geleitet.

Parade bloquée gegen Direct zum Kopf

Fange den Direct in der offenen rechten Hand auf bevor er sein Ziel erreicht. Die Abwehr eignet sich gleich gut für Direct rechts.

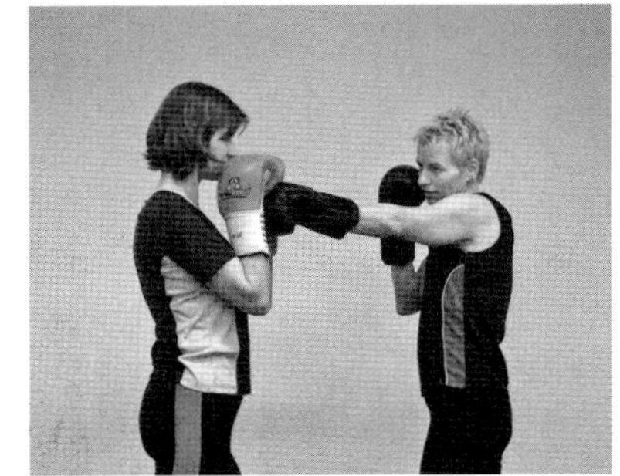

Parade chassée gegen Direct zum Kopf

Leite den linken Direct mit deiner rechten Hand nach innen ab, so dass er sein Ziel verfehlt.

Eine Rechte deines Gegners würdest du mit der linken Hand nach rechts lenken.

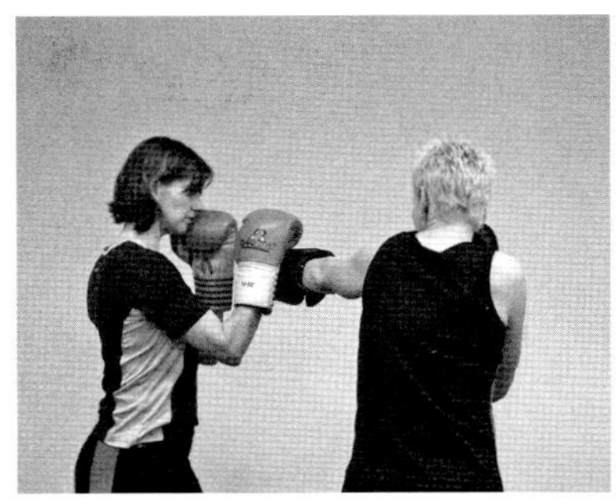

Wichtig

Beschränke die Abwehrbewegung auf das Nötigste um dir keine unnütze Blöße zu geben. Merke: Knapp daneben ist auch vorbei.

Parade chassée gegen Direct zum Körper

Lenke den Direct mit dem Unterarm nach innen ab. Halte dabei die Hände die ganze Zeit nahe am Kinn.

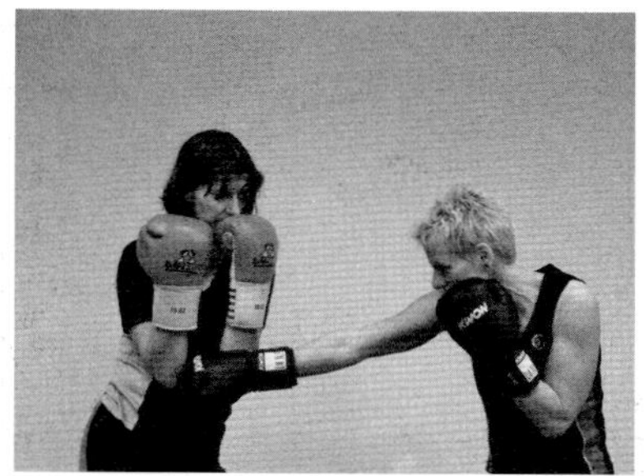

Parade bloquée gegen Crochet zum Kopf

Stoppe den Angriff vor Erreichen seines Zieles mit dem Unterarm oder der Außenseite deines Handschuhs.

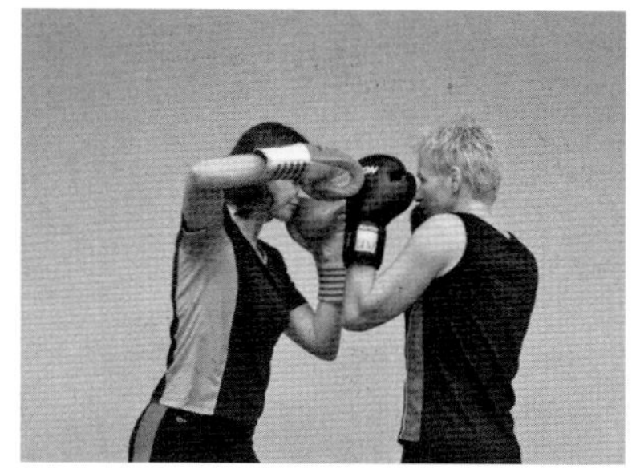

Parade bloquée gegen Crochet zum Körper

Stoppe den Angriff mit der Außenseite von Unter- und Oberarm. Mache dich dabei klein.

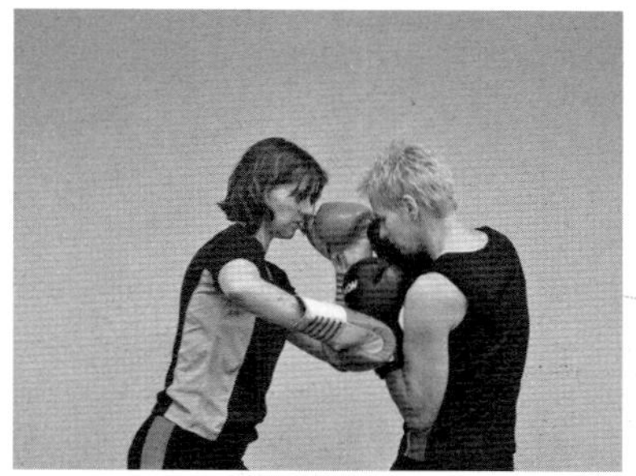

Parade bloquée gegen Uppercut

Schütze die Vorderseite deines Körpers mit den geschlossenen Armen.

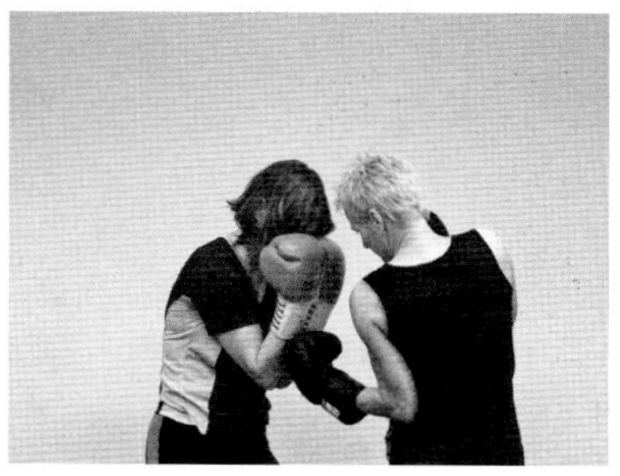

Parade bloquée gegen Fouetté médian I

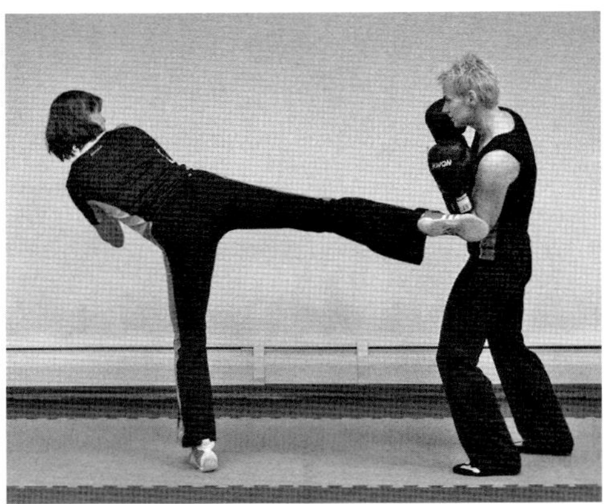

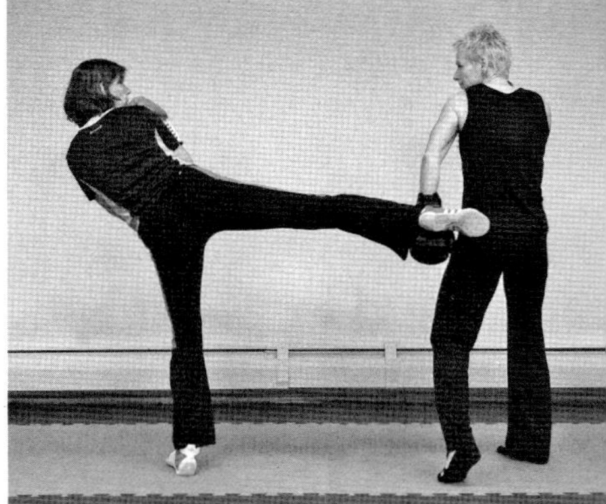

Stoppe den Angriff mit der muskulären Außenseite des Unterarms oder dem Rücken des Handschuhs. Mache dich dabei klein und halte die Hände seitlich so nahe wie möglich am Kinn.

Parade bloquée gegen Fouetté médian II

Lass die Hand nach unten klappen und stoppe den Angriff mit der Handfläche.

Die Abwehr eignet sich gegen tiefe Angriffe in Höhe der Gürtellinie. Der Kopf ist im Moment der Abwehr allerdings schutzlos!

Parade bloquée gegen Fouetté médian jambe avant in vraie Garde

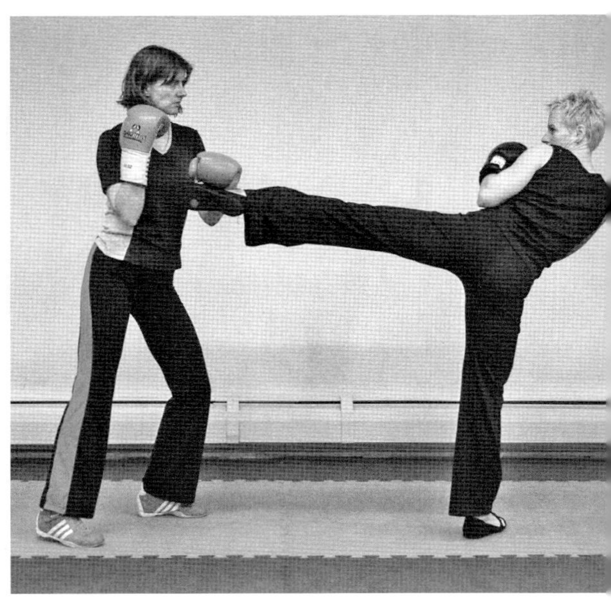

Den Tritt zum Solar Plexus wehrst du mit dem Handballen der linken Hand ab. Gehe stark gegen den Angriff um ihn vor dem Ziel zu stoppen.

Übrigens

Diese Form der Parade bloquée wird auch Parade en opposition genannt.

Parade chassée gegen Fouetté médian jambe arrière

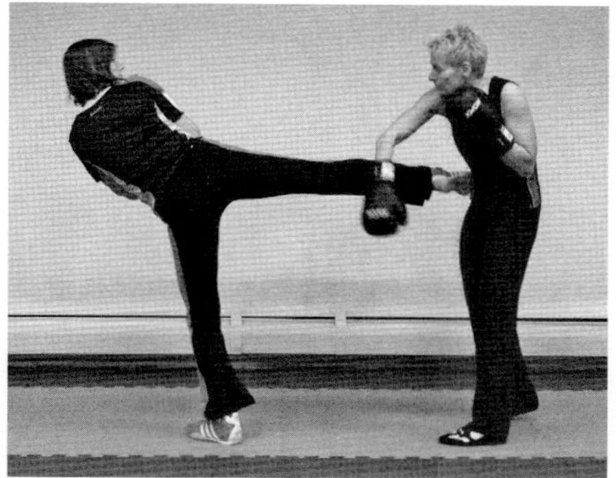

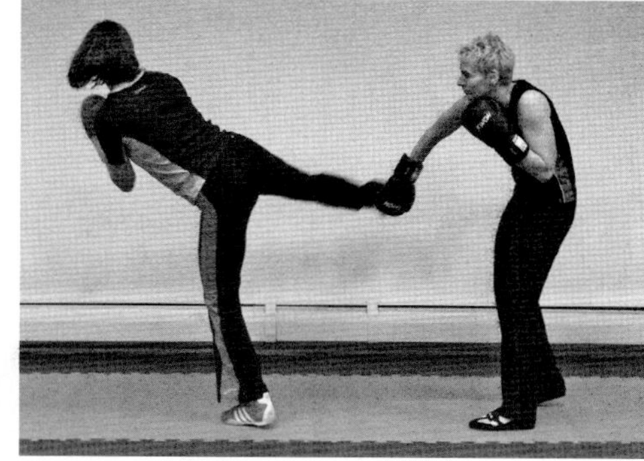

Ziehe deinen Bauch ein. Hilf deinem Gegner beim Treten indem du seinen rechten Fuß mit deiner rechten Hand vor deinem Bauch vorbei leitest. Sobald der Fuß sein Ziel passiert hat erteilst du ihm durch eine kraftvolle Hüftdrehung zusätzlichen Schwung. Durch deine Abwehr kommt der Gegner aus dem Gleichgewicht und wird gezwungen dir den Rücken zu zu drehen.

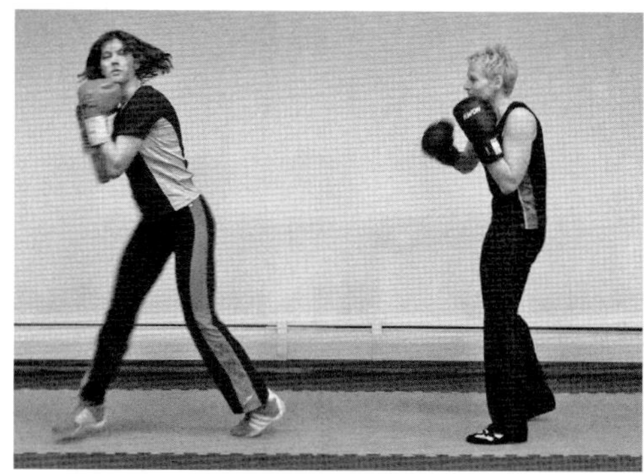

Wichtig

Achte darauf , dass du nicht nach dem Fuß „angelst". Das sehen die Ringrichter nicht gerne.

Parade chassée gegen Chassé figure

Mit der Hand lenkst du den Chassé nach innen ab, so dass er sein Ziel verfehlt.

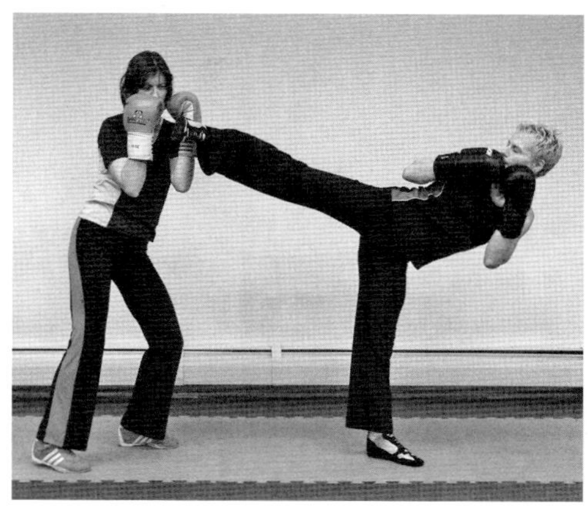

Wichtig

Versuche bei Chassé latéral möglichst von der Ferse her zu blocken. Auch Parade bloquée ist gegen Chassé möglich, macht aber überhaupt keinen Spaß.

Les Ésquives - das Ausweichen

Auch beim Ausweichen unterscheiden wir zwei grundlegend verschiedene Verfahren:

Ésquive totale - Der ganze Körper wird aus dem Angriffsbereich bewegt.

Ésquive partielle - Nur der angegriffene Körperteil wird in Sicherheit gebracht.

Ésquive totale

Hier sehen wir eine Ésquive totale gegen einen Direct. Springe so weit zurück, dass der Angriff dich nicht mehr erreichen kann.

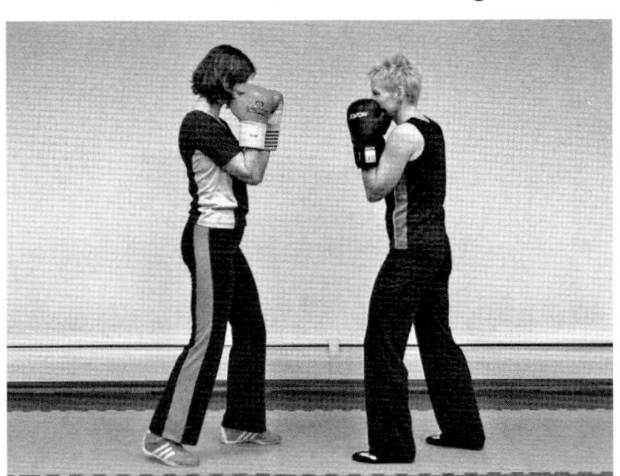

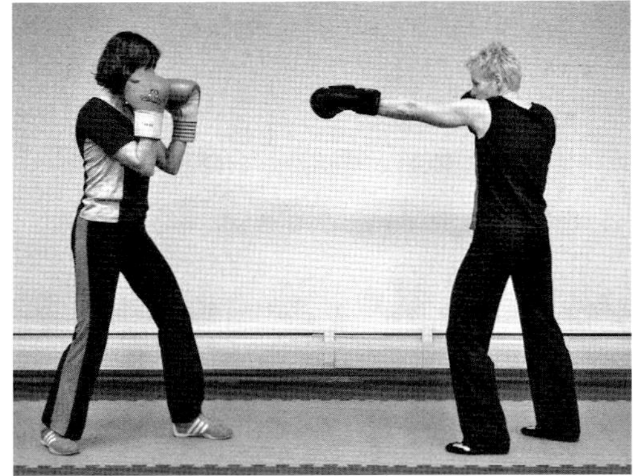

Wichtig

Vorteil der Ésquive totale ist, dass du die Art des Angriffs nicht genau erkennen musst. Dafür fällt der Übergang zum Gegenangriff um so schwerer, je weiter du vor dem Angriff zurück weichst.

Einige Beispiele für Ésquive partielle

Retraite de buste

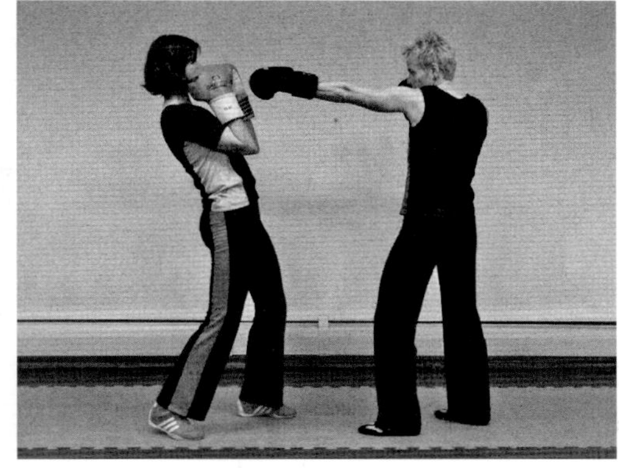

Der Gegner greift mit Direct zum Kopf an. Neige den Oberkörper leicht nach hinten, so dass die Faust den Kopf nicht erreicht.

Wichtig

Dieses Auspendeln gelingt nur, wenn du eine relativ vorwärts gerichtete Kampfstellung hast. Angsthasen mit dem Gewicht auf dem hinteren Fuß und dem Kopf ganz hinten haben in dieser Richtung keinen Spielraum zum Ausweichen.

Ésquive latérale de tête

Weiche dem Direct durch Seitneigen des Oberkörpers aus; dein Kopf kommt so aus der Schusslinie.

Am besten ist das Ausweichen zur Außenseite also nach rechts gegen Direct links, nach links gegen Direct rechts.

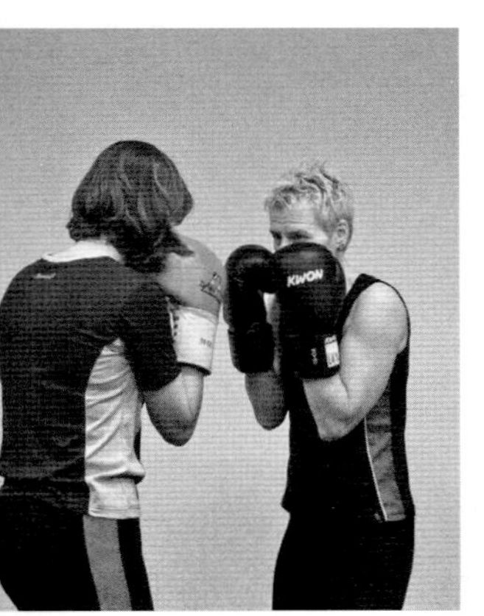

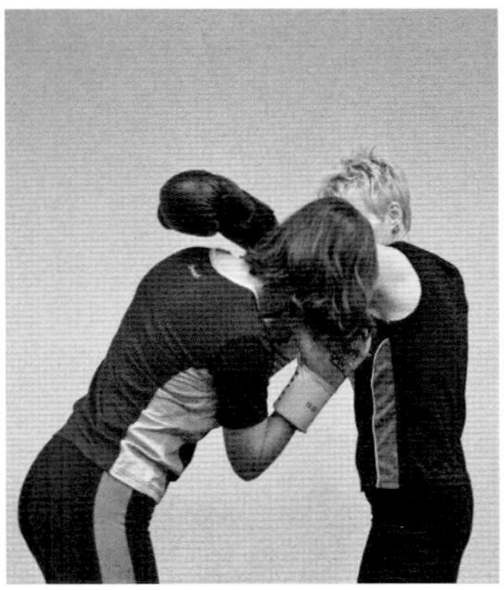

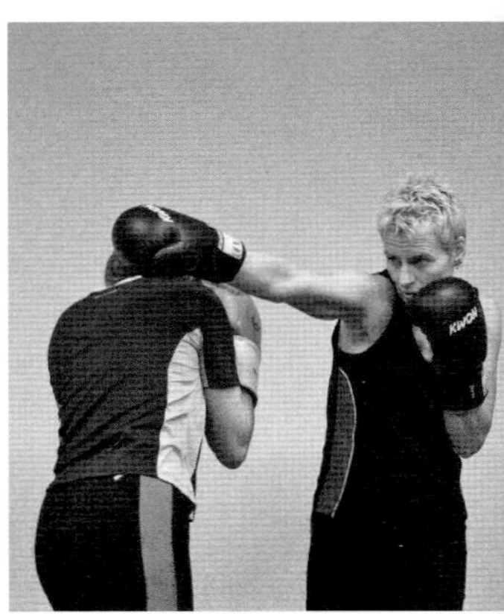

Ésquive rotative

Besonders gegen Haken zum Kopf ist dieses Ausweichen geeignet. Folge der Richtung des Schlages ein kleines Stück. Dann tauche ab und unter dem gegnerischen Arm hindurch, um an seiner Außenseite wieder auf zu tauchen.

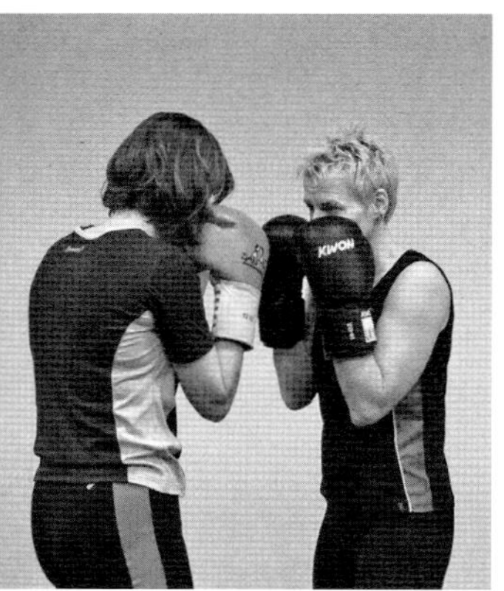

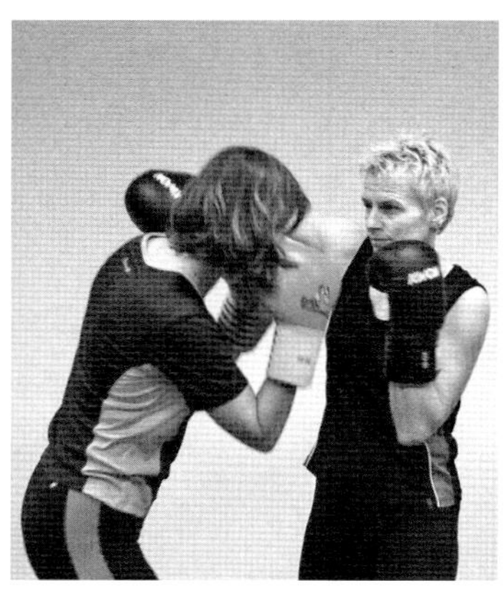

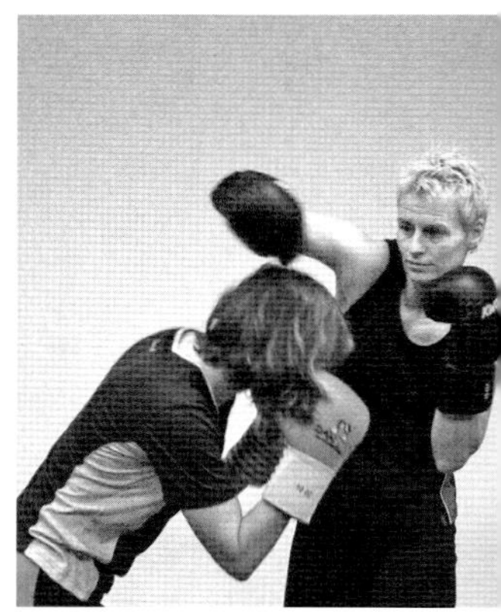

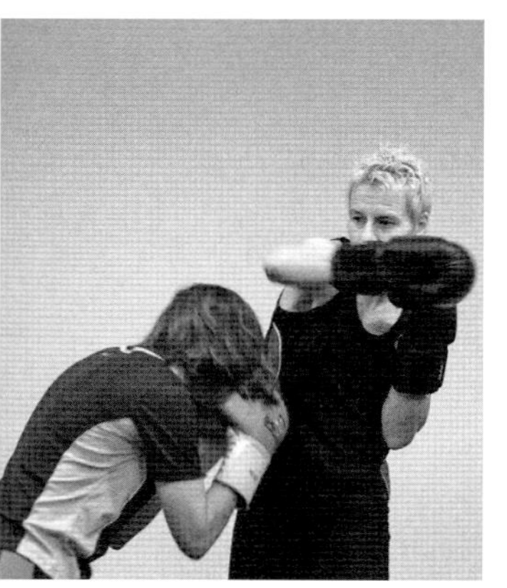

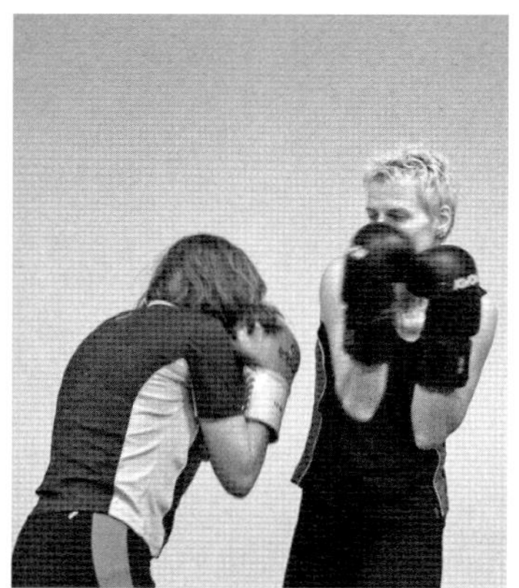

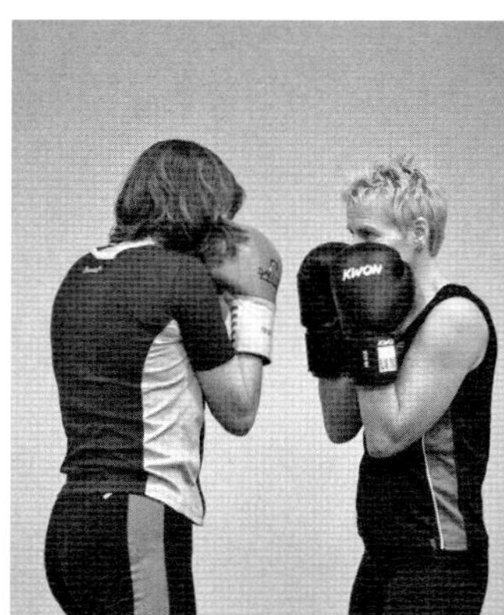

Wichtig

Dieses Ausweichen verlangt ein gutes Auge und einen beweglichen Rumpf. Das Ausweichen erfolgt aus dem Rumpf und den Beinen. Dein Kopf geht nah am Angreifer vorbei.

Assaut und Combat

Ésquive rotative ist nicht einfach. Es gibt dir jedoch die Möglichkeit dich aus unangenehmen Situationen am Seil und in der Ringecke zu befreien.

Ésquive en ligne bas

Das Ausweichen gegen Tritte zu den Beinen wird wegen der Anschaulichkeit hier ausschließlich gegen Coup de pied bas gezeigt. Geübt werden muss es natürlich auch gegen andere Angriffe!

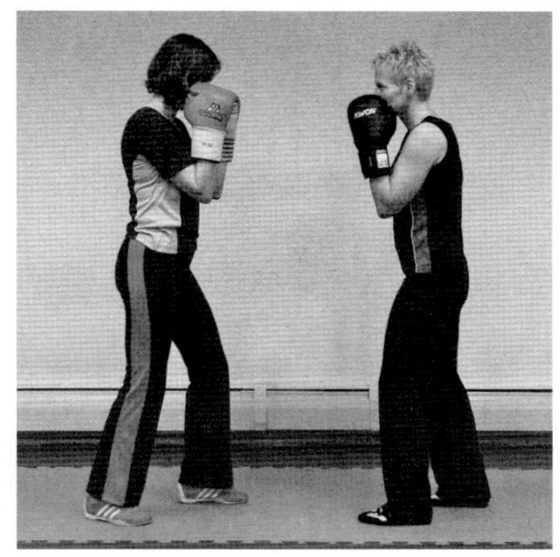

Ésquive sur place

Setze das angegriffene linke Bein zurück, behalte dabei aber die Linksauslage im Oberkörper und lasse den Körperschwerpunkt praktisch an der selben Stelle. Das zurück gesetzte Bein kann sofort mit Fouetté kontern.

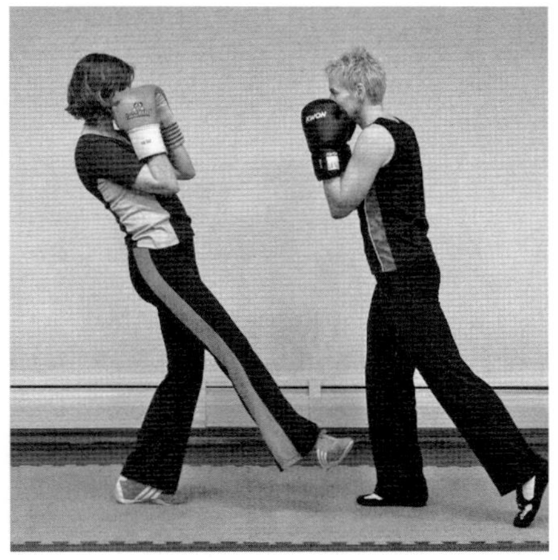

Ésquive en haut

Hebe das linke Knie nach oben und etwas nach innen und weiche so dem Angriff aus.

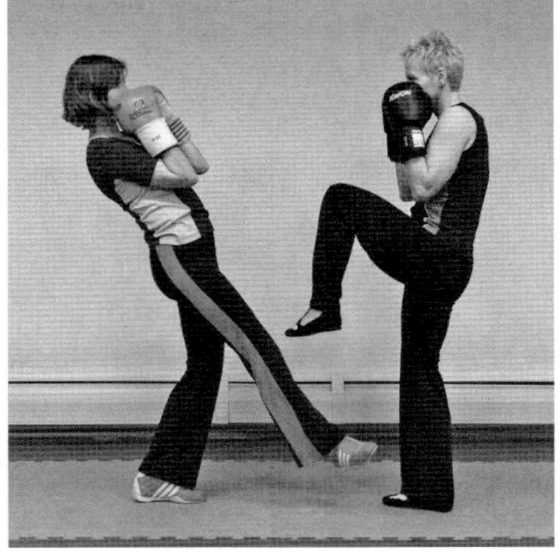

Ésquive à l'intérieur

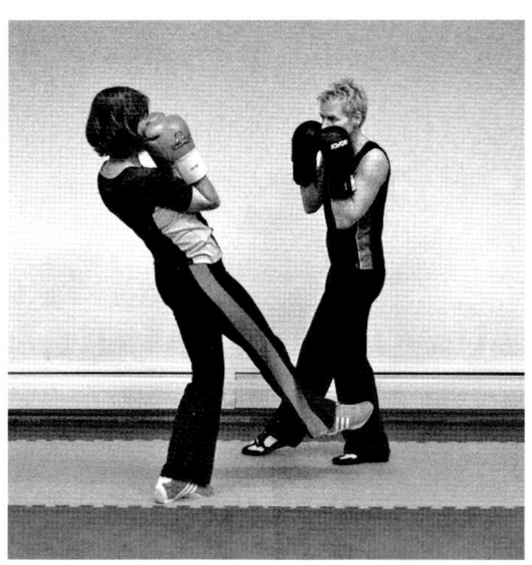

Setze den linken Fuß nach rechts. Der Angriff geht an der Außenseite deines Beines vorbei. Nach dieser Ausweichbewegung besteht unmittelbar die Möglichkeit zum Gegenangriff mit Chassé oder Revers tournant, denn du hast die Drehung ja schon eingeleitet.

Ésquive à l'extérieur

Das Ausweichen nach außen wird nur der Vollständigkeit halber gezeigt. Mutige Menschen tun es; andere haben zu recht Angst, dass sich ein Angriff verirren könnte.

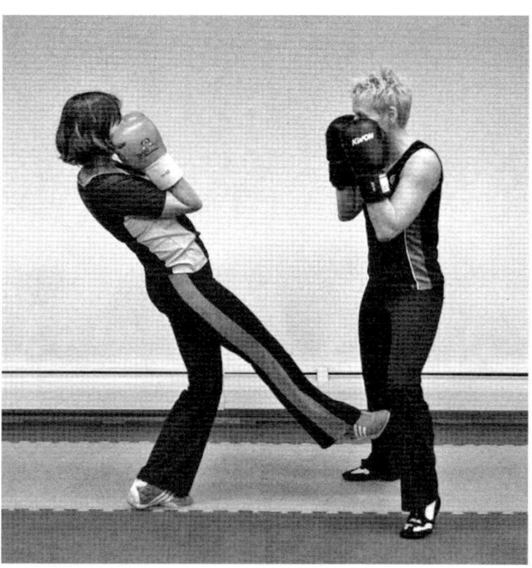

Changement de Garde

Normalerweise vermeiden wir es die Auslage zu wechseln. Gegen einen Angriff zum vorderen Bein kann dies jedoch sehr wirksam sein. Da sich beim Auslagewechsel die Distanz nicht vergrößert, kannst du sofort zum Gegenangriff mit Haken übergehen.

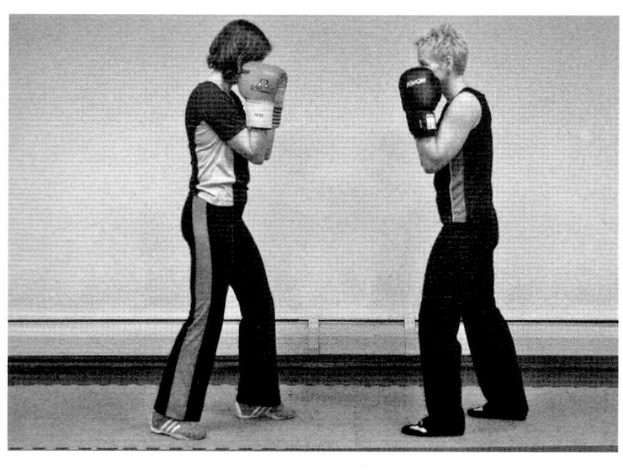

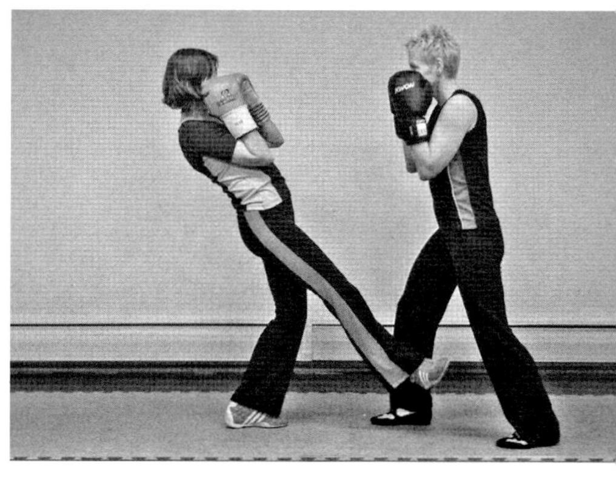

Le Slice

Dieses neufranzösische Wort beschreibt das Gleiten des angegriffenen Beines nach hinten. Mache das zurückweichende linke Bein sofort zu deinem Standbein und tritt mit dem rechten Fuß Fouetté als Gegenangriff.

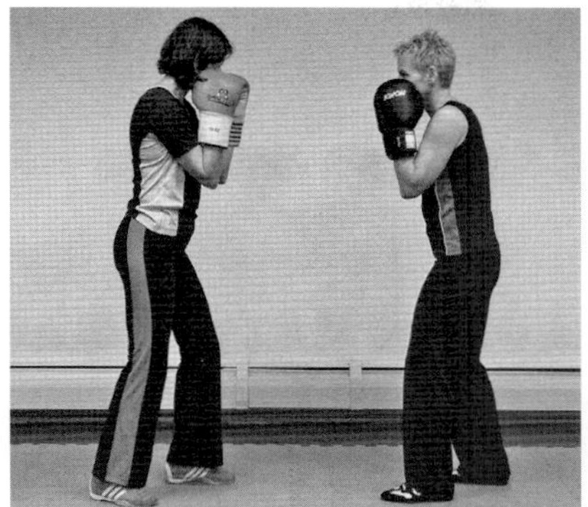

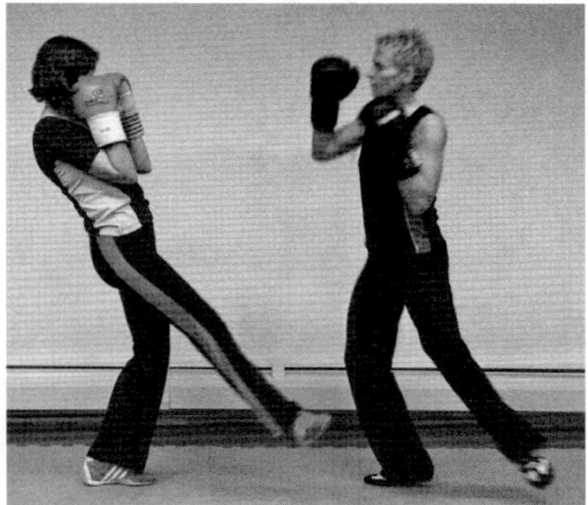

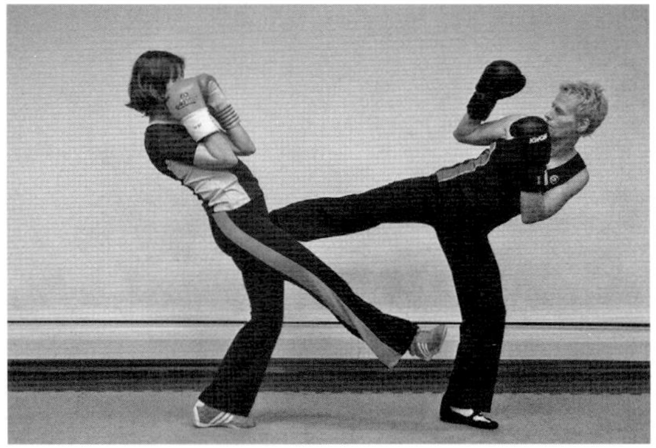

Coup d'arrêt und Contre

Diese Techniken stoppen den Gegner bevor er dich treffen kann. Mit dem Coup d'arrêt stoppst du die Bewegung deines Widersachers auf dich zu. Besonders geeignet sind Chassé frontal und Chassé latéral zu den Beinen und zum Körper. Auch ein Direct kann als Coup d'arrêt dienen, besonders wenn deine Reichweite größer, als die deines Gegners ist.

Beim Contre startet deine Technik nach dem Angriff des Gegners, trifft diesen aber zuvor.

Coup d'arrêt und besonders Contre verlangen ein hohes Maß an Antizipation und gehören zur hohen Schule des Savate.

Les Enchainements - Kombinationen

Im Kampf führt eine Einzeltechnik nur selten zum Erfolg. Nach dem Erlernen der Grundtechniken musst du deshalb bald beginnen diese miteinander zu verbinden.

Nach Parade oder Ésquive muss möglichst ein Gegenangriff mit einer oder mehreren Techniken folgen.

Fausttechniken müssen miteinander verbunden werden.

Einem Tritt folgt ein weiterer mit dem selben oder dem anderen Bein.

Die Verbindung von Faust- und Fußtechniken stellt eine besondere technische Herausforderung dar. Du musst die unterschiedliche Reichweite meistern und deine Distanz entsprechend anpassen.

Kombinationen im Training verfolgen verschiedene Zwecke:

- Kampfkombinationen werden so automatisiert, dass sie auch im Kampf schnell und stark abrufbar sind.
- Pädagogische Kombinationen dienen einem Lernziel wie Gewichtsverlagerung, Distanzanpassung, Bewegungsfluss.
- Enchainements imposées sind vorgeschriebene Kombinationen mit besonderer technischer Schwierigkeit für die Prüfungen zum silbernen Handschuh GAT.

Wettkämpfe

Im Savate Boxe Française gibt es zwei Hauptformen des Wettkampfs.

Assaut ist ein Kampf auf Treffer und Technik. Alle Schläge und Tritte werden kontrolliert mit leichtem Kontakt ausgeführt. Die Punktrichter bewerten die Treffer mit Hilfspunkten (4 Punkte Tritt zum Kopf, 2 Punkte Tritt zum Rumpf, 1 Punkt Tritt zum Bein oder Fausttechnik; Faustkombination 2 Punkte). Die Technik muss den Gegner berühren. Die Technikausführung bei den Treffern und das taktische Verhalten werden ebenso bewertet. Zum Schluss der Runde entscheidet der Punktrichter wer diese in Bezug auf Treffer bzw. Technik - Taktik gewonnen hat. Die Summe der Rundenwertungen ergibt sein Urteil für den Kampf.

Assaut verlangt eine gute Technik und besondere Ausdauer um international erfolgreich zu sein.

Combat heißt der Kampf mit Vollkontakt. Auf Turnieren (Qualifikation Europa- bzw. Weltmeisterschaft) wird mit Kopf- und Schienbeinschützern gekämpft, im Finale ohne diese.

Die Punktrichter beurteilen die Treffer mit Wirkung. Die Runden werden mit einer einzigen Note als gewonnen oder verloren bewertet. Ein KO (HC - hors de combat) kann den Kampf vorzeitig entscheiden.

Combat ist nichts für zarte Gemüter. In Frankreich müssen sich Sportler erst im Assaut nach oben arbeiten bevor sie Combat kämpfen dürfen. Dies dient dem Schutz der Kämpfer. Leider wird diese Auswahl nicht in allen Ländern betrieben.

Einen Kämpfer zu früh im Combat zu verheizen ist für einen Trainer unverantwortlich!

La Savate-Défense

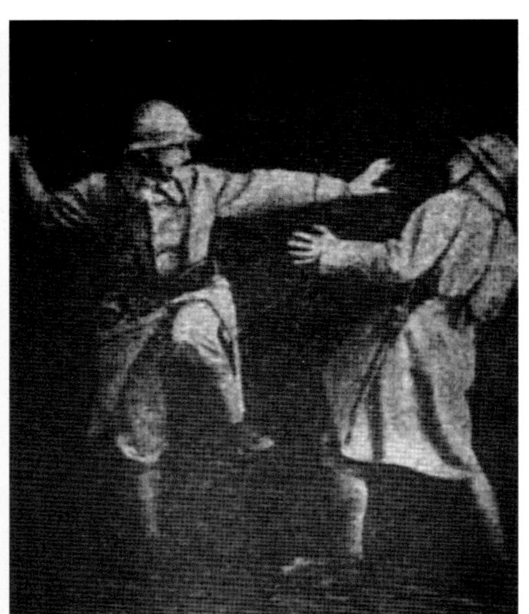

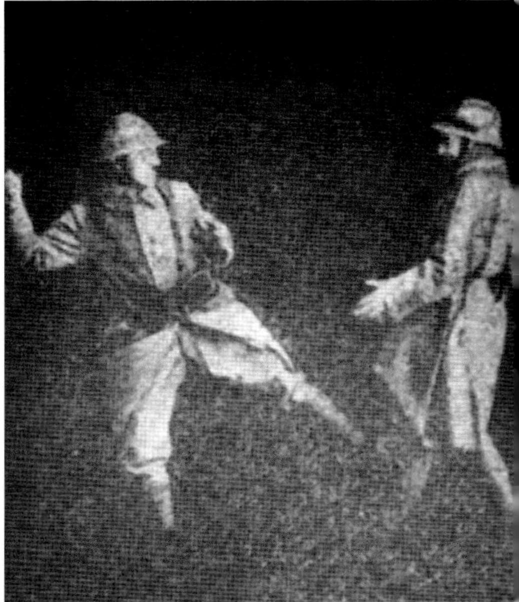

Lange Zeit war der Aspekt der Selbstverteidigung oder des Straßenkampfes im Savate wichtiger als die sportliche Betätigung. Zu Beginn des 20. Jahrhunderts war Savate fester Bestandteil der Polizei- und Militärausbildung in Frankreich. Natürlich wurden dabei auch die Techniken und Tricks unterrichtet, die sich für einen sportlichen Kampf verbieten.

Der Wiederaufstieg des Savate Boxe Française als edler Sport seit den 60-er Jahren des 20. Jahrhunderts lies die Anwendung zur Selbstverteidigung in den Hintergrund treten.

Ab 1991 entdeckte der französische Verband die Savate Selbstverteidigung wieder. Zum Glück gab es noch alte Meister, die die zwischenzeitlich verpönten Techniken kannten. Erste Versuche Savate-Défense an Boxe Française Sportler zu vermitteln führten allerdings zu vielen Verletzten. Die Alten setzten ohne Vorwarnung Würfe aus dem Lutte Parisiènne an, die Boxer konnten aber nicht fallen. So setzte sich der Ruf nach einem pädagogischen Konzept durch und ab 1994 gab es die erste Moniteur Ausbildung für Savate-Défense. Inzwischen ist die Savate Selbstverteidigung fest im Verband verankert und verfügt über eigene Graduierungen.

Wir können Savate-Défense zum Zentrum unseres Trainings machen oder hin und wieder etwas Selbstverteidigung in unsere Savate BF Stunden einfließen lassen.

Grundlage für die Anwendung der Savate-Défense im Notfall ist das Recht auf Notwehr. Besonders erinnert sei an den Grundgedanken der erforderlichen Verteidigung; die Abwehr muss den Umständen entsprechend sein. Hier ist jeder für sich selbst verantwortlich!

Dem Lehrenden obliegt jedoch die moralische Verantwortung wem er was wie unterrichtet!

La Garde - die Kampfstellung

Die Kampfstellung zur Selbstverteidigung sollte sich von der des sportlichen Kampfes unterscheiden. Wir wollen nicht nur die Fäuste benutzen, die geöffnete Hand erleichtert viele Schlagtechniken und lässt das Greifen des Gegners zu.

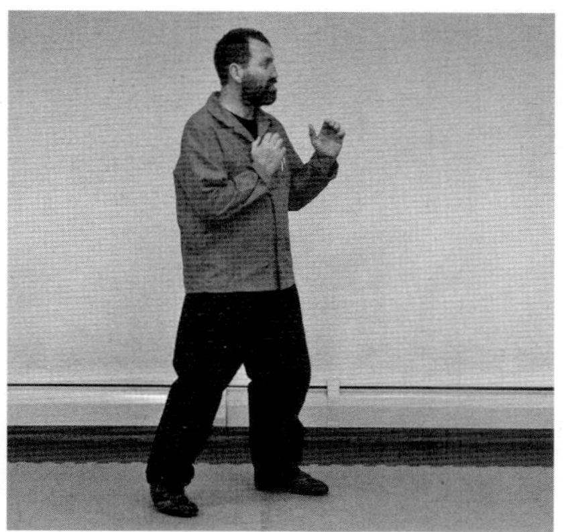

Entscheidend ist jedoch das Bild, das wir einem Angreifer und den Umstehenden bieten. Hier entscheidet sich oft ob es wirklich zur körperlichen Auseinandersetzung kommt und ob hinterher Zeugen auf unserer Seite stehen.

Garde active

Diese aktive Kampfstellung erinnert noch stark an die Garde des Savate BF. Die Hände sind jedoch geöffnet, die Finger zu ihrem Schutz leicht gekrümmt. So ist ein schnelles Zugreifen möglich und die Stellung wirkt weniger aggressiv.

Mit dieser aktiven Verteidigungsstellung signalisierst du deutlich, dass du nicht kämpfen willst. Trotzdem bieten die Hände Schutz und können sofort defensiv und offensiv eingesetzt werden.

Garde passive

Diese Haltungen würden wir auf den ersten Blick nicht als Kampfstellungen erkennen. So rechnet der Angreifer nicht mit unserer Gegenwehr. Die Arme befinden sich jedoch in einer günstigen Ausgangsposition für Angriff oder Abwehr.

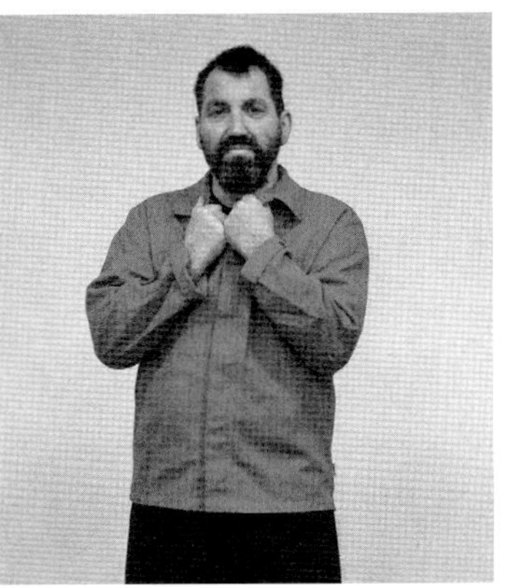

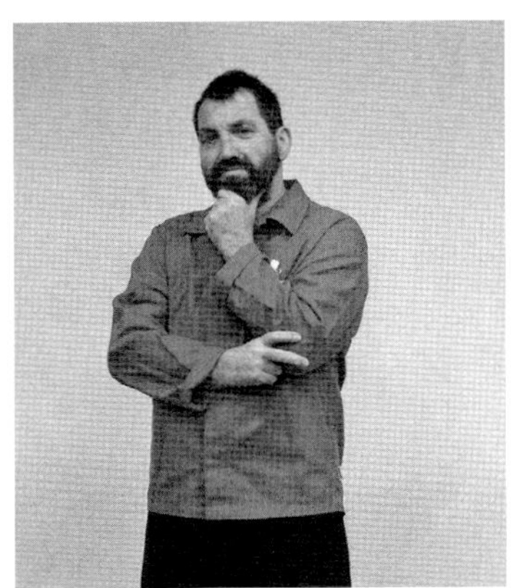

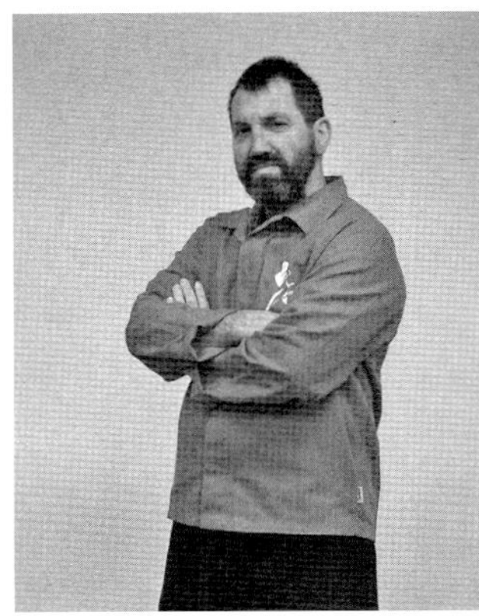

Wichtig

Auch wenn du oben gelassen aussiehst, schütze deinen Unterleib durch eine seitliche Stellung.

Distance de sécurité - Sicherheitsabstand

Die angestrebte Distanz im Savate-Défense ist größer als im sportlichen Kampf, denn wir wollen ja nicht selbst punkten sondern uns nur schützen.

Wenn immer möglich weiche vor einem Angreifer so weit zurück, dass er dich nicht unmittelbar mit Fuß oder Faust erreichen kann.

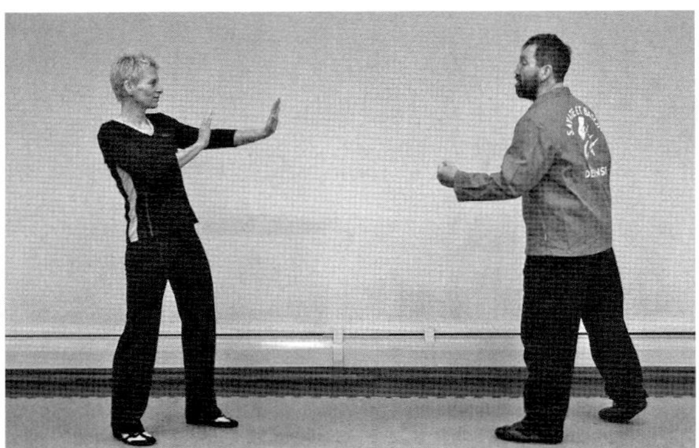

Parades -Abwehren

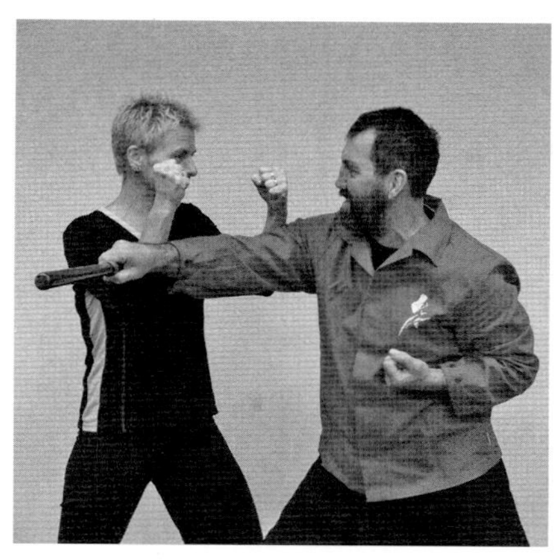

Die Paraden des Sports eignen sich nur bedingt für die Selbstverteidigung.

Hier siehst du eine doppelte Parade bloquée mit dem Unterarm. Der rechte Winkel im Ellenbogen verhindert ein Abrutschen des Angriffs. Achte auf einen festen Stand.

Die Parade chassée musst du durch eine Ausweichbewegung mit Décalage unterstützen. „Hilf" dem Angreifer beim Schlagen und leite den Hieb an seinem Ziel vorbei.

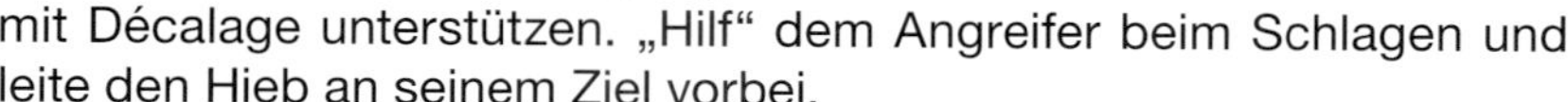

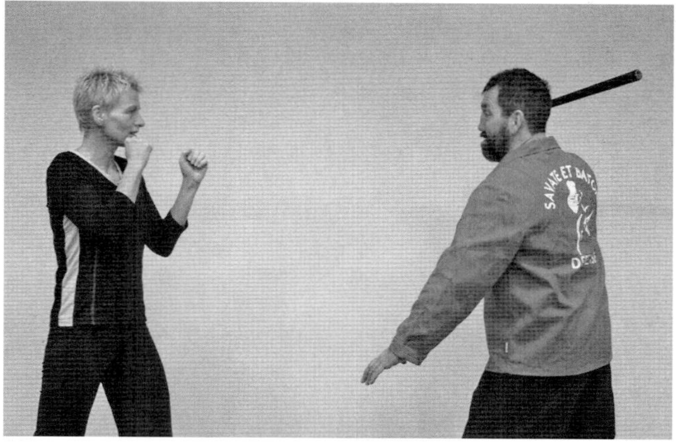

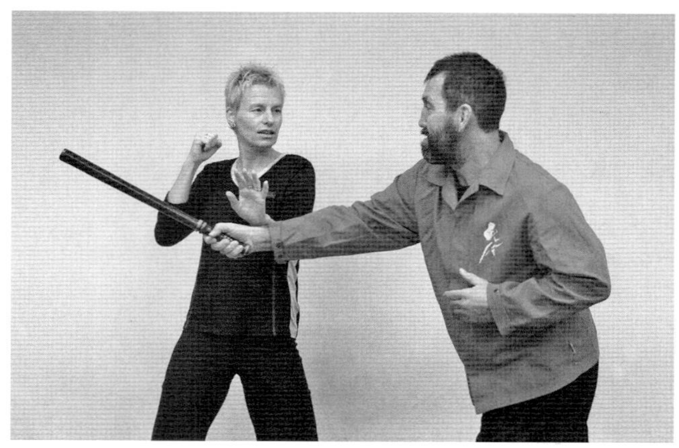

Anwendung von Techniken des sportlichen Savate BF zur Selbstverteidigung

Die Techniken des sportlichen Kampfes lassen sich natürlich auch zur Selbstverteidigung einsetzen.

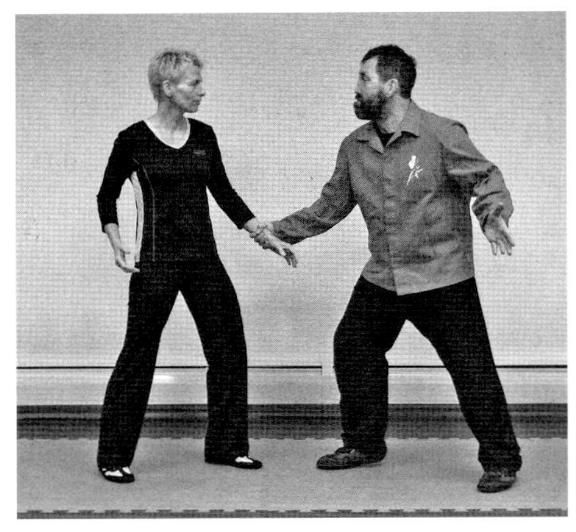

Ein Beispiel

Du wirst am linken Handgelenk ergriffen. Fasse mit der

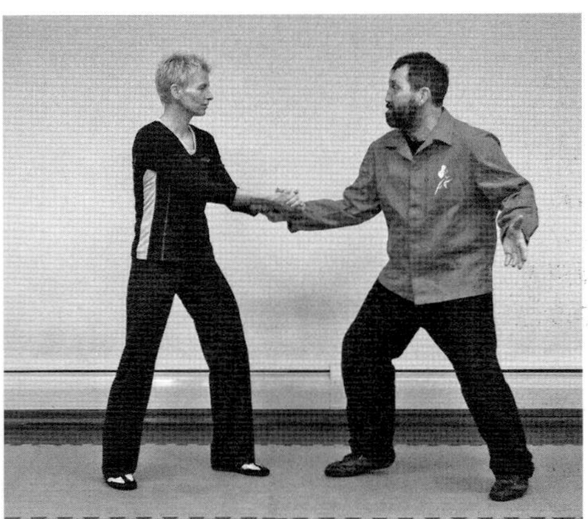

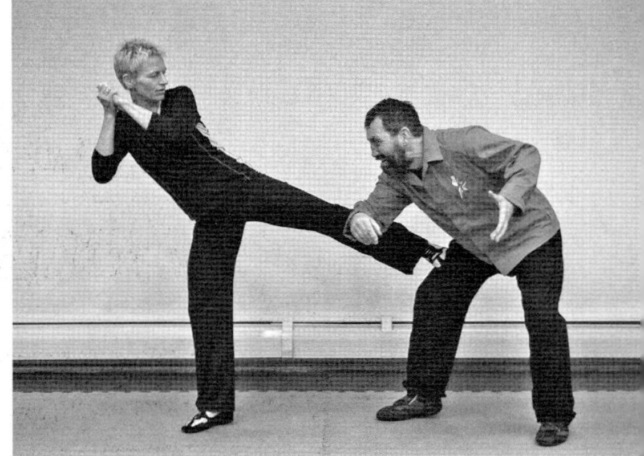

freien die linke Hand. In Verbindung mit einem Chassé latéral bas zwingst du den Angreifer den Griff zu lösen.

Leider sind nicht alle sportlichen Techniken so unbedingt zu empfehlen.

Boxtechniken in der Selbstverteidigung

Die Fausttechniken des Boxens sind nur bedingt zu empfehlen. Mache dich vor allem davon frei den Gegner mir der Faust ins Gesicht schlagen zu wollen. Leicht richtest du großen Schaden wie ausgeschlagene Zähne an. Dafür musst du dich hinterher rechtfertigen. Bei Treffern auf Nase oder Mund fließt sofort Blut. Das assoziiert Brutalität, führt zur Eskalation und bringt Umstehende gegen dich auf. Auch das Verletzungsrisiko für deine Faust ist groß.

Direct richtest du am besten gegen den Rumpf oder die Arme. Ein Gerade auf den Bizeps des dich schlagenden Armes ist wirkungsvoll und nicht gefährlich.

In extremen Situation schlägst du mit Direct zum Hals.

Crochet mit der bloßen Faust ist sehr gefährlich. Leicht schlägst du dir die Knöchel der Finger auf oder verletzt dich am Daumen.

Uppercut kannst du zum Rumpf schlagen besonders wenn der Gegner etwas nach vorne gebeugt ist.

Tritte des sportlichen Savate in der Selbstverteidigung

Tritte werden für den Straßenkampf gerne überschätzt. Du stehst nur auf einem Bein, der Untergrund ist oft uneben oder rutschig und wehe der Gegner bekommt dein tretendes Bein zu greifen.

Zum Glück übt der Savate Sportler intensiv Tritte zu den Beinen. Sie schränken die Beweglichkeit des Angreifers schnell ein. Wenn er nicht mehr so schnell laufen kann wie du, musst du dir auch um das Messer in seiner Tasche keine Sorgen mehr machen. Der gesundheitliche Schaden bei Tritten zum Bein hält sich meist in Grenzen.

Coup de pied bas ist einfach auszuführen und sehr wirksam. Tritt bevorzugt aus vausse Garde an die Innenkante des Schienbeins, das tut richtig weh.

Chassé frontal eignet sich gut um einen Gegner zu stoppen. Am besten stampfst du auf den Oberschenkel, die Fußspitze kannst du leicht nach außen drehen.

Chassé latéral richtest du ebenso gegen die Beine um den Gegner zu stoppen oder des Standes zu berauben. Über Gürtelhöhe solltest du diese Technik in Straßenkleidung nicht probieren.

Fouetté kannst du zu den Beinen, den Hoden, den Nieren und evtl. gegen Leber oder Solar Plexus richten. Ziehe den Fuß nach dem Tritt sofort wieder zurück.

Revers kann ich für die Selbstverteidigung nicht empfehlen!

Tritte aus der Drehung sieht man zwar immer in Actionfilmen. Verwechsle das Drehbuch aber nicht mit dem echten Leben!

Savate beinhaltet außer den Techniken des sportlichen Kampfes jedoch viel mehr. Von diesen Techniken zeigen wir hier nur die wichtigsten und für die Selbstverteidigung wirklich geeigneten.

Handtechniken der Savate-Défense

Coup de poing marteau - Hammerschlag mit der Faust

Die Kleinfingerseite der Faust ist durch Muskulatur gut geschützt und recht unempfindlich. Schlage wie mit einem Hammer abwärts z.B. auf den Bizeps des Gegners.

Auch Schläge nach hinten unten zum Unterleib sind sehr wirksam.

Revers de poing - Faustrückenschlag

Bringe zuerst den Ellenbogen Richtung Ziel und schnappe dann die Faust heraus. Mit dem Faustrücken kannst du Kopf, Solar Plexus und Unterleib wirksam angreifen.

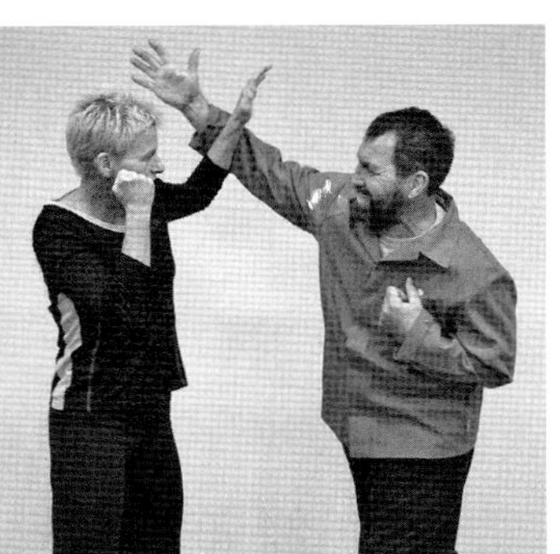

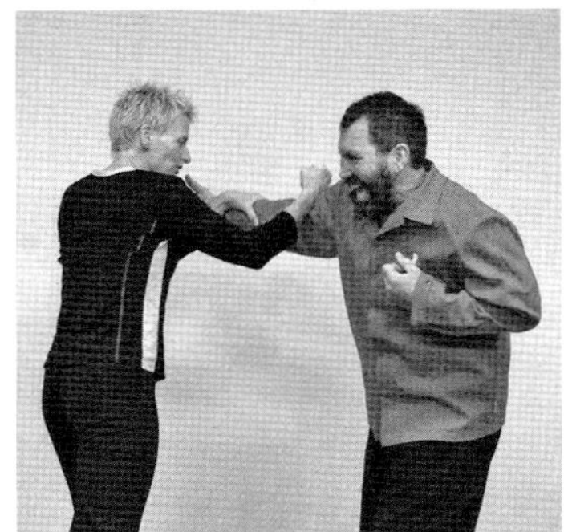

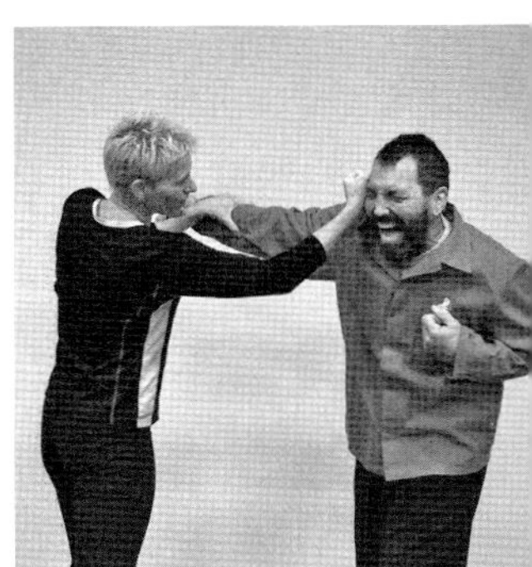

Anwendung von Coup de poing marteau und Revers de poing

Blocke die Ohrfeige mit Parade bloquée mit der knöchernen Außenseite deines linken Unterarms. Greife das Handgelenk des Gegners und schlage die rechte Hammerfaust kraftvoll auf seinen Bizeps. Ein anschließender Revers de poing vollendet deine Abwehrhandlung.

Wichtig

Gehe nach jeder Abwehr in die Distance de sécurité. So kannst du weitere Angriffe erkennen und entsprechend reagieren.

Baffe - Schlag mit der offenen Hand

Vor der Verbindung von Savate und englischem Boxen um 1830 war die Baffe die gebräuchlichste Handtechnik des Savate. Der Schlag mit der offenen Hand hat eine ungeheure moralische Wirkung und ermöglicht deine weiteren Aktionen.

Spanne die Hand stark an. Halte den Ellenbogen je nach Abstand gebeugt. Die Wucht des Schlages kommt aus der Drehung des

Rumpfes und der Gewichtsverlagerung so wie du es beim Seithaken gelernt hast.

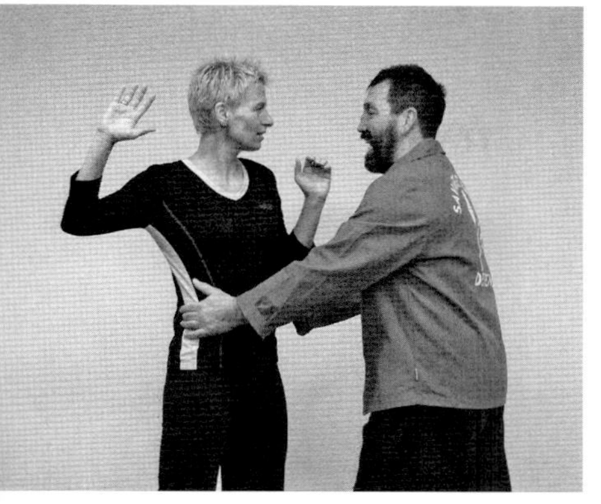

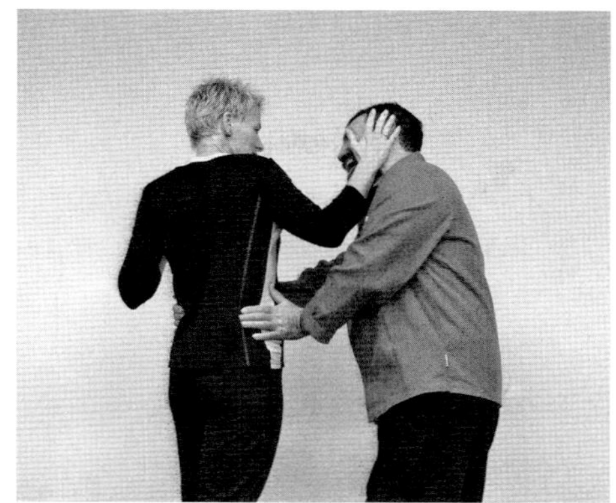

Revers de baffe - Handrückenschlag

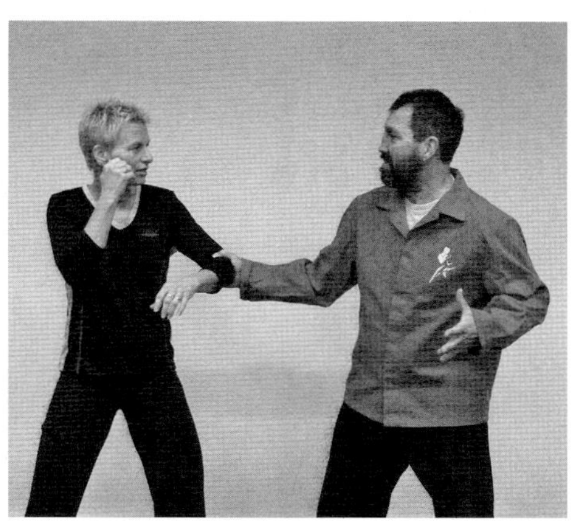

Hier befreist du deinen gehaltenen Arm durch eine Körperdrehung. Damit hast du bereits für den Revers de baffe ausgeholt. Die Verbindung mit der Körperdrehung gibt dem Schlag, der wie ein Revers de poing funktioniert, seine Kraft. Durch die größere Trefferfläche richtest du jedoch weniger Schaden an als mit einem Faustrückenschlag.

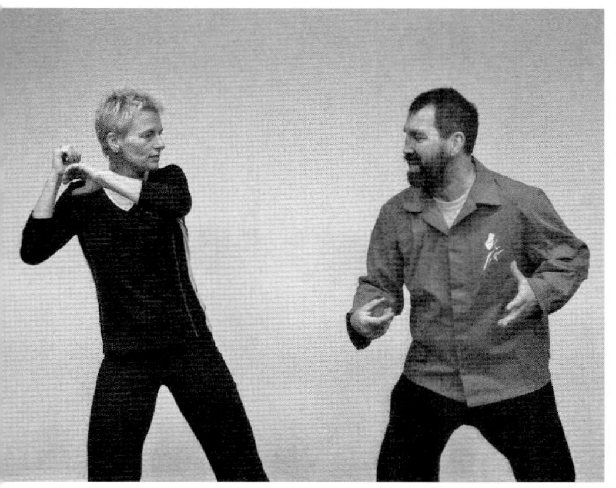

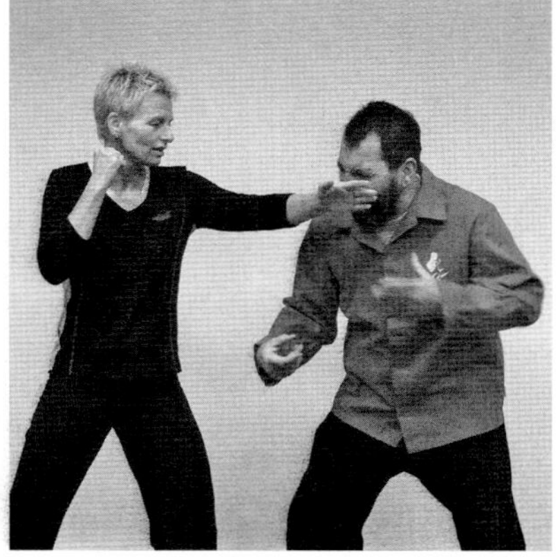

Musette - Dudelsack

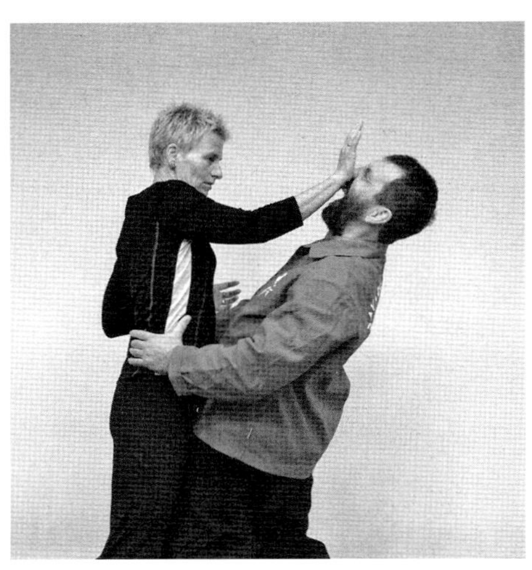

Mit diesem malerischen Ausdruck beschrieb die Pariser Halbwelt die „Musik“, die nach der Anwendung dieser Technik zu vernehmen ist.

Schlage den Handballen schräg aufwärts gegen die Nase.

Manchette - Schlag mit dem Unterarm

Schlage mit der Innenseite deines Unterarms gegen den Hals des Gegners.

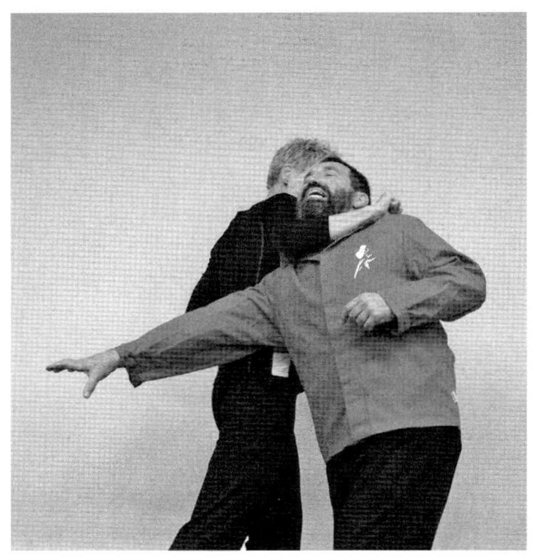

Tranchet - Schustermesser

So umschrieb die Pariser Halbwelt den Schlag mit der Handkante. Hier schlägst du aus einer Garde passive ohne Vorwarnung seitlich an den Hals.

Auch ein Schlag vor den Kehlkopf ist in einem extremen Notfall möglich, kann allerdings tödlich enden!

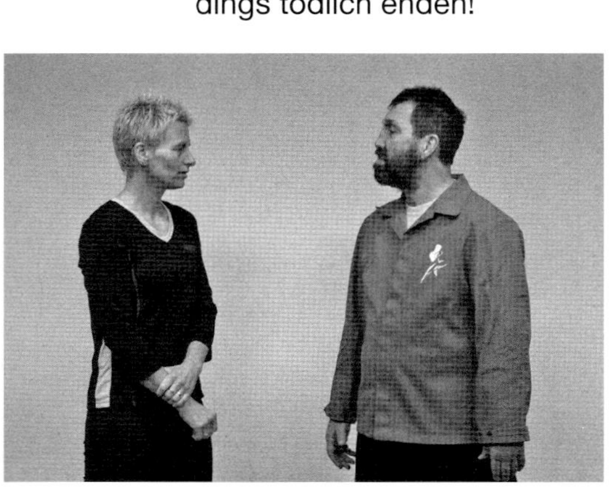

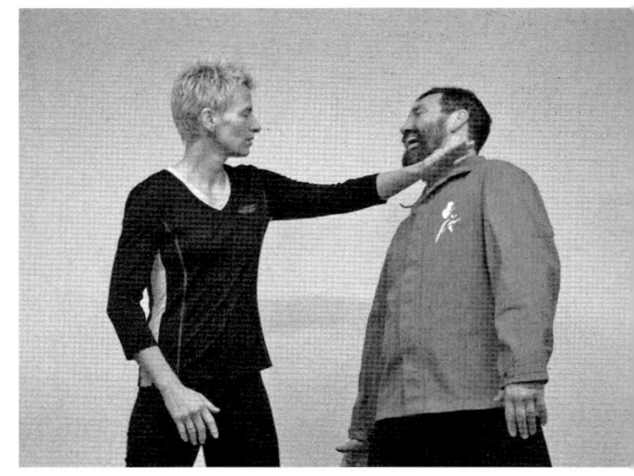

Piqué - Fingerstich

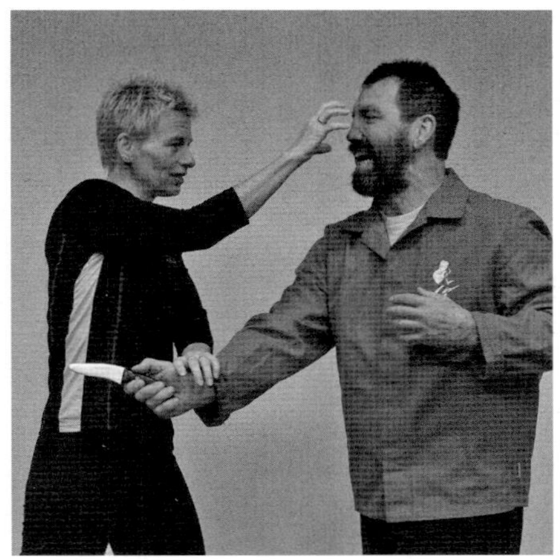

Wenn es um Leben oder Tod geht, so wie hier bei einem Messerangriff, ist der Stich mit den Fingers zu den Augen gerechtfertigt. Halte die Finger auseinander und gespannt und stoße wie beim Direct zum Gesicht. Ein Finger wird den Weg in ein Auge finden.

Coup de coude - Ellenbogenschlag

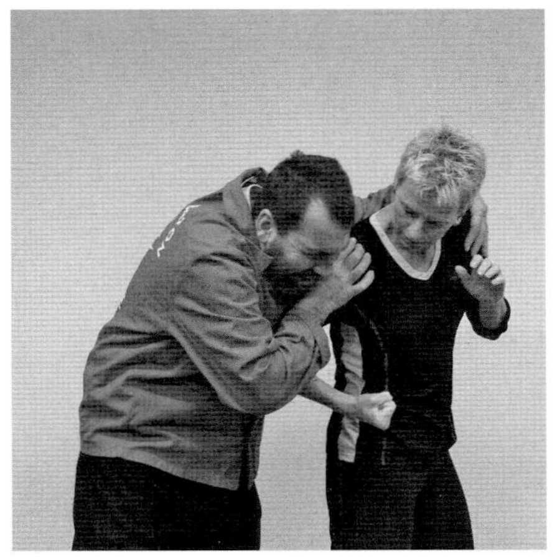

Schläge oder Stöße mit dem Ellenbogen sind eine Waffe für den Nahkampf und auf die kurze Distanz viel wirksamer als Faustschläge.

Hier schlägst du den Ellenbogen zum Solar Plexus eines hinter dir stehenden Gegners.

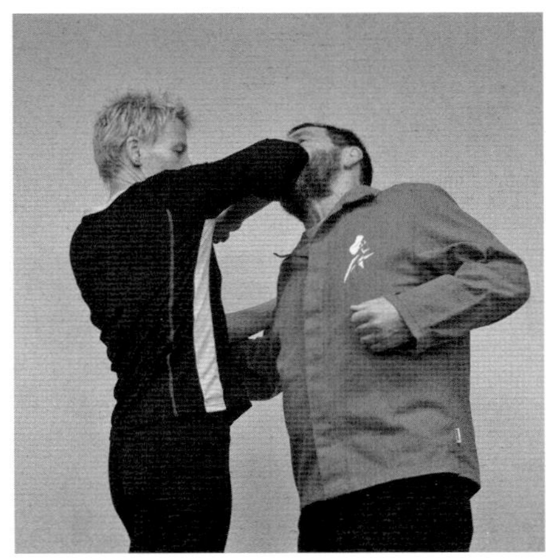

Wie ein Crochet trifft hier der Ellenbogen von der Seite.

Dieser Ellenbogenschlag entspricht dem Weg eines Uppercut. Halte die Hand nah am Ohr damit der Ellenbogen spitz hervor steht.

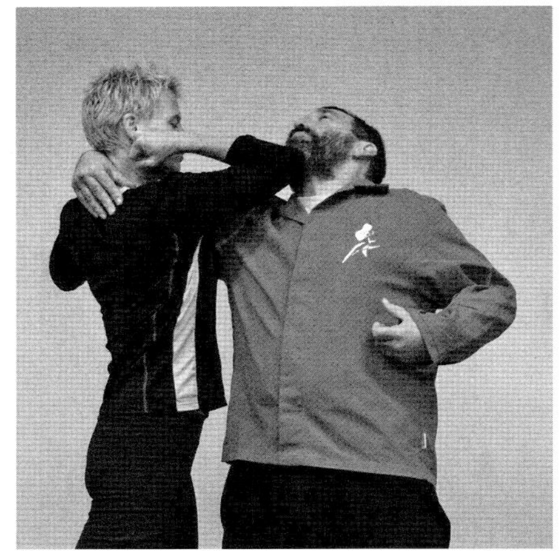

Gegen einen abgebeugten Gegner kannst du den Ellenbogen nach unten schlagen. Hole weit oben aus und reiße den Ellenbogen abwärts, so als wolltest du die Notbremse in der Metro ziehen.

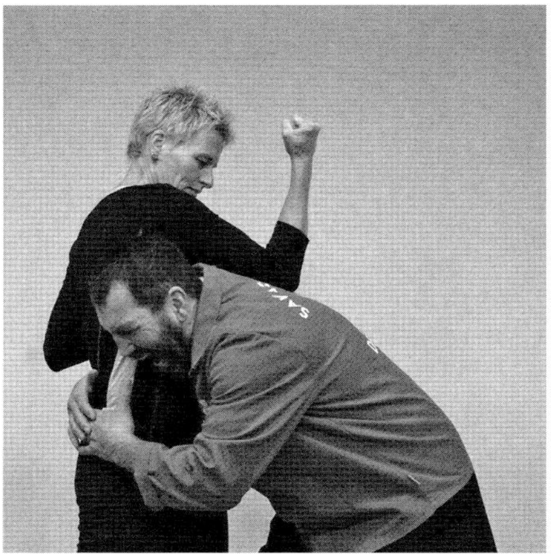

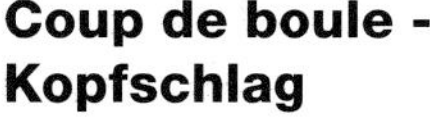

Coup de boule - Kopfschlag

Die Gauner alter und neuer Zeiten schlugen oft unverhofft mit dem Kopf zu und schon war der Kampf entschieden. Deshalb ist mit solch einem Angriff stets zu rechnen.

Benutze den Kopfschlag auf nahe Distanz wenn du deine Arme nicht frei bewegen kannst. Am besten gelingen Kopfschläge gegen etwas größere oder gleich große Gegner.

Schlage mit der Stirn nach vorn, spanne dabei die Halsmuskeln fest an indem du das Kinn an die Brust ziehst.

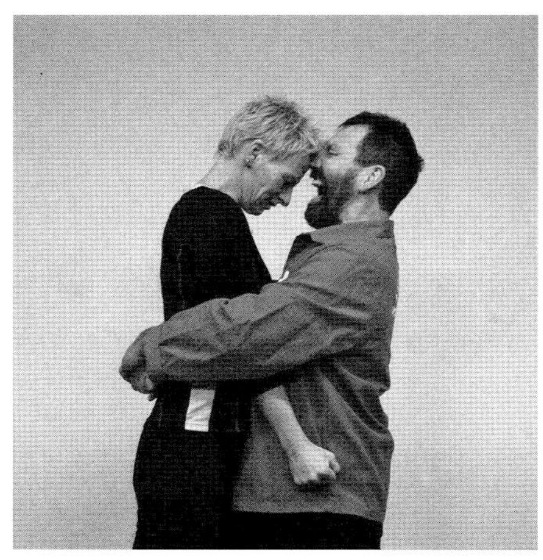

Nach hinten triffst du die Nase des Angreifers mit deinem Hinterkopf.

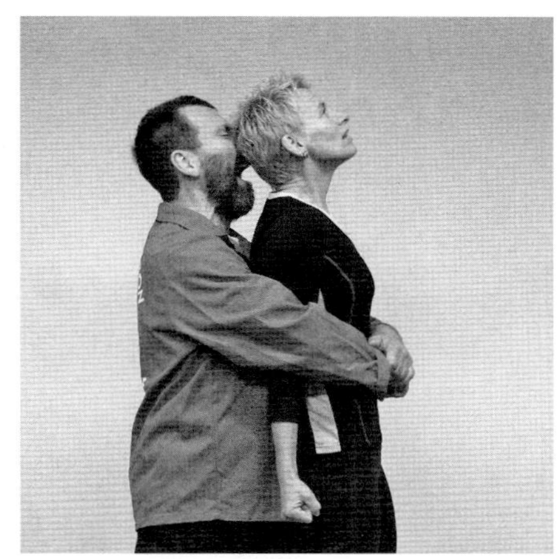

Tritte der Savate-Défense

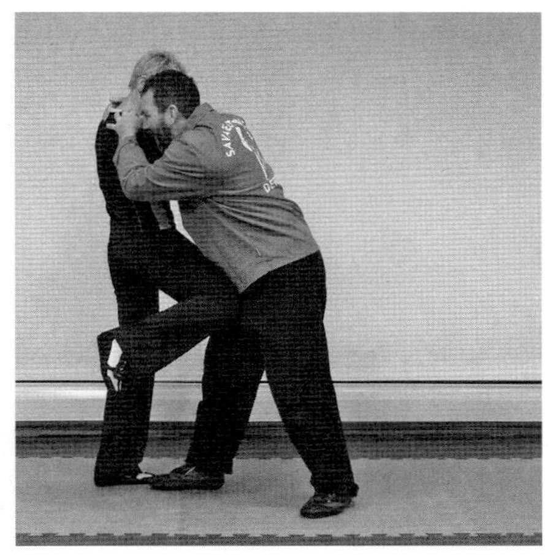

In der Selbstverteidigung trifft nicht nur der Fuß, auch Tritte mit dem Schienbein oder Knie sind möglich. Viele dieser Techniken gehören zum alten Pariser Gaunerrepertoire.

Coup de genou - Kniestoß

Hier steht der Angreifer zu nah für einen Fußtritt. Mit einem kraftvollen Kniestoß zum Unterleib setzt du ihn außer Gefecht.

Ziehe in dieser Situation den Kopf des Gegners nach untern und stoße das Knie gegen die Nase.

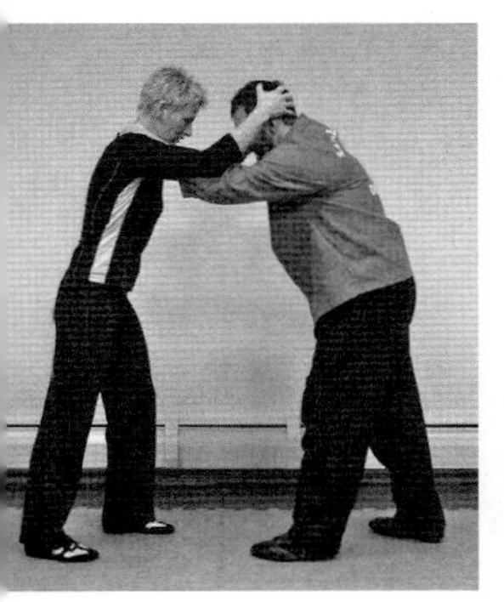

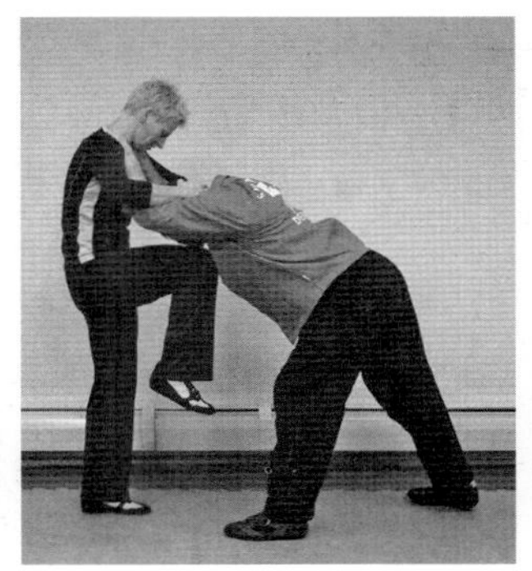

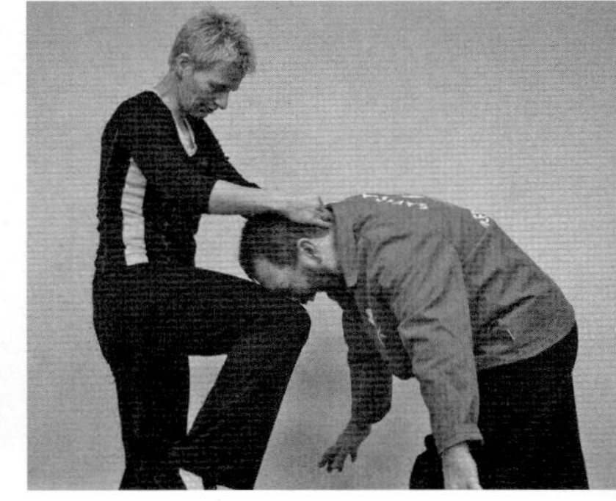

Coup de pied direct - Fußschlag nach vorn

So wie bei Coup de pied bas lässt du das Bein gestreckt. Schlage den Fuß nach vorne oben zwischen die Beine des Gegners. Einmal zwischen den Beinen „eingefädelt“ kannst du nicht mehr daneben treten. Je nach Abstand triffst du mit dem Fuß oder dem Schienbein.

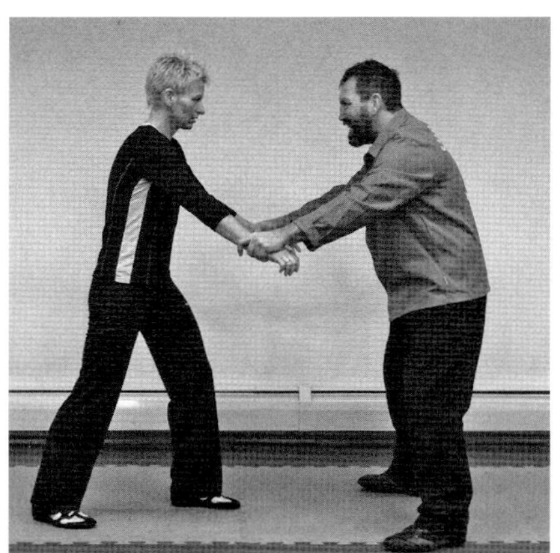

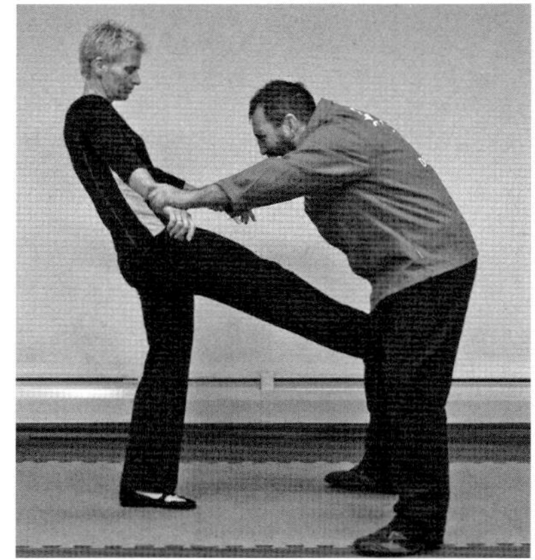

Fouetté frontal - Schnapptritt nach vorn

Im sportlichen Kampf darf der Fouetté nur waagrecht von außen ausgeführt werden, weil die Gefahr den Unterleib zu treffen beim Fouetté frontal zu groß ist. Für die Selbstverteidigung ist dieser Tritt einfach, schnell und hoch wirksam.

Ziele mit dem Knie Richtung Gegner, dann schnappe den Fuß aus dem Kniegelenk nach vorn und triff das Ziel mit der Schuhspitze. Ziehe den Fuß sofort zum Armé zurück, damit der Gegner ihn nicht greifen kann.

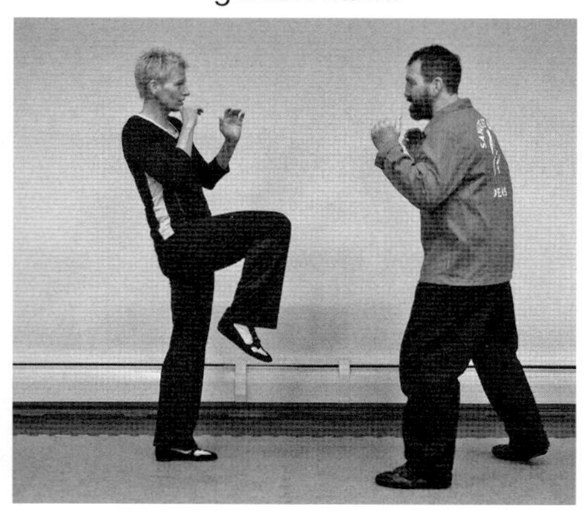

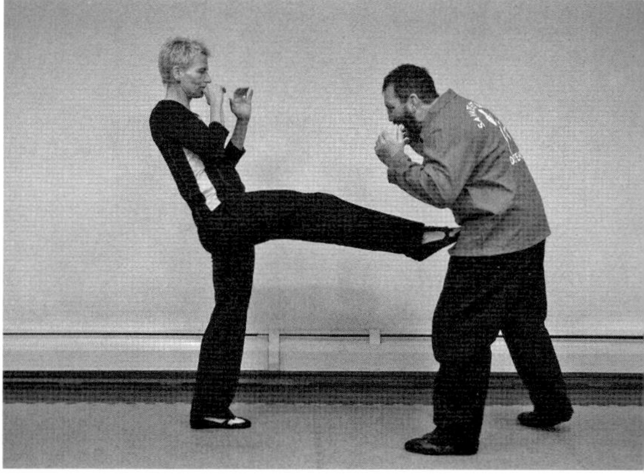

Fouetté court - kurzer Fouetté

In der Selbstverteidigung machen wir uns nicht die Arbeit den Abstand für einen kunstgerechten Fouetté bas anzupassen; oft ist dies auch gar nicht möglich. Triffst du mit dem Ende deines Schienbeins ist dein Fußgelenk außerdem nicht gefährdet. Die Technikausführung des Fouetté court entspricht dem normalen Fouetté. Drehe die Hüfte kraftvoll ein und schlage mit dem Schienbein zur Außen- oder Innenseite des gegnerischen Oberschenkel.

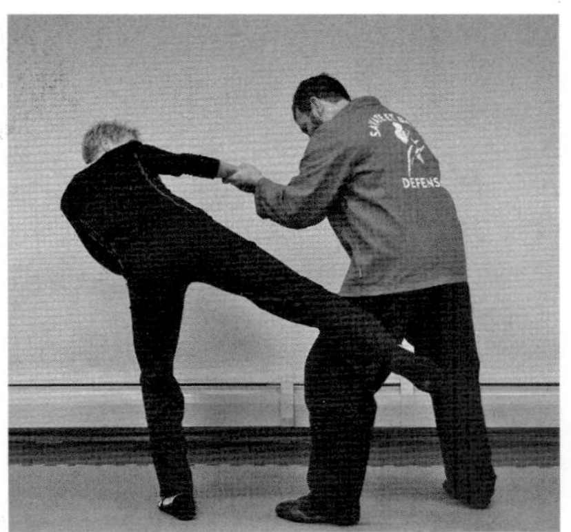

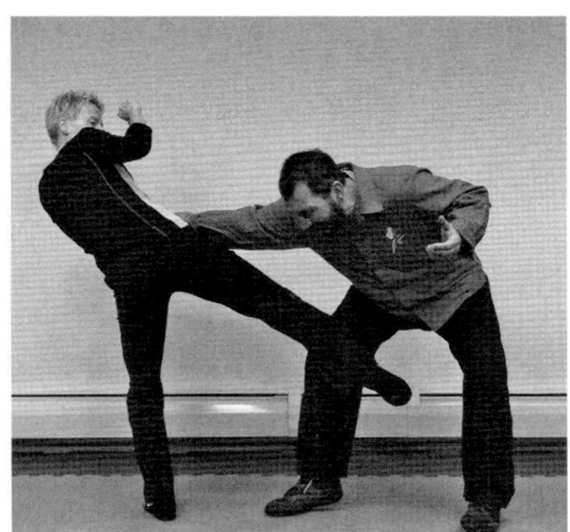

Fouetté italien - italienischer Fouetté

Hier sollen die Italiener die bösen Buben gewesen sein. Dieser Tritt ist ebenso so schnell wie der Fouetté frontal, kommt in diesem Winkel für den Gegner aber völlig überraschend.

Hebe das rechte Knie zum Armé, dein Fuß zeigt ein wenig nach links. Nun schnappe den Fuß von innen nach außen zum Unterleib oder Bauch.

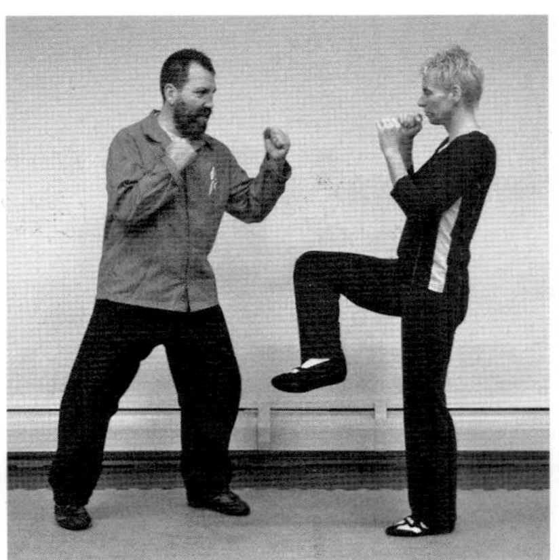

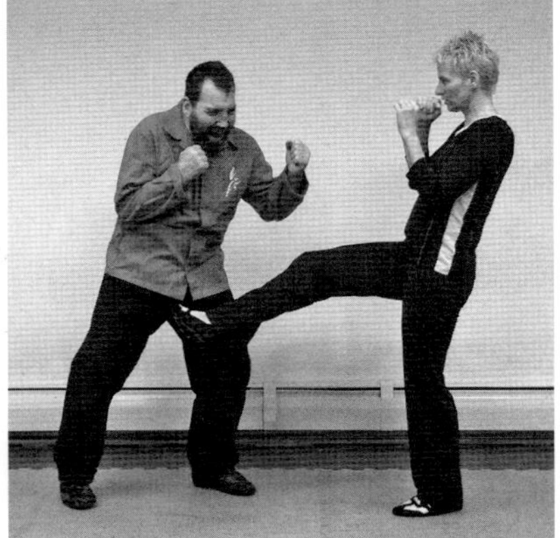

Chassé descendant - Fuß-stoß abwärts

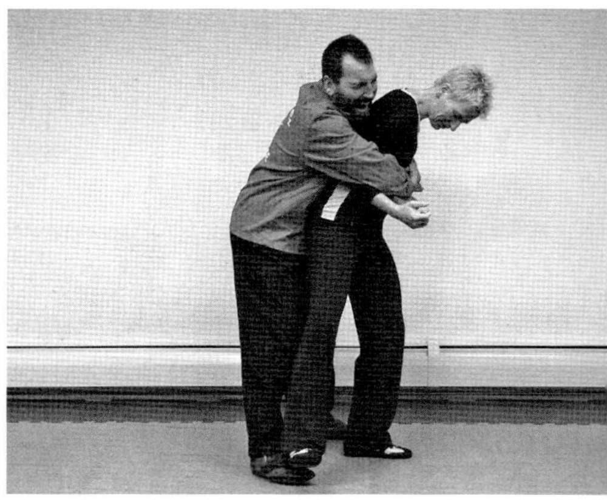

Den Chassé descendant richtest du gegen einen liegenden Gegner oder auf den Fuß eines Angreifers.

Hebe das Knie so hoch wie möglich und stoße dann den Fuß kraftvoll nach unten. Triff mit der Ferse.

Chassé arrière

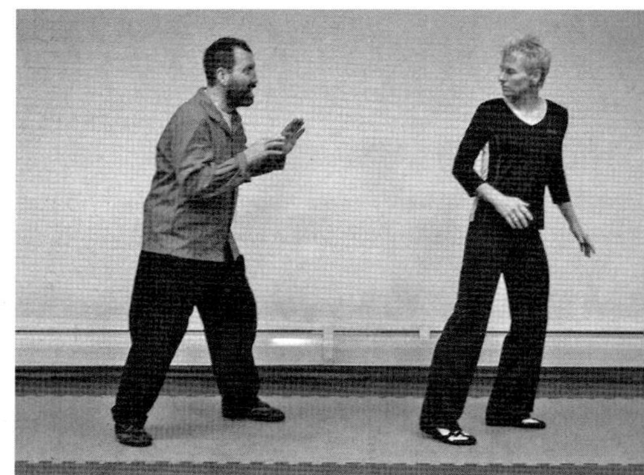

Ein Angreifer nähert sich von hinten. Blicke zu ihm, ziehe deine Ferse zum Gesäß und stoße dann den Fuß geradlinig nach hinten. Triff Bauch oder Unterleib des Gegners mit der Ferse.

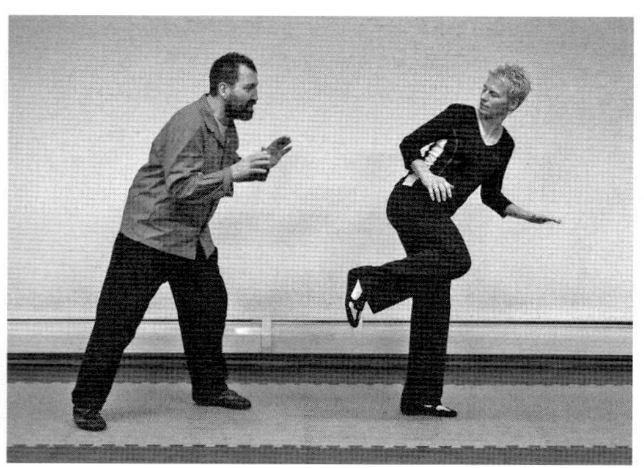

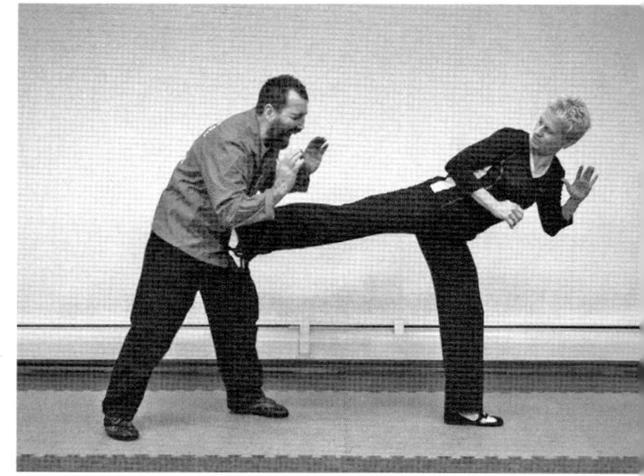

Wichtig

Führe das tretende Bein eng am Standbein entlang, so erfolgt der Fußstoß wirklich nach hinten. Beim Auftreffen steht dein Fuß senkrecht, das heißt deine Fußspitze zeigt nach unten.

Coup de pied de mule (de vache) - Mauleseltritt (Kuhtritt)

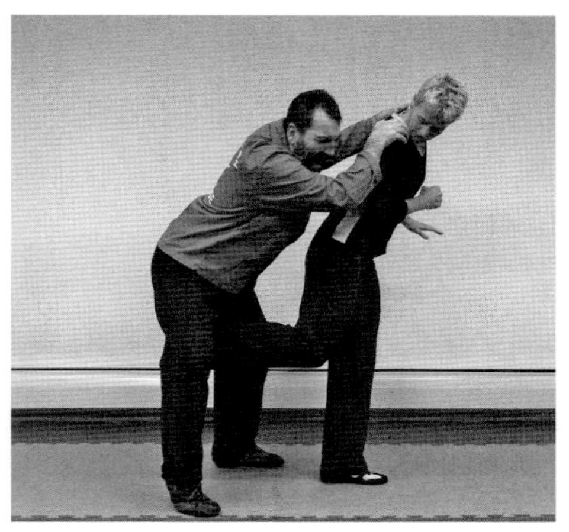

Man kann sich darum streiten ob es sich um zwei unterschiedliche Techniken handelt. Den nach hinten austretenden Tieren ist diese Diskussion ziemlich egal.

Mit der Ferse des mehr oder weniger gebeugten Beines triffst du den Unterleib des rückwärtigen Angreifers.

Revers descendant - Revers abwärts

Beim sportlichen Savate BF haben wir viel Wert darauf gelegt, dass der Revers frontal seine Kraft seitwärts entfaltet. In der Selbstverteidigung ist es manchmal sinnvoll aus einem Revers frontal den Fuß kraftvoll abwärts zu schlagen.

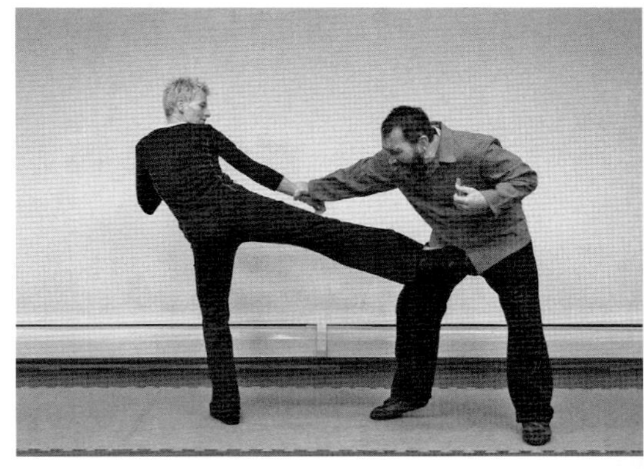

Durch einen Fouetté zum Unterleib hast du erreicht, dass der Angreifer sich nach vorne beugt. Führe nun einen schwungvollen Revers aus und schlage dann die Ferse von oben zu Genick, Hinterkopf oder Rücken des Schurken.

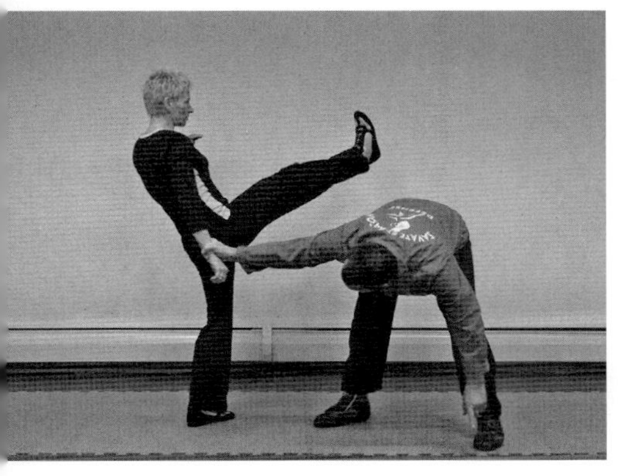

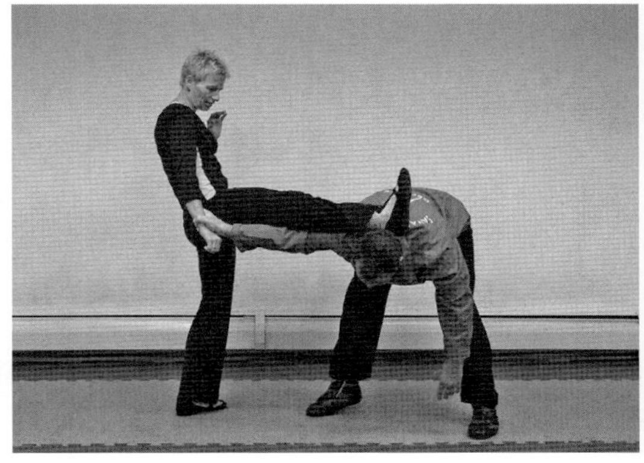

Avers - Fußschlag nach innen

Auch diese Technik wird im sportlichen Kampf vom Ringrichter geahndet. In der Selbstverteidigung kann sie gelegentlich nützlich sein.

Ein Krimineller bedroht dich mit einem Messer um dich für sein weiteres Handeln gefügig zu machen. Da deine Verhandlungskunst ohne Erfolg bleibt, beschließt du ihn zu entwaffnen. In einem Kreisbogen schlägst du das rechte Bein von außen nach innen und triffst sein Handgelenk mit der Innenseite deines Schuhs. Nachdem du ihm das Messer aus der Hand getreten hast, musst du ihn komplett außer Gefecht setzen.

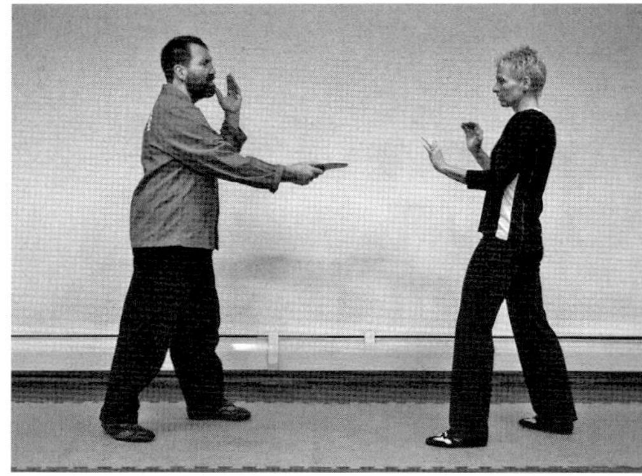

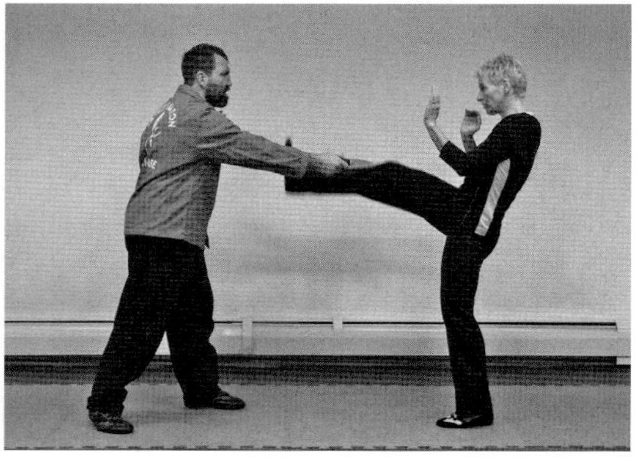

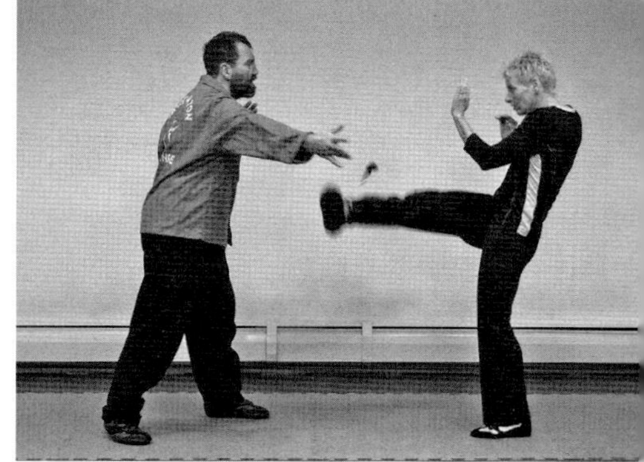

Wichtig

Trete mit Avers nicht sinnlos zu Rumpf oder Kopf eines Angreifers. Hier sind andere Tritte deutlich wirksamer.

Aile de pigeon - Taubenflügel

Dieser heimtückische Tritt war besonders bei den „Täubchen“ eines bestimmten Gewerbes sehr beliebt.

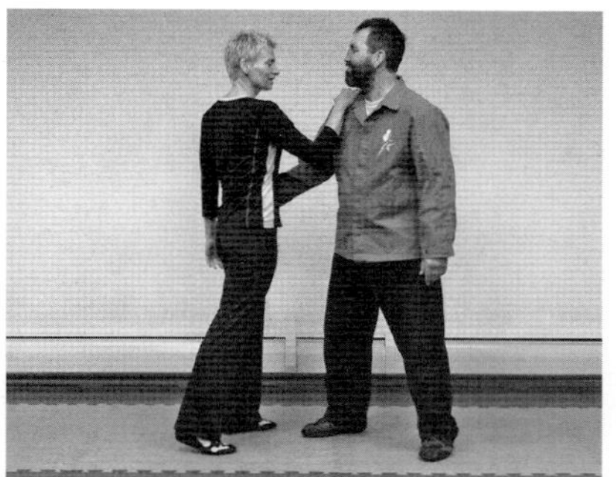

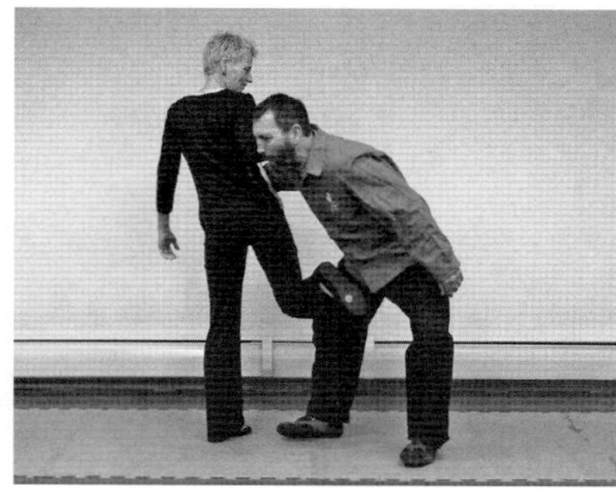

Ein aufdringlicher Verehrer hält dich am Arm. Zur Beruhigung und Eigensicherung legst du ihm die Hand auf die Schulter. Drehe das Becken kraftvoll nach links und schlage mit der Fußaußenkante des rechten gebeugten Beines zum Unterleib.

Les saisies de jambe - Ergreifen des Beines

Bis in die 60-er Jahre des 20. Jahrhunderts war das Ergreifen des tretenden Beines auch im sportlichen Wettkampf erlaubt und wurde unterrichtet. In der Selbstverteidigung bringst du einen tretenden Angreifer damit in große Schwierigkeiten. Es folgen die wichtigsten Methoden.

Saisie de jambe par dessus - Ergreifen von oben

Du hast einen Tritt in Art eines Fouetté zum Kopf mit Parade bloquée abgewehrt. Sofort schlingst du den Arm von oben um den Unterschenkel des Angreifers. Hier nimmst du im die Lust zum weiter kämpfen durch Faustschläge auf den Oberschenkel.

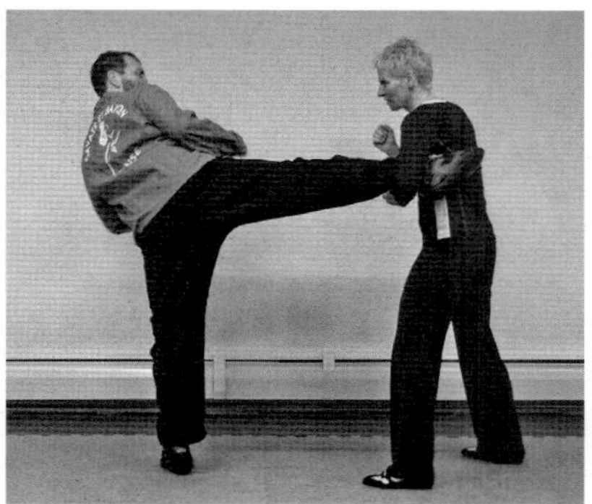

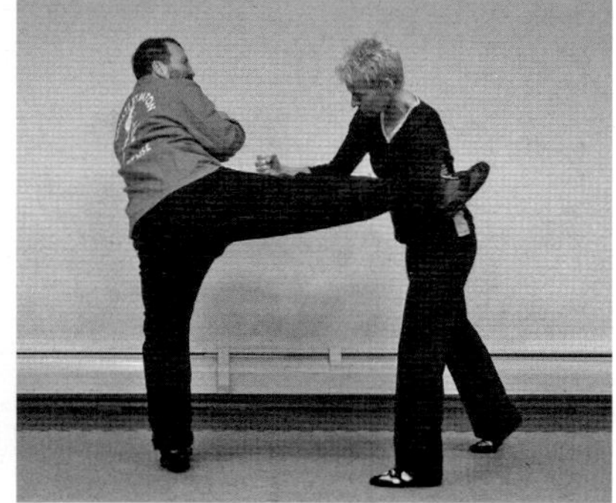

Saisie de jambe par dessous - Ergreifen von unten

Dieser Tritt von der Seite erfolgt tiefer. Entsprechend zeigt dein Arm bei der Parade nach unten. Schlinge den Arm von unten um den Unterschenkel des Angreifers und hebe sein Bein gleichzeitig an. Durch Zug und Drehung bringst du ihn aus dem Gleichgewicht und zum Abdrehen. Nun kannst du ihn mit Fußtritten zu seinem Standbein oder zum Unterleib außer Gefecht setzen.

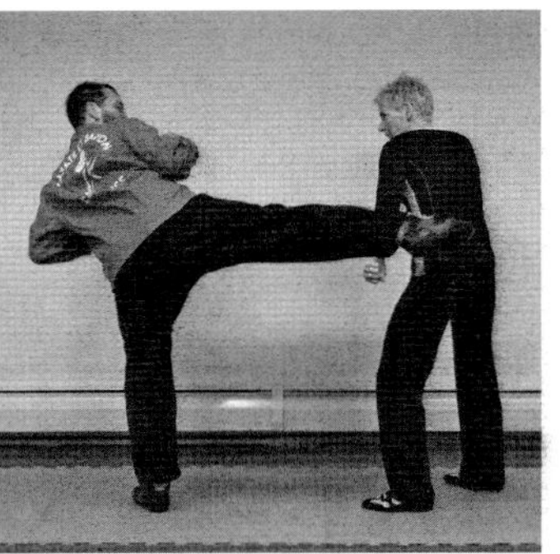

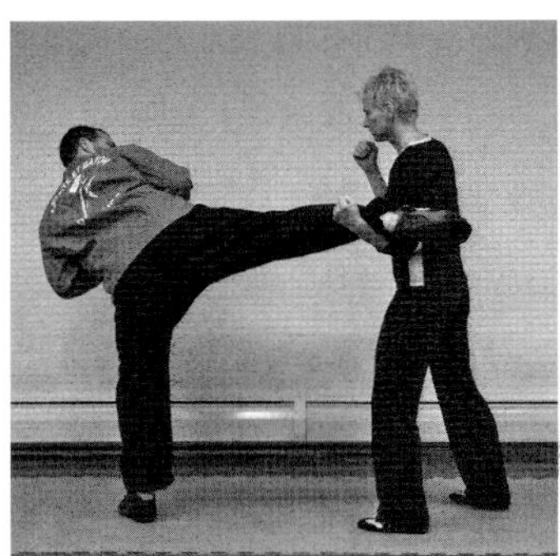

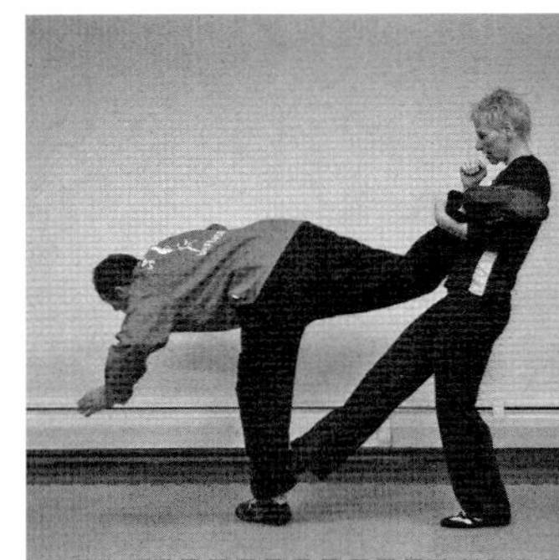

Cuillère - Löffel

Wehre einen Tritt von vorn durch Parade chassée mit der Innenseite deines linken Unterarms ab. Fange das Bein durch Beugen deines Ellenbogens auf dem Unterarm ein. Nun hebe das Bein an. Der Gegner hat keine Chance sich gegen deine Tritte zum Standbein oder Unterleib zu wehren.

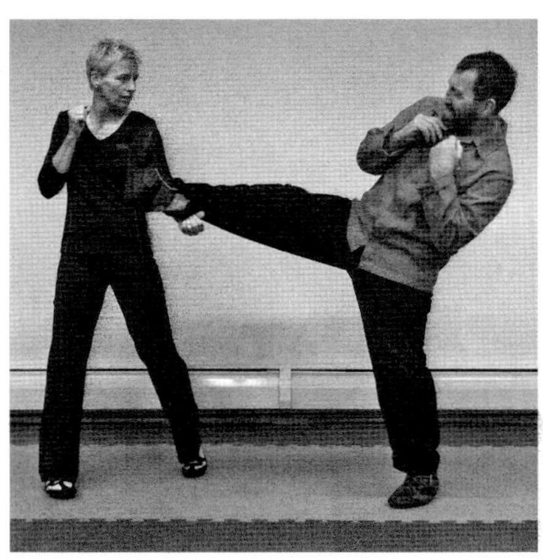

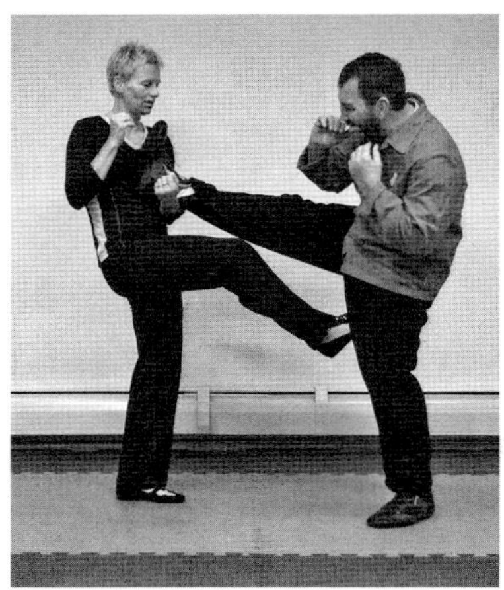

Du kannst den Gegner auch durch energisches Hochreißen seines Beines werfen.

Wichtig

Halte bei allen Saisie de jambe genügend Abstand um außerhalb der Reichweite der Fäuste deines Gegners zu bleiben.

Verteidigung gegen Saisie de jambe

Sollte ein Gegner dein Bein bei einem Tritt gegriffen haben, so kannst du dich auf klassische Weise dagegen verteidigen.

Stütze dich mit beiden Händen am Boden ab. Nun kannst du mit deinem freien Bein zutreten. Richte Chassé latéral gegen Bein oder Kopf des Gegners. Auch ein Fouetté oder Revers zum Kopf ist möglich.

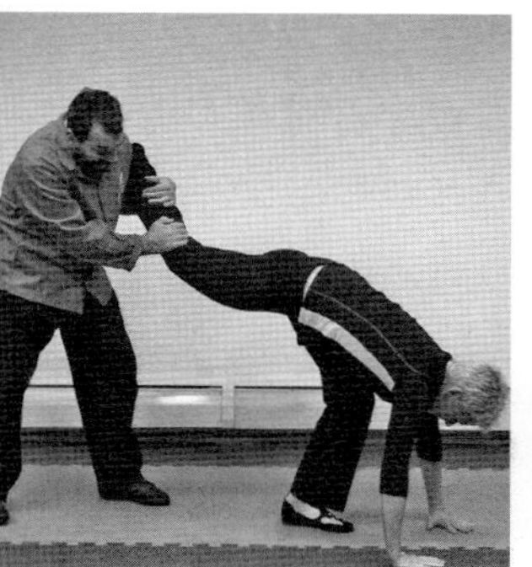

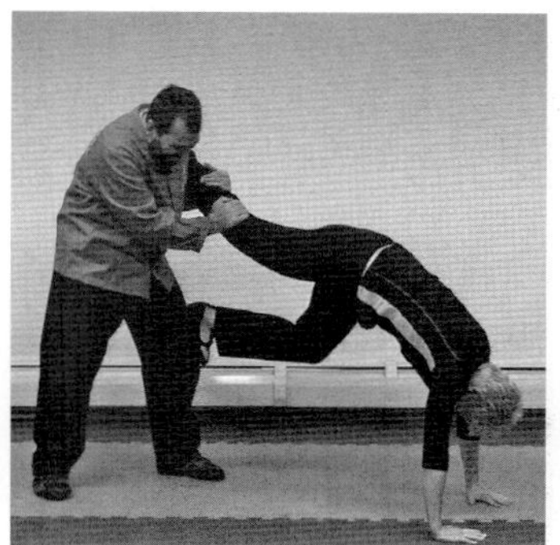

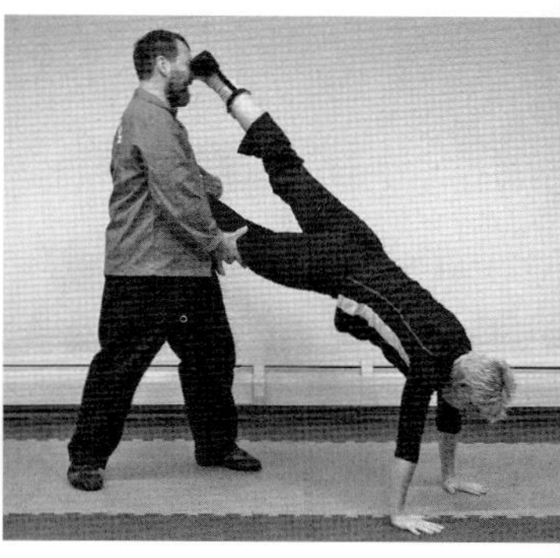

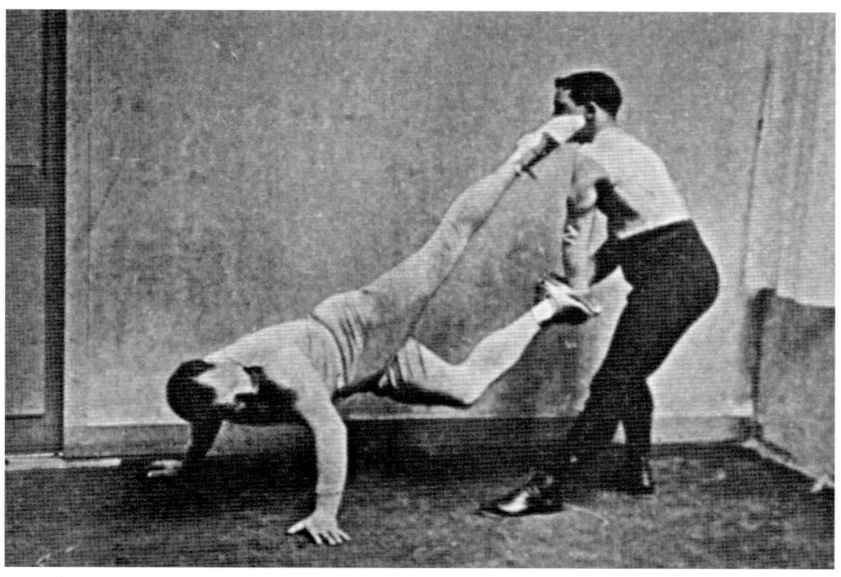

Würfe, Griffe und Hebeltechniken der Savate-Défense

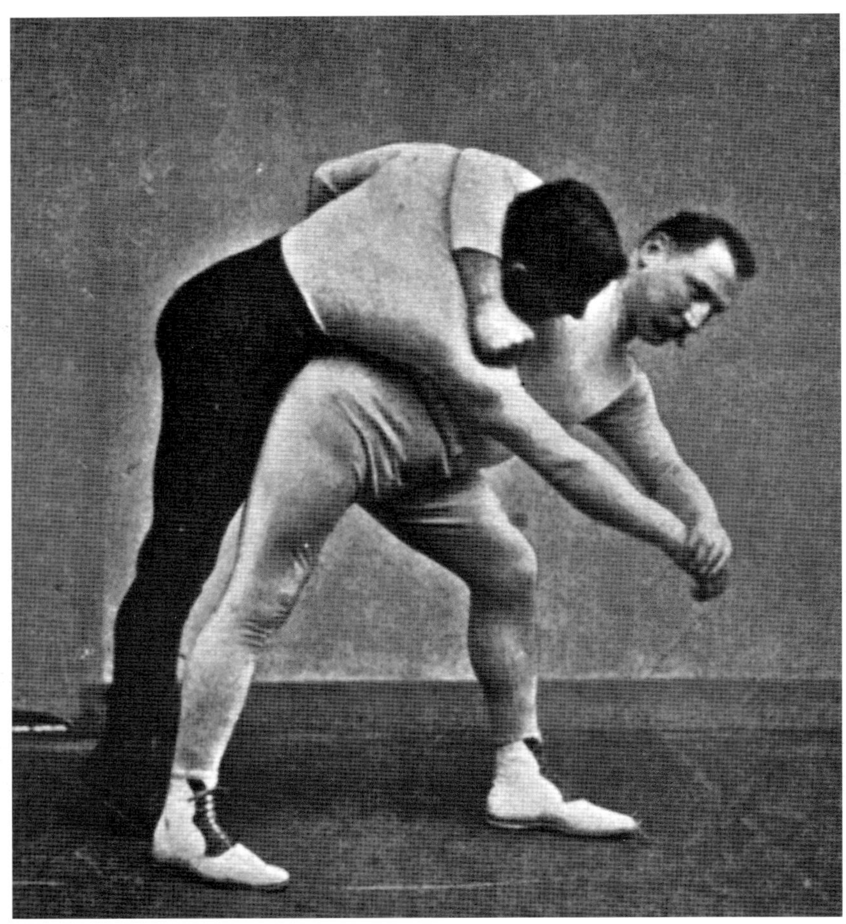

Im Rahmen der Selbstverteidigung wurden in den alten Schulen für Savate immer auch einige Würfe, Griffe und Hebel unterrichtet. Beeinflusst wurden die Savate Lehrer dabei vom Pariser Ringkampf - Lutte parisiènne (lange Jahre assoziierte Sportart des französischen Savate Verbandes) und dem inzwischen auch fast ausgestorbenen bretonischen Ringen. Schwerpunkt des Savate sind jedoch die Tritte und Schläge. Savate-Défense ist kein schlecht gemachtes Ju-Jutsu oder Jiu-Jitsu!

Deshalb findest du hier auch nur einige wenige, typische Techniken.

Würfe

Bevor wir Wurftechniken trainieren müssen wir fallen können. Da die Falltechniken der Lutte parisiènne sehr turnerisch-akrobatisch, und damit für Normalverbraucher wenig geeignet sind, werden heute die normalen Falltechniken im Stil der asiatischen Sportarten unterrichtet. Wenn du noch nicht fallen kannst, nimm dir das Judo Buch „1 x 1 des Judo“ (erschienen im gleichen Verlag) als Ratgeber.

Poser la jambe (Barré arrière) - Beinstellen

Das Beinstellen ist auf der ganzen Welt verbreitet, denn es ist einfach und wirksam.

Mache mit dem linken Fuß einen Schritt nach vorn außen neben die Füße des Gegners. Bringe ihn zugleich durch Zug an seinem rechten Arm und eine Musette aus dem Gleichgewicht. Nun stelle dein rechtes Bein hinter seine Beine; deine rechte Kniekehle sollte seine rechte Kniekehle berühren. Durch weiteren Zug und Druck deiner Arme bringst du ihn nach hinten zu Fall.

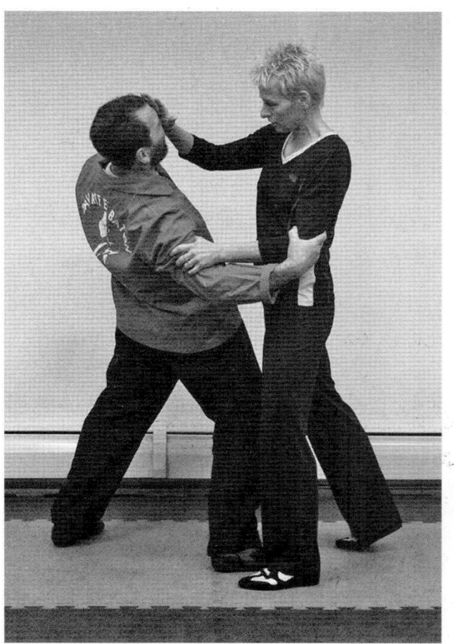

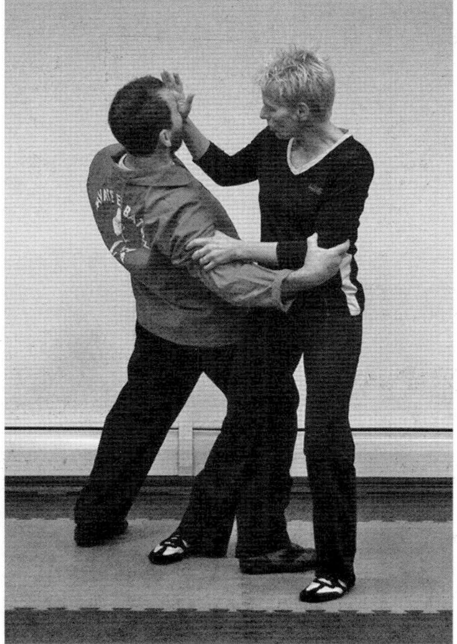

Wichtig

Der Schritt nach vorn und das Brechen des Gleichgewichts sind entscheidend. Der Versuch einem solide stehenden Gegner das Bein zu stellen führt zu einem „Eigentor“.

Tour de tête - Hüftwurf mit Griff um den Kopf

Im Verlauf des Kampfes blockierst du die Arme des Gegners von innen (Clinch). Schlage eine Manchette ins Genick des Widersachers und drehe dich so vor ihm ein. Beuge zugleich beide Knie und schiebe deine Hüfte nach rechts heraus. Durch Strecken deiner Beine kommt dein Gesäß nach hinten oben, der Gegner wird ausgehoben. Drehe deinen Rumpf und Kopf nach links, so als wolltest du seinem linken Fuß nach schauen. Der Gegner rollt über deinen Rücken und kommt vor dir zu Fall. Wenn nötig kannst du ihn durch Chassé descendant außer Gefecht setzen.

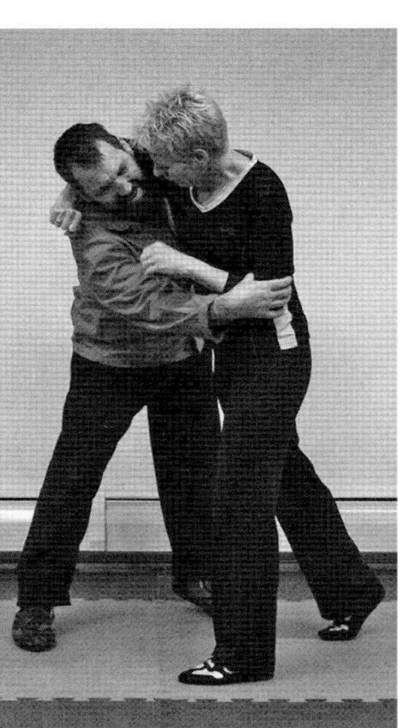

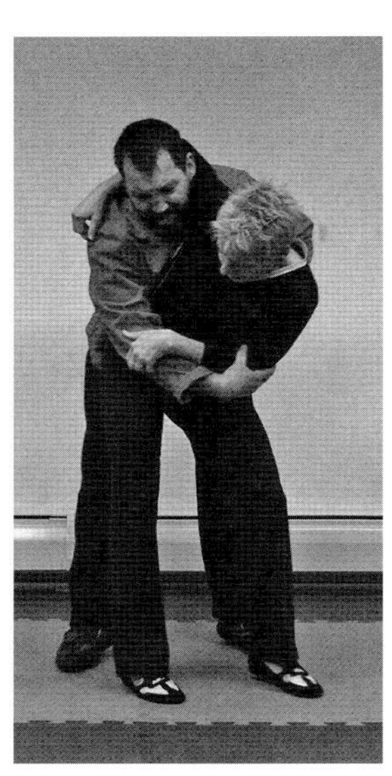

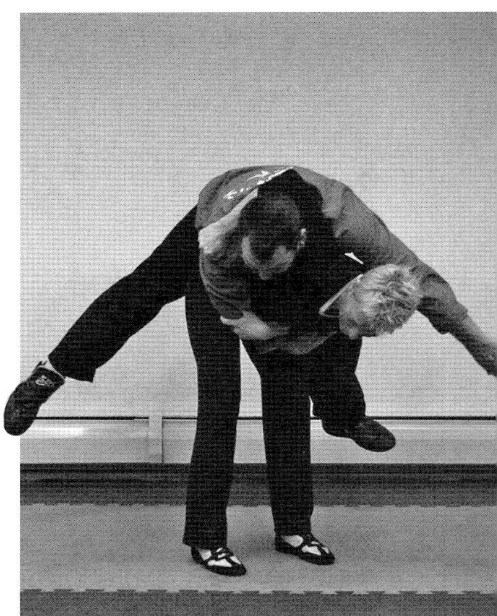

Colliers

Mit Collier bezeichnet die Savate-Défense Griffe um Kopf und Arm, die den Gegner unter Kontrolle bringen. Die Wirkung entsteht durch die Kombination aus Nackenhebel und Würgen. Durch den Einschluss eines Armes hält sich die Gefahr für den Gegner in Grenzen; trotzdem ist die Schädigung der empfindlichen Halswirbelsäule oder eine Bewußtlosigkeit nicht ausgeschlossen.

Tritt Bewusstlosigkeit des Gegners ein, löse sofort den Griff, achte dabei auf deine Eigensicherung!

Collier arrière - Collier von hinten

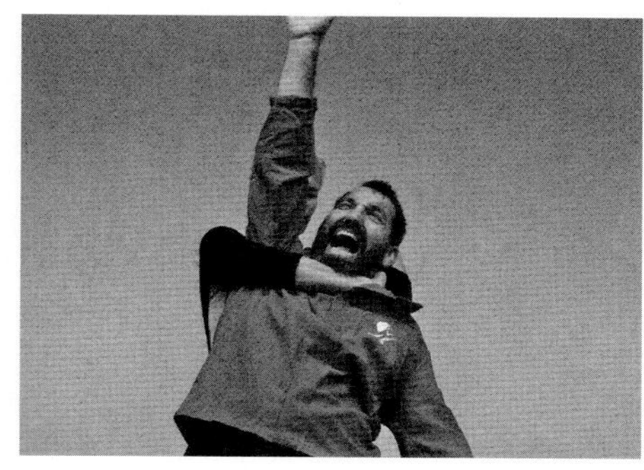

Diese Technik eignet sich hervorragend für Situationen der Nothilfe oder um einen Randalierer zu beruhigen.

Zur Vorbereitung kannst du den Störer von hinten an den Haaren ziehen. Dein Rechter Arm umschlingt seinen rechten Arm und seinen Hals. Lege deine rechte Hand in deine linke Ellenbogenbeuge. Deine linke Hand drückt von hinten auf seinen Kopf, so dass seine Halswirbelsäule nach vorn gebeugt wird. Nun kannst du den Übeltäter nach hinten weg ziehen.

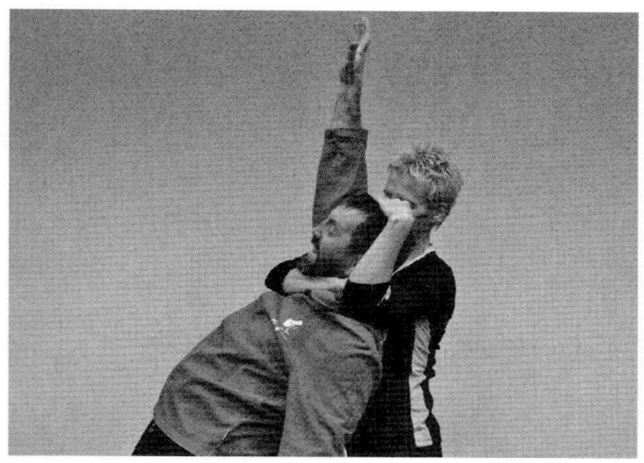

Collier de coté - Collier von der Seite

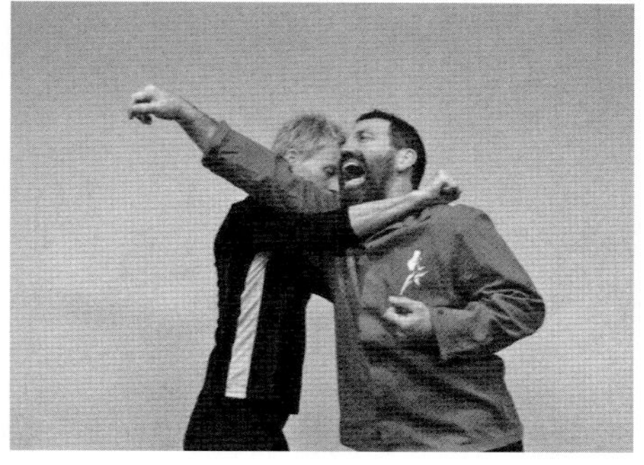

Der Angreifer versucht es mit einem Schlag zu deinem Gesicht. Durch eine Parade chassée lenkst du seinen Arm nach innen ab. Schlage unter dem Arm durch eine Manchette an seine linke Halsseite. Nun ergreife deine rechte Hand, ihre Handfläche zeigt nach unten, mit deiner Linken. Ziehe beide Hände kräftig in Richtung deiner rechten Schulter. Der schmerzhafte Nackenhebel und die Würge setzen sofort ein. Wenn du willst, kannst du den Gegner zu Boden bringen ohne den Griff zu lösen.

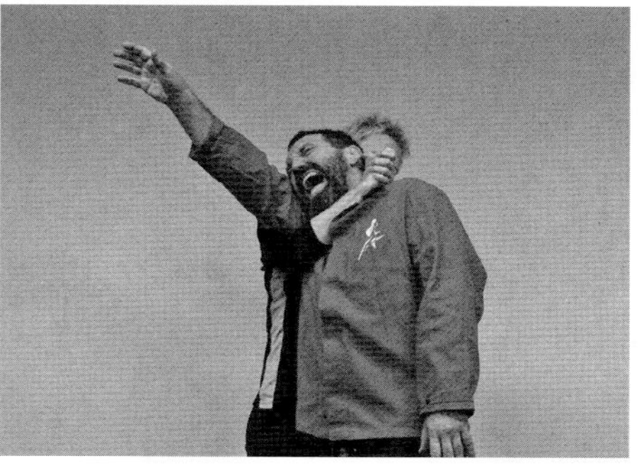

Collier de face - Collier von vorn

Eine Ohrfeige wehrst du mit Parade bloquée ab. Als ersten Gegenangriff führst du einen Uppercut zum Bauch des Angreifers. Sofort geht deine rechte Hand weiter nach oben knapp an seiner rechten Kopfseite vorbei. Durch eine „Schwimmbewegung“ deines rechten Armes umschlingst du seinen Kopf. Gleichzeitig schiebt deine linke Hand seinen rechten Arm nach rechts vor seinen Kopf. Ergreife nun um Arm und Kopf herum deine eigene rechte Hand. Ziehe beide Hände nach oben und richte dich dabei auf (Blick zum Himmel). Durch den Nackenhebel und die Würge bringst du den Gegner unter Kontrolle.

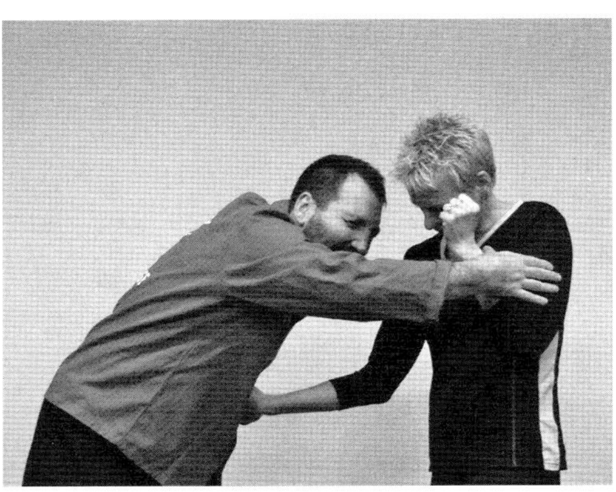

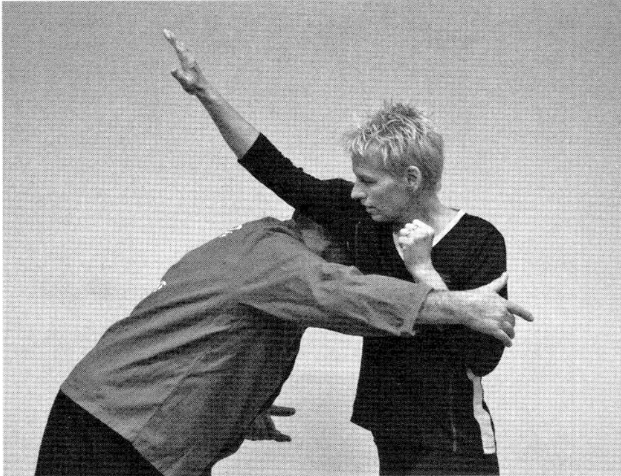

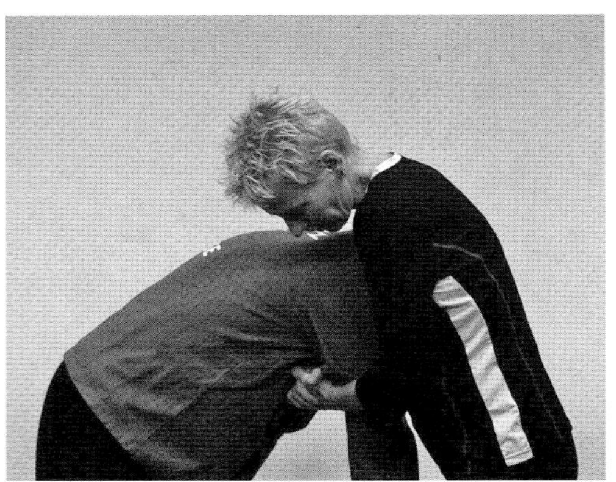

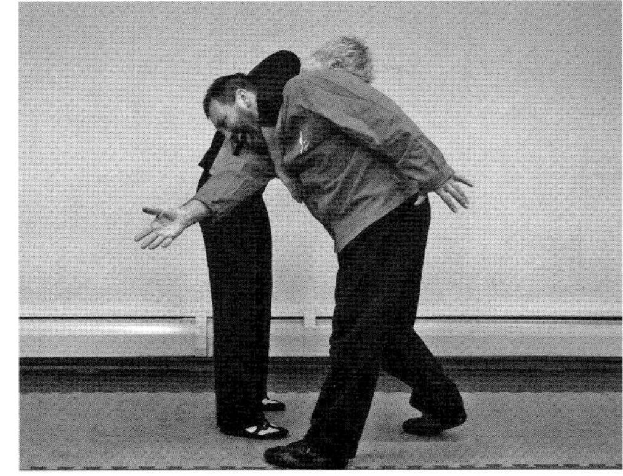

Übrigens

Die gleiche Technik ohne Einschluss des Armes trägt den Namen Guillotine. Der Name verrät schon die Wirkung, die nur in Ausnahmesituationen durch das Recht auf Notwehr gedeckt ist.

Clés de bras - Armhebel

Beispielhaft sind zwei einfache Hebel am gestreckten Arm zu sehen.

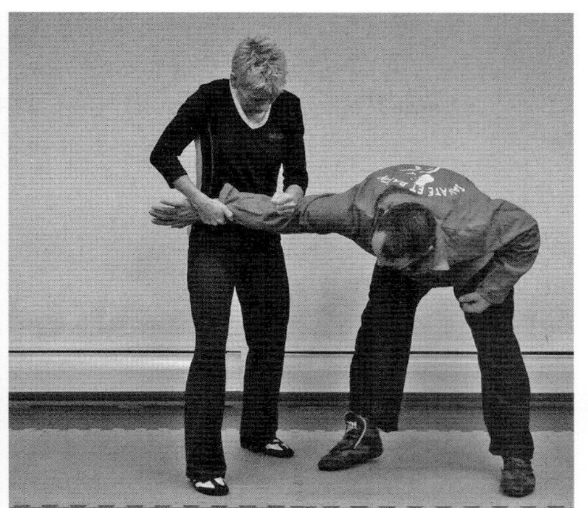

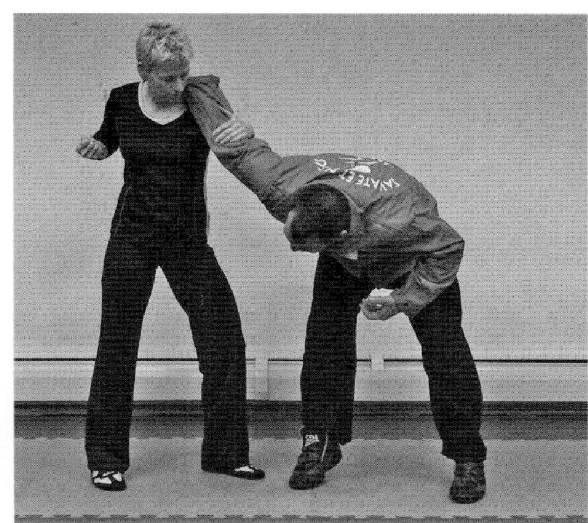

Canne und Bâton

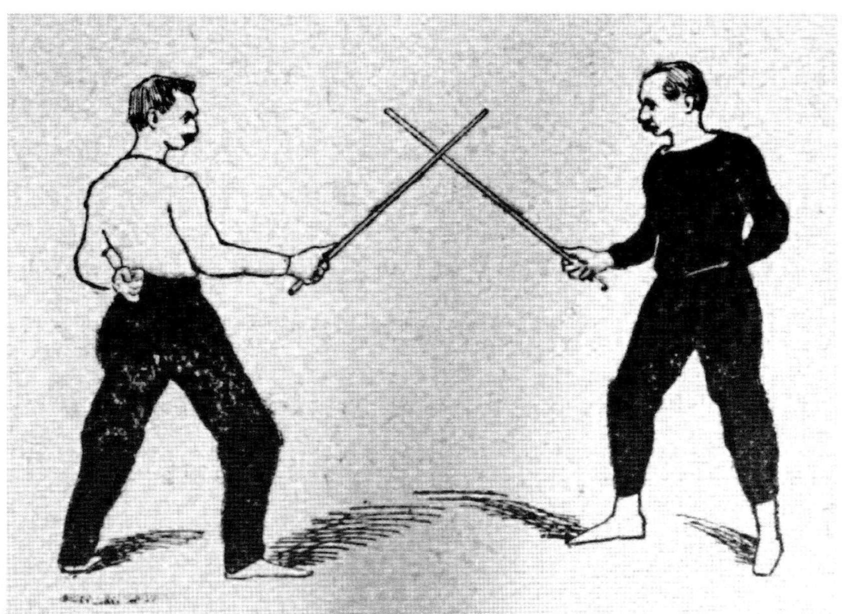

Der Stockkampf wurde schon lange von den selben Meistern gelehrt wie das Savate Boxe Française.

Über Jahrhunderte war der Stock der Weggefährte des Menschen, sei es als Wanderstab der Hirten und Handwerker, sei es als Gehstock der Aristokratie und des Bürgertums. Im Notfall wurde er selbstverständlich als Mittel der Verteidigung eingesetzt.

So findet sich der Stock auch heute noch in zwei Formen in den französischen Kampfkünsten:

Canne - Ein leichter, knapp 1 Meter langer Stock zur einhändigen Benutzung

Bâton - Ein schwererer Stock von ca 1,40 Meter, der meist mit beiden Händen geführt wird.

Canne de Combat

Die Aristokratie und das gehobene Bürgertum führten in der frühen Neuzeit meist eine Fechtwaffe mit sich. Im Falle eines Angriffs diente sie zur Verteidigung. Wenn es um die Ehre ging hat man sich mit dieser Waffe duelliert.

Mit der französischen Revolution verschwand der Degen als Bewaffnung der Zivilisten. Der zuvor nur als Gehhilfe oder Zierde mitgeführte Gehstock wurde bei den Bürgern allgemein üblich. Bald ersetzte er den Degen auch als Waffe im Duell, denn das Duellieren mit scharfen Waffen wurde streng bestraft.

Die Lehrer des Savate, zumeist auch Fechtlehrer, verlegten sich auf den Unterricht des Stockfechtens. Anfangs noch nah an der Technik des Säbelfechtens orientiert, entstand eine Kampfform, die dem Charakter der leichten und stumpfen Waffe entsprach.

Mit dem Niedergang des Savate nach dem 1. Weltkrieg war in noch stärkerem Maß das Verschwinden der Stocktechnik verbunden. Hut und Stock waren nicht mehr so selbstverständlich wie in der Belle Époque und mit der Nachfrage verschwand auch das Angebot.

Nach dem 2. Weltkrieg gab es noch eine Handvoll Boxe Française Lehrer, die Techniken des Canne de Combat unterrichteten; ein einheitliches System gab es hierfür aber nicht.

Ab 1975 wurde im neu entstandenen Französischen Boxe Française Verband unter Leitung von Maurice Sarry das Canne de Combat vereinheitlicht und zu einem modernen, dynamischen Kampfsport gemacht. 1978 veröffentlichte er im Eigenverlag das inzwischen unauffindbare Buch „la Canne, arme de défense, sport de combat“. 1980 gab es die ersten französischen Meisterschaften im Canne. Inzwischen hat sich auch der internationale Savate Verband dem Canne de Combat zugewandt und eine eigene Kommission für diese Sportart geschaffen. 2004 gab es die ersten Weltmeisterschaften in Ile de la Réunion, 2006 die ersten Europameisterschaften in Frankreich und 2008 die zweiten Weltmeisterschaften in Deutschland.

Die Waffe

La Canne ist ein leichter Stock meist aus Kastanienholz. Die Länge beträgt 95 cm. Das Gewicht ist je nach Zweck unterschiedlich, die Stöcke sind meist entsprechend gekennzeichnet:

Schwarz - Wettkampfstock, Gewicht 100 bis 120 Gramm, sehr empfindlich,

rot	-	Trainingsstock, Gewicht ca. 150 Gramm, haltbarer und für das Partnertraining geeignet,
grün	-	Hantierstock, Gewicht ca. 200 Gramm, zur Kräftigung und für Einzelübungen.

Der Stock gliedert sich in verschiedene Teile:

Bout	-	Stockspitze, früher zum Stechen benutzt, im sportlichen Wettkampf verboten,
Quart supérieur	-	Vorderes Viertel, mit diesem Teil wird im sportlichen Kampf getroffen,
Milieu	-	Mitte des Stocks, wird hauptsächlich für Paraden verwendet,
Prise	-	Grifffläche , kurz vor dem Ende des Stocks, kann mit Band umwickelt werden,
Manchette	-	kleines Stück zwischen Grifffläche und Ende
Talon	-	das hintere Ende des Stocks

Der Stock fürs Training und erst recht für den Wettkampf muss vor seinem Einsatz geprüft und bei Beschädigung oder gar Bruch sofort aus dem Verkehr gezogen werden. Die spitzen Enden gebrochener Stöcke sind sehr gefährlich.

Die Ausrüstung

Techniktraining und kontrollierte Partnerübungen im Canne sind ohne oder mit reduzierter Schutzausrüstung möglich. Im Wettkampf wird folgende Schutzausrüstung getragen:

- Handschuhe, die den Handrücken und die Handgelenke gegen versehentliche Treffer schützen
- Schienbeinschützer
- Helm; ein durch eine zusätzliche Polsterung verstärkter Fechthelm
- Tiefschutz für Männer
- Hose; eine gepolsterte Hose zum Schutz der Beine
- Jacke; eine gepolsterte Jacke zum Schutz der Trefferfläche am Rumpf und gegen versehentliche Treffer an Armen, Rücken, Schultern

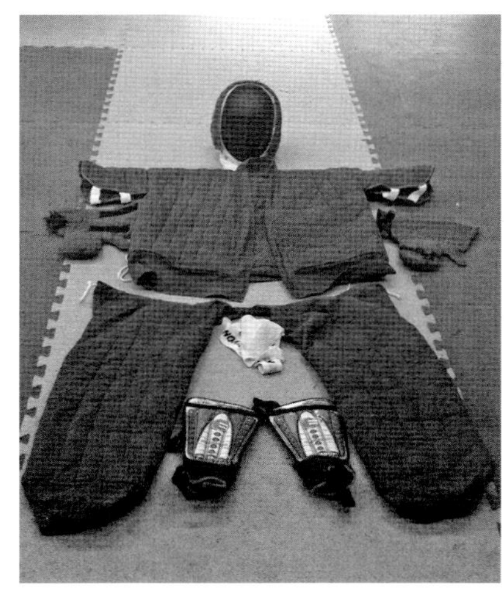

Trefferfläche

Mit dem vorderen Viertel des Stocks werden folgende Flächen angegriffen:

- Kopf von oben, seitlich und vorne
- Rumpf (bei Männern) von vorne oder der Seite zwischen Niveau der Brustwarzen und der Gürtellinie
- Beine von allen Seiten zwischen Knie und Sprunggelenk

Treffer zu anderen Zielen sind im Wettkampf verboten und werden im sportlichen Canne de Combat nicht geübt.

Armé - Ausholen

Weil die Waffe so leicht ist, würde sie eine Wirkung im echten Kampf nur erzielen, wenn der Schlag mit Einsatz des ganzen Körpers und großem Bewegungsausmaß erfolgt. Dies führte im Canne de Combat zur weit ausholenden Bewegungen. Dieses Ausholen heißt Armé.

Um einen gültigen Treffer zu erzielen muss die Hand beim Armé hinter die Ebene der Wirbelsäule kommen. Dies gelingt nur mit einer entsprechenden Rotation des Rumpfes.

Fente - Ausfall

Aus dem Ausfall der Fechter hat sich die Fente der Cannisten entwickelt. Während um 1900 noch fast alle Techniken mit leichtem Ausfall (Demi Fente) verbunden wurden, ist dies bei Schlägen zu Kopf oder Körper heute verboten. Eine tiefe Fente wurde gelegentlich mit Schlägen zu den Beinen verbunden, um einem Schlag zum Kopf auszuweichen. Die sportliche Entwicklung hat diese tiefe Fente zum Dogma erhoben.

Bei Treffern zu den Beinen muss die Unterseite eines Oberschenkels parallel zum Boden sein. Deshalb wird ein Bein stark gebeugt, das andere bleibt gestreckt.Wir unterscheiden:

- Fente avant, das vordere Bein ist gebeugt
- Fente arrière, das hintere Bein ist gebeugt
- Fente latérale, das gestreckte Bein zeigt zur Seite

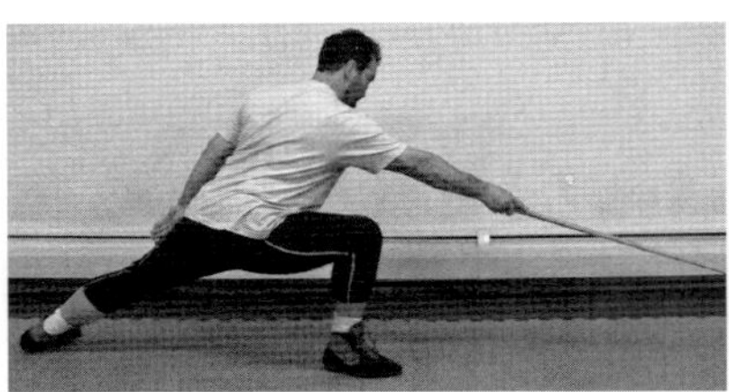

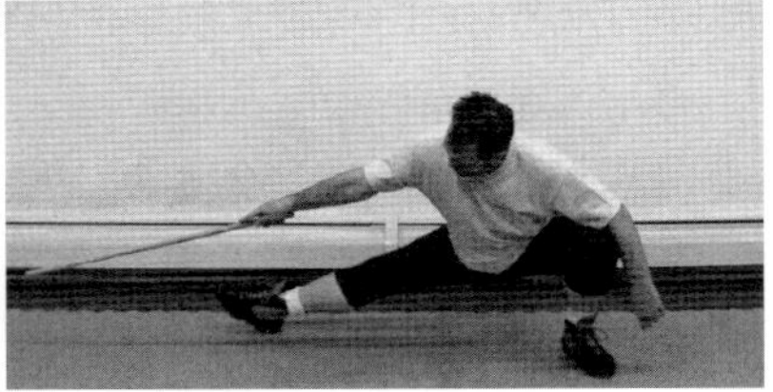

Wichtig

Achte darauf, dass bei der Fente avant das Lot deines Knies nicht über die Fußspitze hinaus reicht. Das Knie wird sonst extrem belastet.

Beim Training der Fente stoßen viele Cannisten an ihre körperlichen Grenzen, denn es bedarf zugleich kräftiger und dehnfähiger Beinmuskeln. Übe die Fente immer nur nach intensivem Aufwärmen um Verletzungen und Sportschäden zu vermeiden.

Die 6 Grundtechniken des Canne de Combat

Im sportlichen Canne de Combat, Méthode fédérale, gibt es heute nur noch 6 Grundschläge. Alle haben eine waagrechte oder senkrechte Bahn.

Brisé	-	Schlag von oben auf der Außenseite
Croisé haut	-	Schlag von oben auf der Innenseite
Latéral extérieur	-	waagrechter Schlag auf der Außenseite
Latéral croisé	-	waagrechter Schlag auf der Innenseite
Enlevé	-	Schlag von unten auf der Außenseite
Croisé bas	-	Schlag von unten auf der Innenseite

Übrigens

Alle Techniken bei denen deine Hand die Mittellinie deines Körpers überschreitet, d.h. deine rechte Hand kommt nach links, heißen „Croisé“. Das gilt nicht nur für die Schläge sondern auch für die Paraden.

Le Salut

Vor und nach dem Training und zu Beginn und Ende jeder Partnerübung grüßen sich die Cannisten.

In Gruppentraining und Wettkampf erfolgt ein jeweiliges Kommando:

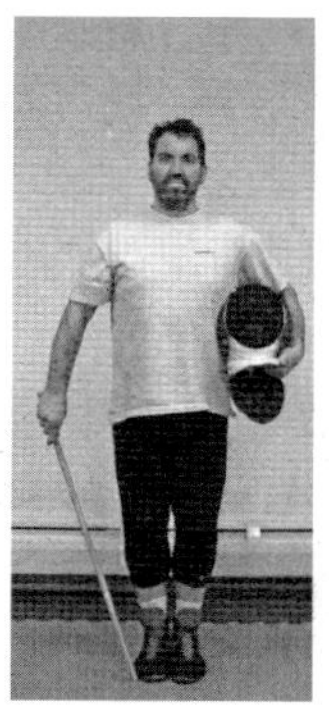
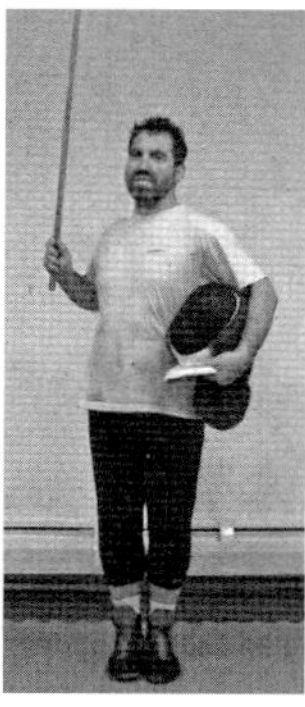
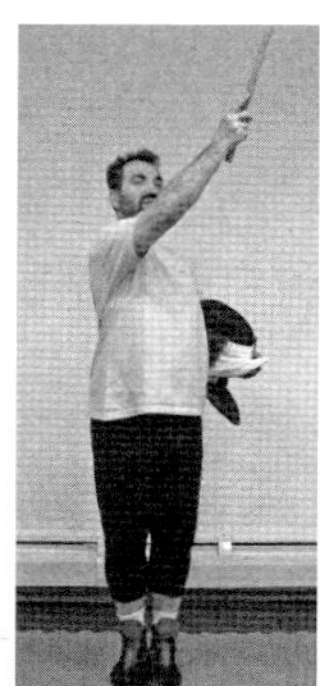
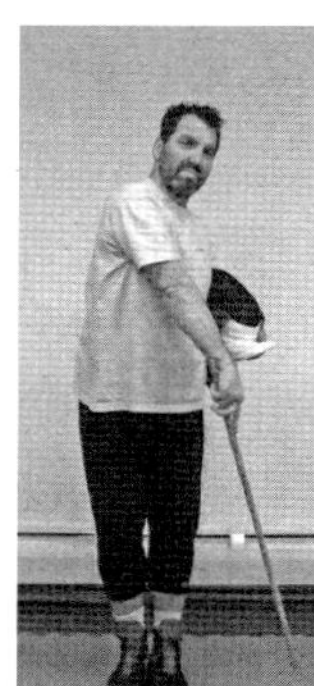
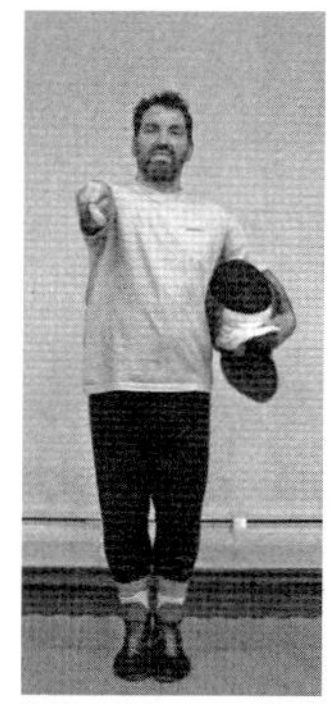

Position pour le salut	-	Die Füße stehen zusammen, die Spitze des leicht nach außen geneigten Stockes berührt den Boden, der linke Arm hält den Helm oder ist hinter dem Rücken.
Prêt pour le salut	-	Du führst den Stock mit gestrecktem Arm nach vorn.
Saluez	-	Mit dem Stock beschreibst du einen Kreis nach oben an deiner Außenseite in der Art eines Enlevé, danach kreuzt der Stock nach innen zu einem zweiten Aufwärtskreis in Art eines Croisé bas. Du beendest den Gruß in der Position pour le Salut und verharrst dort einen Moment.

La Garde - die Kampfstellung

Im Prinzip kann jeder Cannist seine Kampfhaltung individuell wählen, so lange der Gegner hierdurch nicht gefährdet wird. Auf das Kommando „en Garde“ wird jedoch folgende Haltung eingenommen.

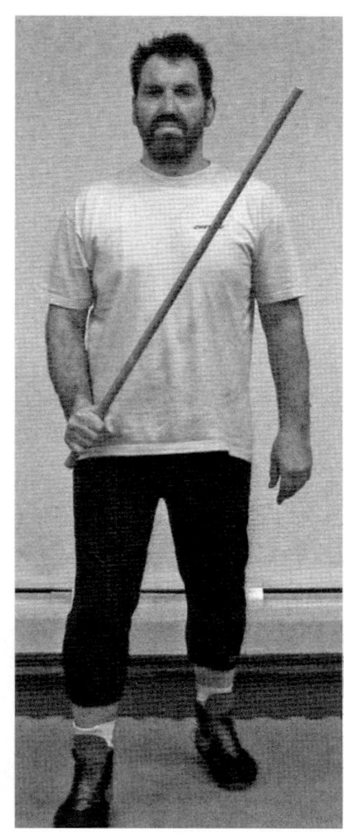

Als Rechtshänder stellst du den rechten Fuß nach vorne. Deine rechte Hand hält den Stock. Sie befindet sich an der Seite deiner rechten Hüfte. Die Spitze des Stockes zeigt nach links oben und befindet sich ungefähr in Schulterhöhe. Im Wettkampf berühren sich die gekreuzten Spitzen beider Stöcke. Früher wurde die freie Hand bei der Garde und auch bei der Ausführung der Techniken hinter dem Rücken gehalten. So wurde sie nicht versehentlich getroffen und verdeckte keine gültige Trefferfläche. Heute ist die Haltung der freien Hand nicht mehr geregelt, sie darf jedoch nicht mit System Trefferflächen schützen.

Aus der Garde kannst du leicht zu allen Schlägen ausholen und alle Paraden ausführen.

Da Cannisten im Kampf den Stock in die andere Hand wechseln, ist das Wechseln in die andere Auslage ebenso häufig.

Die Grundschläge des Canne

Brisé

Bringe aus der Garde deine rechte Hand in die Nähe deiner rechten Schulter. Ziehe die rechte Schulter durch drehen deines Rumpfes nach rechts hinter die Ebene der Wirbelsäule zurück. Lass gleichzeitig die Stockspitze an deiner rechten Seite fallen und setze dann die Kreisbewegung des Stockes fort, bis er seinen höchsten Punkt erreicht. Nun führe die Rechte Hand und Schulter nach vorn und triff das Ziel von oben. Im Moment des Treffens bilden Arm und Stock eine Linie, dein Handrücken zeigt nach oben.

Wichtig

Beim Brisé bleibt der vordere Fuß belastet. Der Blick ist die ganze Zeit zum Ziel gerichtet.

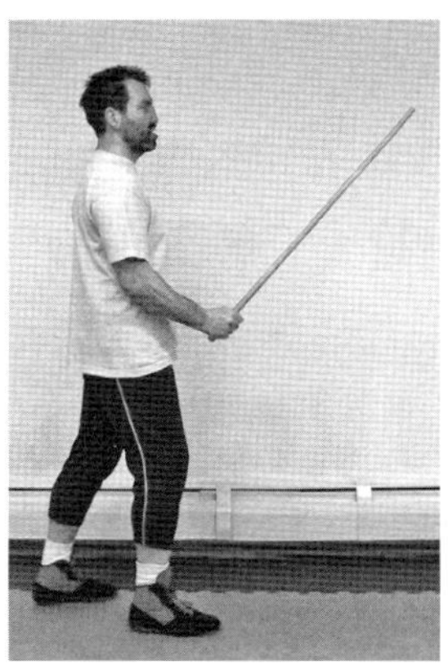
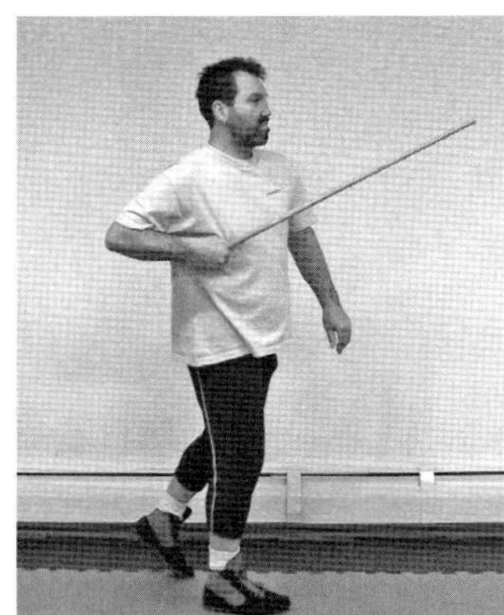
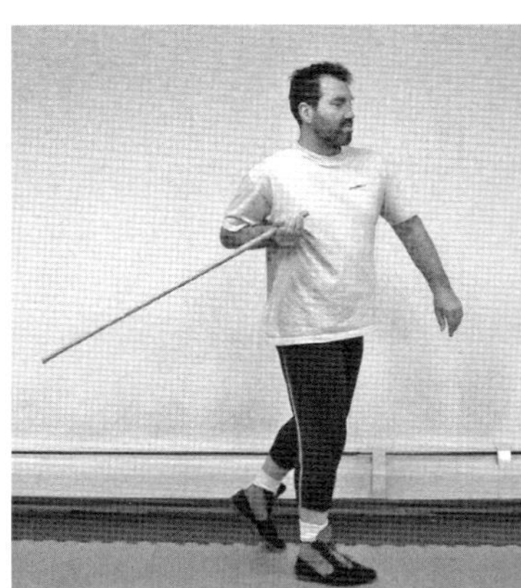
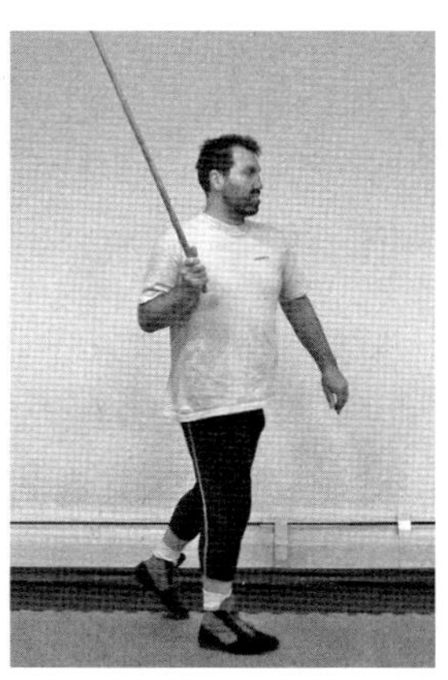
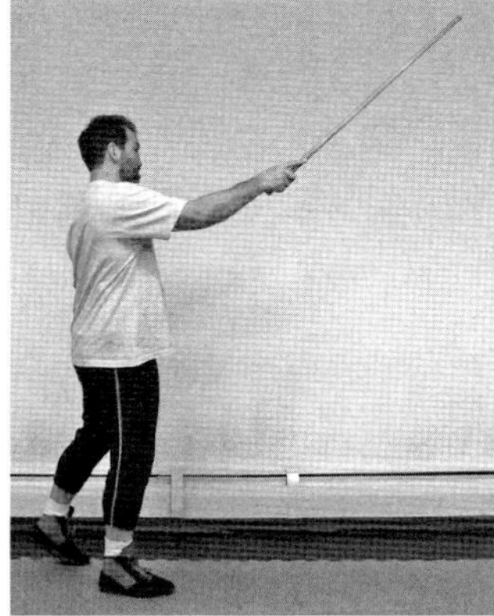
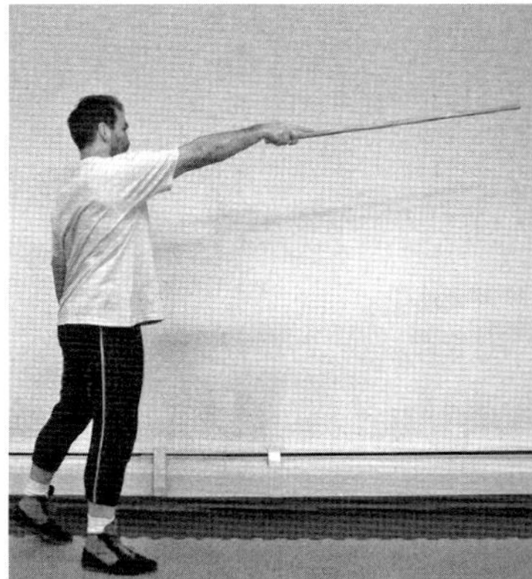

Croisé haut

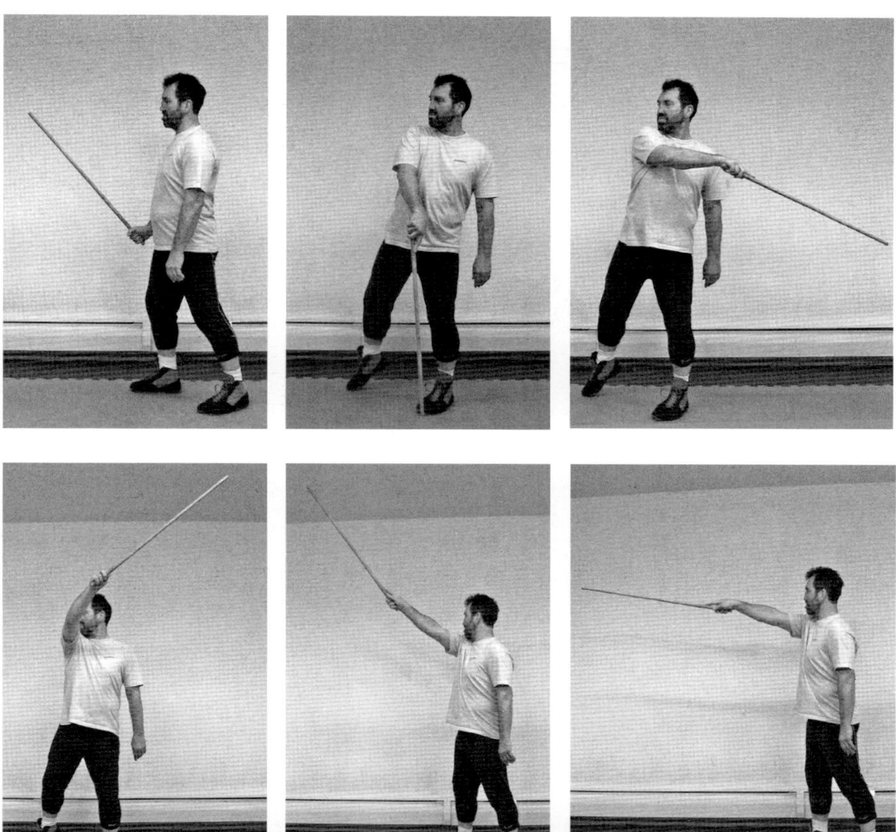

Du lässt den Stock an deiner linken Seite nach unten fallen. Verlagere gleichzeitig dein Gewicht auf dein linkes Bein und drehe deinen Rumpf nach links. Aus der tiefsten Position beschreibt der Stock einen senkrechten Kreisbogen über hinten nach oben und schließlich abwärts. Der Arm bleibt dabei gestreckt. Hat der Stock die Senkrechte passiert, drehst du den Rumpf wieder zur frontalen Stellung und verlagerst dein Körpergewicht wieder stärker auf den rechten Fuß. Auch bei Croisé haut bilden Stock und Arm beim Treffen eine Linie und der Handrücken zeigt nach oben.

Latéral extérieur

Drehe den Rumpf nach rechts und ziehe deine rechte Hand nach hinten oben. Dein Stock kommt über den Kopf, die Stockspitze zeigt zum Ziel. Dein Arm ist fast gestreckt. Nun beschreibt der Stock einen waagrechten Kreisbogen und trifft schließlich das Ziel von der Seite. Drehe den Rumpf zum Schluss wieder nach links. Beim Treffen bilden Stock und Arm wieder eine Linie, Rumpf und Arm bilden einen stumpfen Winkel, dein Handrücken zeigt nach oben.

Latéral extérieur kannst du zum Kopf, Rumpf und den Beinen zielen. Der Schlag zu den Beinen muss natürlich mit einer Fente verbunden sein.

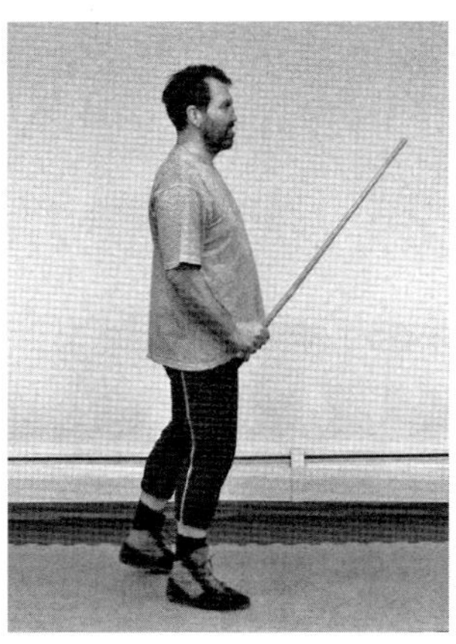

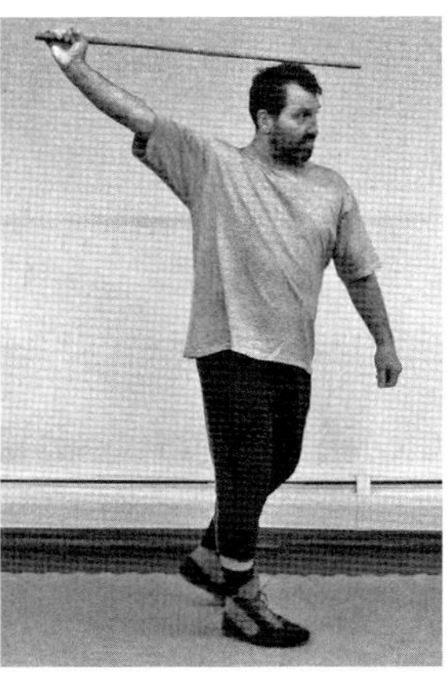

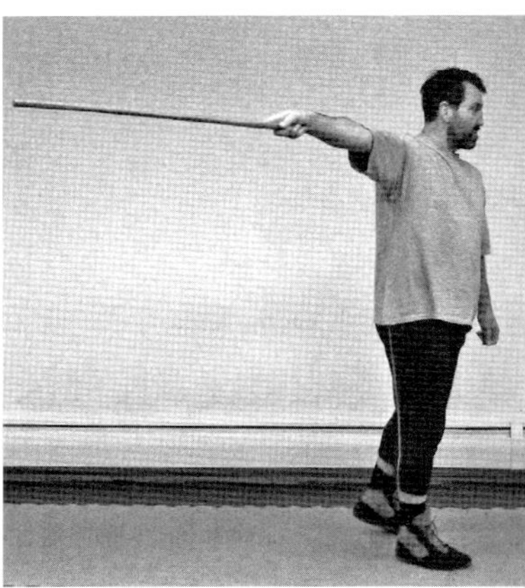

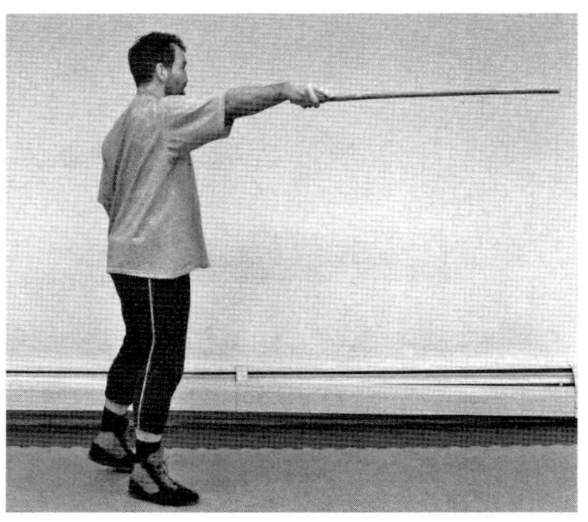

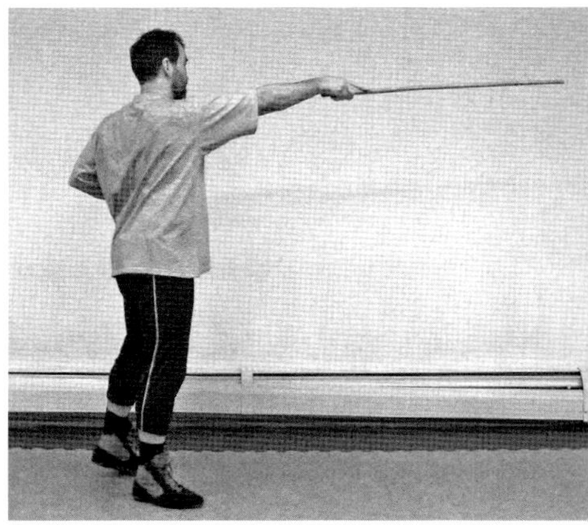

Falsch

Der Ellenbogen wird zum schlagen nach vorn gezogen. Dieses „Säbeln“ ist keine korrekte Technik und wird vom Kampfrichter gerügt.

Latéral croisé

Du kreuzt deine Hand zum Armé nach links oben. Auch hier zeigt die Stockspitze zum Ziel. Nun folgt der Stock einer waagrechten Kreis-

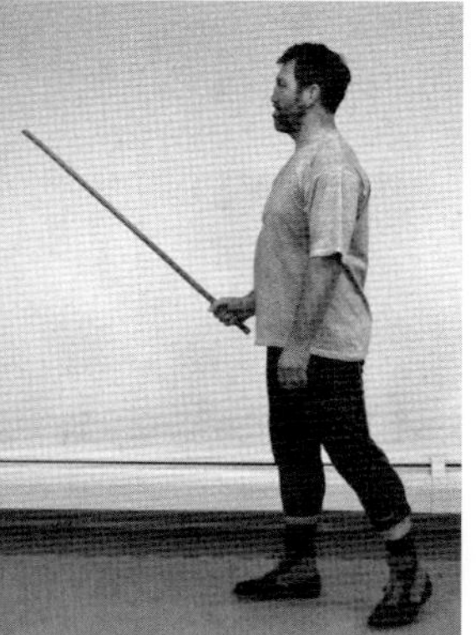
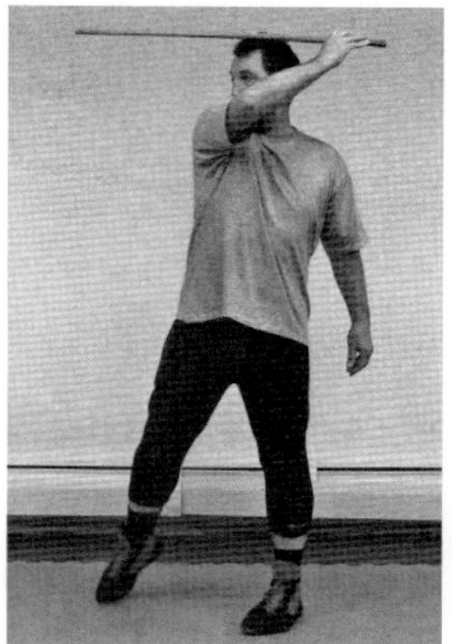
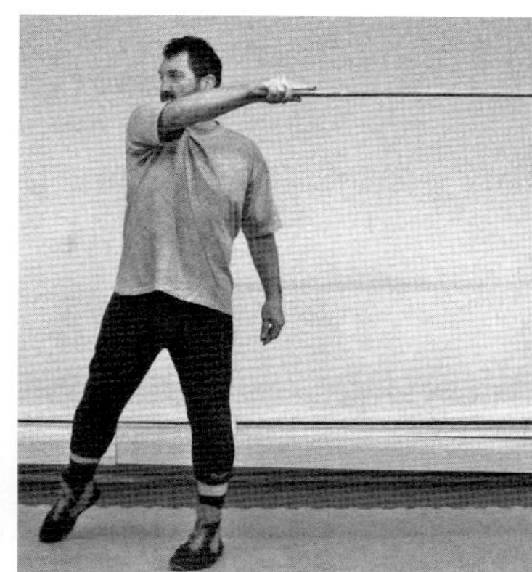
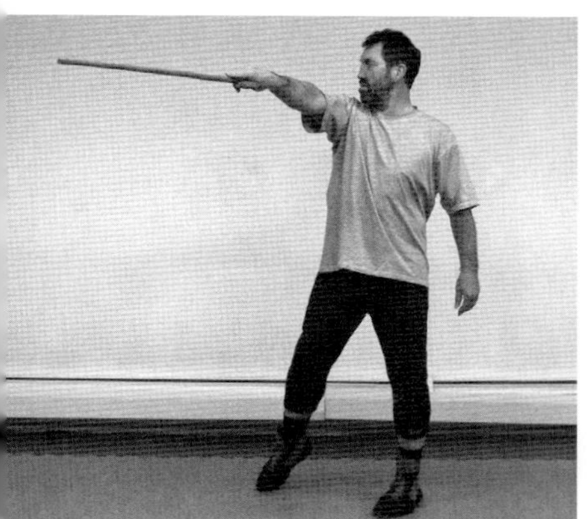
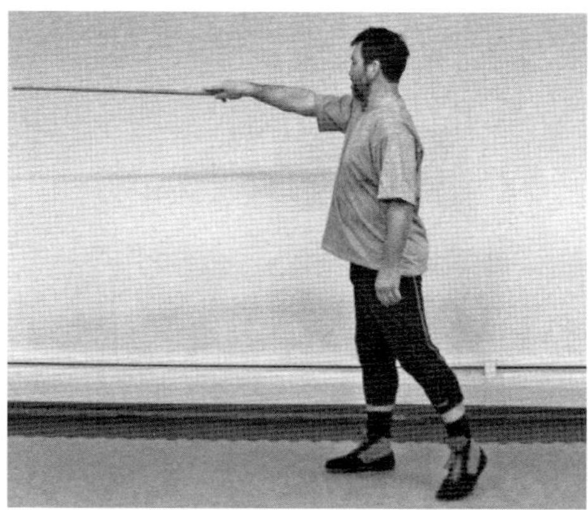

bahn auf deiner linken Seite bis zum Ziel. Wie beim Croisé haut verlagerst du auch hier das Gewicht auf das hintere Bein und zum Schluss wieder nach vorne. Die Drehung deines Rumpfes nach links ermöglicht das Armé und das abschließende Zurückdrehen unterstützt den Schlag. Wie immer steht im Moment des Treffens der Stock in Verlängerung des Armes und der Handrücken zeigt nach oben.

Falsch

Der Latéral croisé lädt besonders zum „Säbeln" ein. Vermeide diesen Fehler auf jeden Fall!

Enlevé

Der Enlevé ist die Umkehrung des Brisé, er beschreibt einen senkrechten Kreis, der Schlag trifft von unten nach oben. Ursprünglich war der Enlevé gegen waagrechte Ziele wie die bewaffnete Hand oder den Unterleib gerichtet (siehe Canne de Défense), heute wird stellvertretend der Unterschenkel angegriffen. Da dieser senkrecht steht wird zum Schluss der Bewegung der Stock ein wenig einwärts geführt um das Ziel zu berühren.

Ziehe die rechte Hand zur rechten Schulter und die Schulter durch Rumpfdrehung nach hinten. Nun beginnt die Kreisbewegung des Stocks erst aufwärts, hinten abwärts und schließlich vorwärts. Wenn der Stock dein vorderes Bein passiert lässt du dich in die Fente sinken. Führe den Stock knapp neben das Ziel und vollführe schließlich die minimale Bewegung seitwärts um zu treffen.

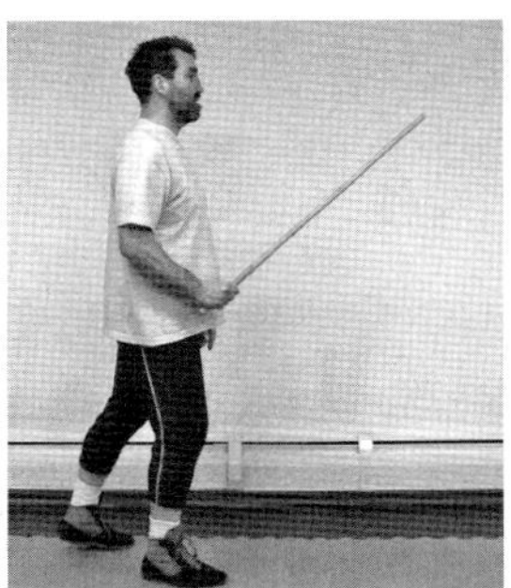
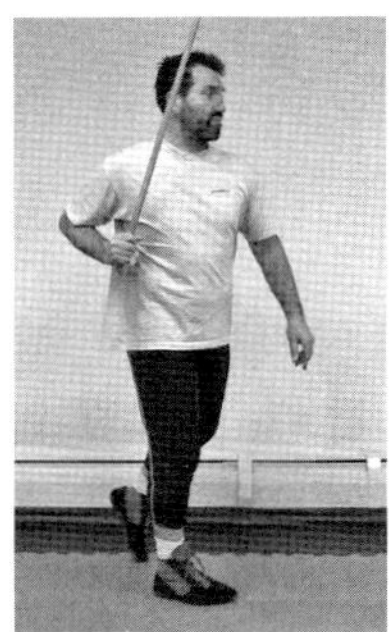
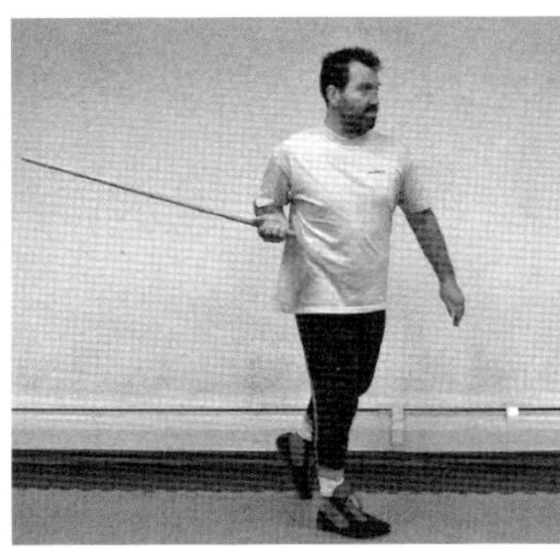
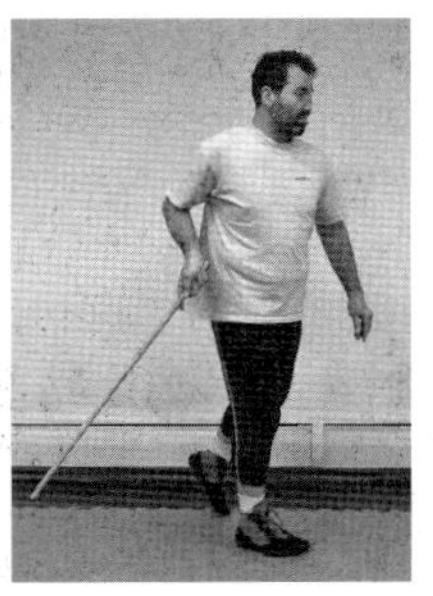
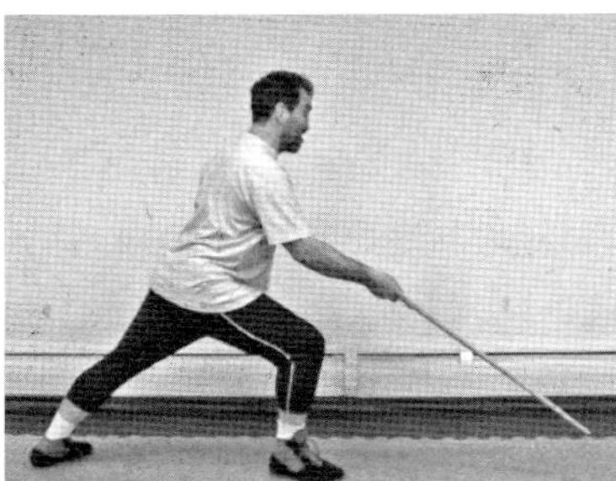
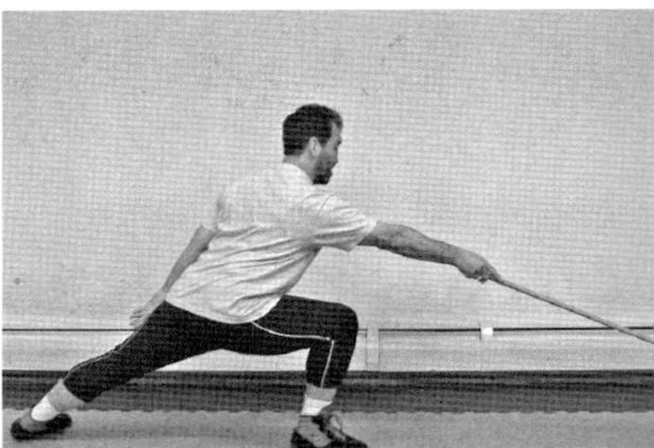

Croisé bas

Der Croisé bas ist die Umkehrung des Croisé haut. Bei gestrecktem Arm beschreibst du einen Kreis auf deiner Vorderseite. Wenn der Stock dein vorderes Bein passiert hat, beginnst du in die Fente zu gehen. Ziele den Enlevé knapp links am Ziel vorbei und triff schließlich durch eine kleine Korrektur nach außen.

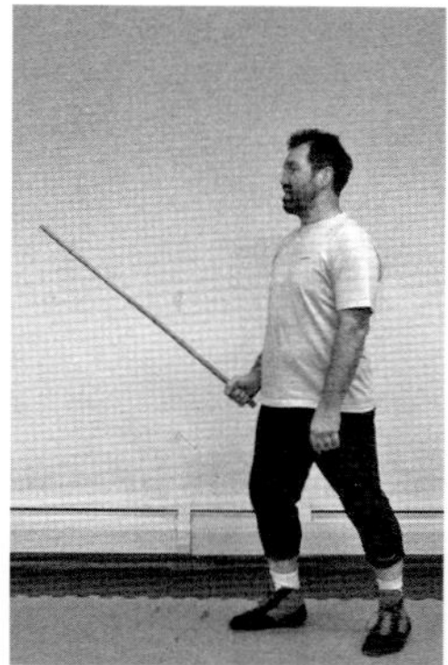
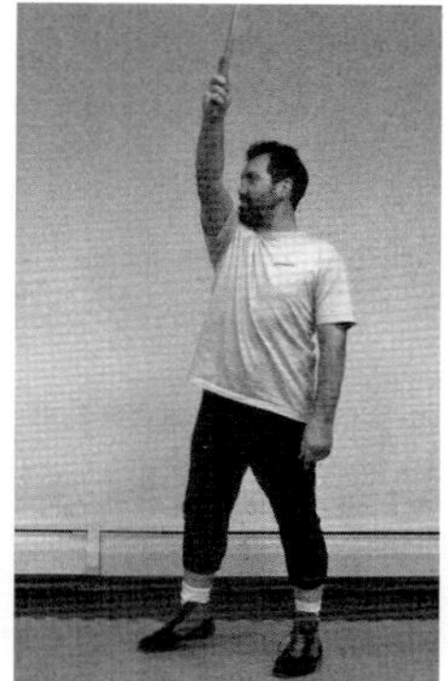
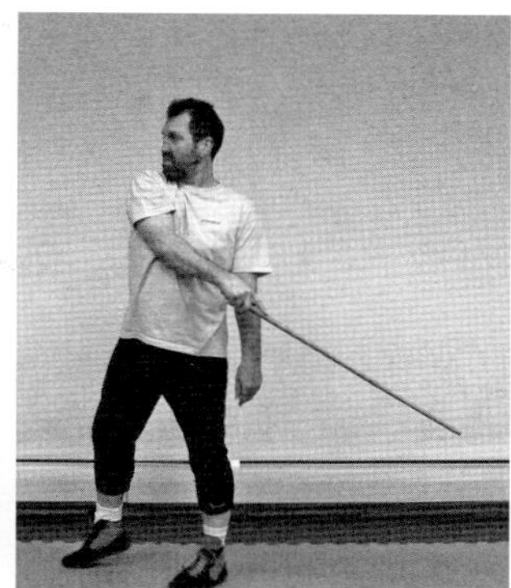
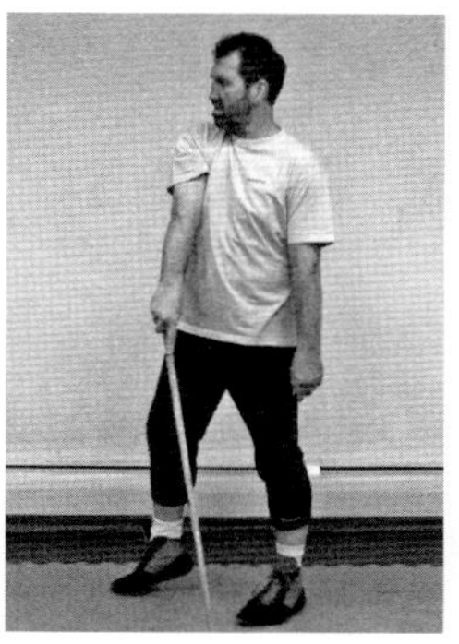
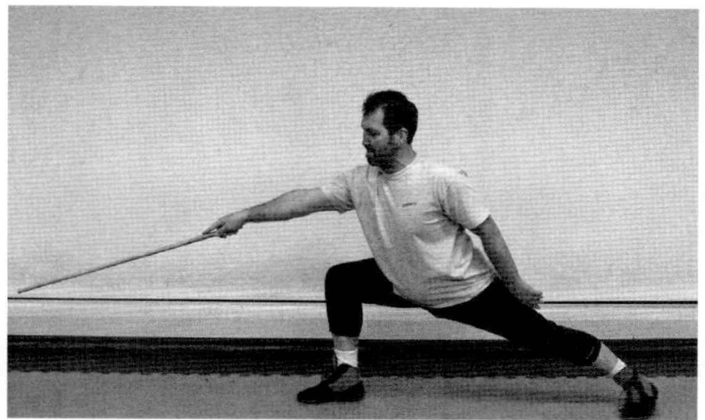

Wichtig

Bei Enlevé und Croisé bas darfst du nicht zu früh mit der Fente beginnen. Du bohrst sonst den Stock in den Boden.

Die Paraden

Gegen die Schläge kannst du dich durch Ésquive oder Parade verteidigen.

Es folgen die wichtigsten Paraden.

Parade simple - Parade extérieure en toit

Die Mitte des Stockes schützt deinen Kopf vor Schlägen von oben. Die Hand steht etwas höher als die Stockspitze; falls der Angriff abrutscht wird die Hand nicht getroffen.

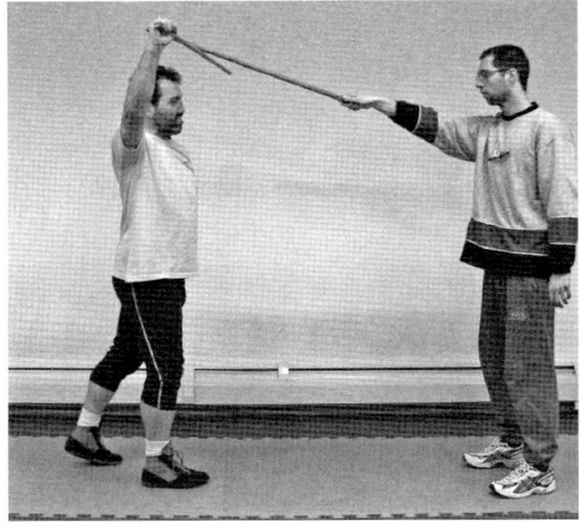

Nach dieser Parade ist ein Latéral extérieur der schnellste Gegenangriff.

Parade croisée en toit

Die rechte Hand kreuzt nach links. Die Mitte deines Stockes schützt den Kopf gegen Schläge von oben. Auch hier steht die Hand etwas höher als die Stockspitze. Aus dieser Parade ripostierst du am schnellsten mit Latéral croisé.

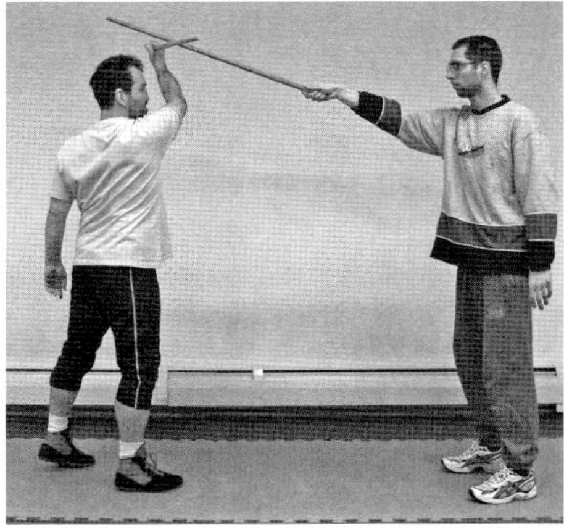

Parade extérieure flanc et tête

Schläge gegen die rechte Rumpf- oder Kopfseite wehrst du auf diese Art ab. Halte deinen Stock bei der Parade senkrecht. Du kannst diese Parade in speziellen Situationen auch mit der Stockspitze nach unten ausführen.

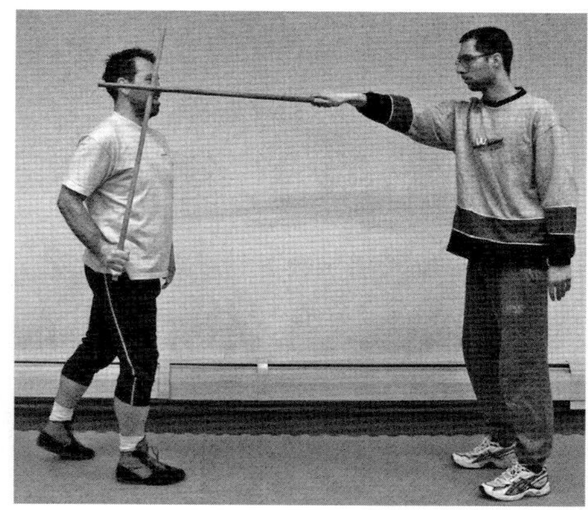

Parade croisée flanc et tête

Diese Parade richtet sich gegen Schläge zur linken Seite von Rumpf oder Kopf. Auch hier steht dein Stock senkrecht. Die Ausführung mit Stockspitze nach unten ist ebenso möglich.

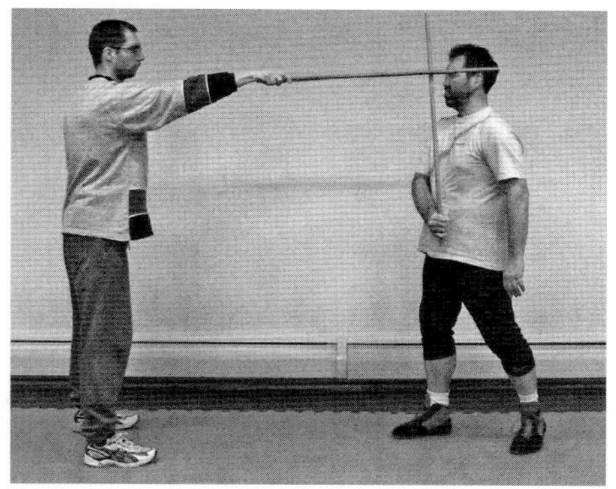

Parade extérieure basse

Dein rechtes Bein wird von außen angegriffen. Mit dieser Parade wehrst du den Angriff ab. Dein Stock steht senkrecht, die Stockspitze sollte den Boden nicht berühren.

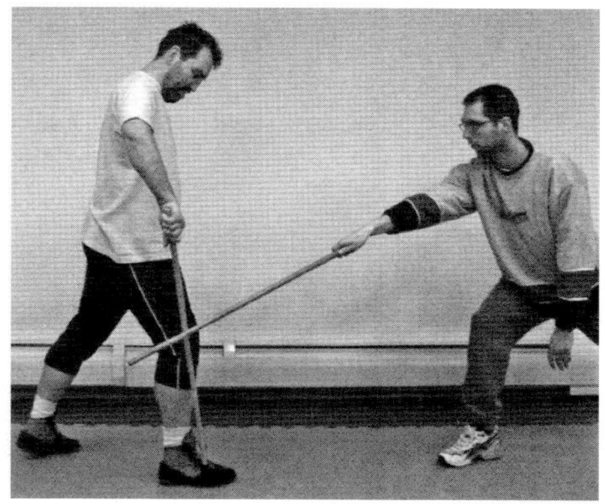

Parade croisée basse

Mit dieser Parade verteidigst du die Innenseite deines vorderen oder dein hinteres Bein. Auch hier steht dein Stock im Moment der Parade senkrecht.

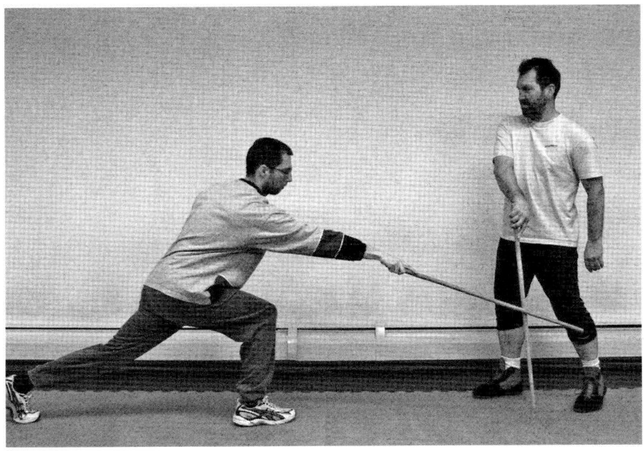

Les changements de main - die Handwechsel

Häufig wechseln die Cannisten den Stock von einer in die andere Hand. Dieses Changement de main ist für das Canne de Combat typisch und in anderen Fechtsportarten nicht zu finden.

Für Changement de main gibt es verschiedene Möglichkeiten.

- Du kannst bei einer Parade die freie Hand neben die parierende führen und den Stock übergeben.
- Nach einer Ablenkbewegung, meist einem angedeuteten Brisé, führst du den Stock hinter den Rücken, unter die diagonale Achsel oder unter dem Bein hindurch und übergibst ihn dort.

Handwechsel machen natürlich nur Sinn wenn du alle Grundtechniken rechts wie links geübt hast!

Les Voltes - die Drehungen

Ebenso wie die Fußtritte des Savate lassen sich die Schläge des Canne gedreht ausführen. Drehungen sind nach links und rechts, vorwärts - Richtung Bauch und rückwärts möglich. Du kannst einen Fuß als Drehpunkt für die ganze Drehung benutzen und nach der Volte wieder an der selben Stelle stehen. Mit einer Volte kannst du dich aber auch dem Gegner annähern oder dich von ihm entfernen. Die Volte ist auch ein gutes Mittel um die Achse zwischen dem Gegner und dir zu verlassen, so dass er sich im Raum neu orientieren muss.

Der Wettkampf im Canne de Combat

Wettkämpfe im Canne werden mit vollständiger Schutzausrüstung durchgeführt. Trotzdem müssen alle Techniken kontrolliert ausgeführt werden. Ziel ist der Treffer nicht die Schlagwirkung.

Damit Treffer gültig sind müssen noch verschiedene andere Kriterien erfüllt sein:

- Treffen mit dem vorderen Viertel des Stocks
- Stock in Verlängerung des Armes
- Armé hinter der Ebene der Wirbelsäule
- Bewegung ohne Unterbrechung vom Armé bis zum Treffer
- Korrekte Bahn (waagrecht oder Senkrecht)
- Fente bei Treffern zu den Beinen
- Respektierung der Pflicht einen gegnerischen Angriff erst abzuwehren (kein Angriff in einen gegnerischen Angriff)

Die Wettkampffläche ist ein Kreis mit 9 Metern Durchmesser. 3 Punktrichter signalisieren jeden gültigen Treffer durch heben der entsprechenden Fahne (blau oder gelb). Ein Kampf geht meist über 3 Runden; die Punkte aller Runden werden zusammen gezählt.

Ein Kampfrichter leitet den Kampf und achtet auf die Respektierung des Reglements, besonders auf die Einhaltung der Pflicht zu Parade oder Ésquive vor einem Gegenangriff.

Double Canne - Doppelstock

Zum Technikstudium und bei einigen regionalen Turnieren wird auch mit zwei Stöcken gekämpft. Die Beherrschung zweier so langer Stöcke verlangt eine gute Koordination, leicht kommen sich die Stöcke in die Quere oder man schlägt sich selbst. Durch interessante Kombinationen und die ungeheure Geschwindigkeit bietet sich Double Canne auch für Vorführungen an. Mit einem einzelnen Stock hat man gegen einen Könner des Double Canne keine Chance.

Bâton

Der lange Stock wird heute fast ausschließlich nach der Methode des CNCCB - Méthode fédérale - gelehrt. Deshalb stellen wir die Techniken dieser Methode hier vor. Wegen der Länge und des Gewichts ist der Bâton für den Wettkampf zu gefährlich; er wird ausschließlich zum Training und für Vorführungen eingesetzt. Für Assaut mit dem Bâton solltest du deinen Partner sorgfältig wählen.

Le Salut - der Gruß

Mit dem Bâton grüßt du wie folgt: Stehe in Grundstellung. Deine linke Hand hält den Bâton neben dir. Nun greifst du mit der rechten Hand von oben zu, dein rechter Daumen zeigt dabei nach unten. Bringe den Stab in Kopfhöhe vor dich und dann wieder zurück in die Ausgangsstellung. Löse die rechte Hand und nimm wieder die Grundstellung ein.

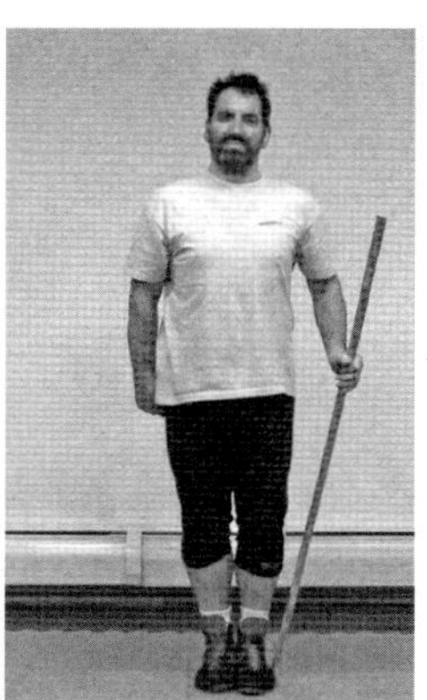
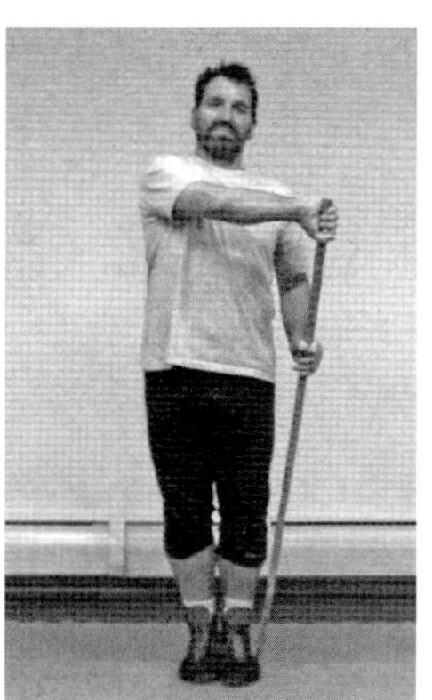
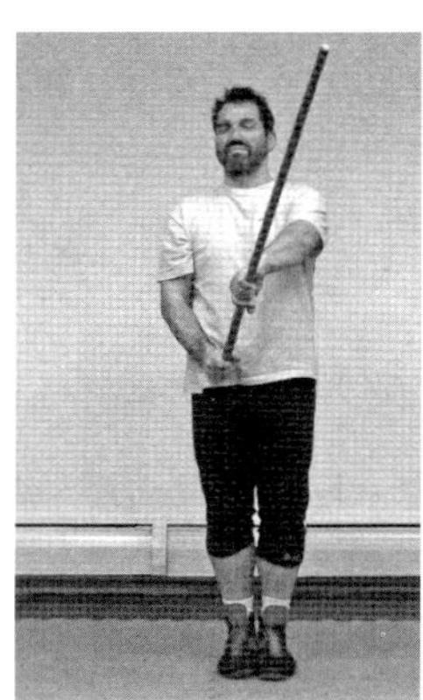
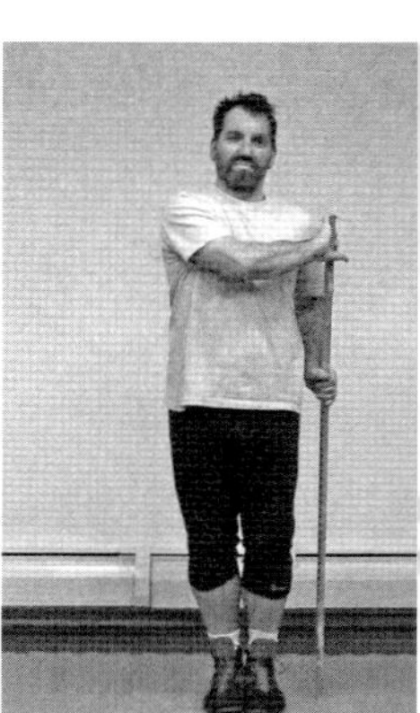

La Garde - die Kampfstellung

Hier siehst du wie aus einer Garde des rechtshändigen Cannisten die Garde für den Bâton wird. Die rechte Hand hält weiter den Stock, die linke Hand greift ihn zur Unterstützung weiter vorn. Beide Hände sind parallel, die vordere Hand zeigt mit der Handfläche nach unten. Da jetzt die linke Hand vorn ist wird auch der linke Fuß nach vorn genommen. Aus diesem Übergang von Canne zu Bâton ergibt sich auch die Ausführung und Benennung der Grundtechniken.

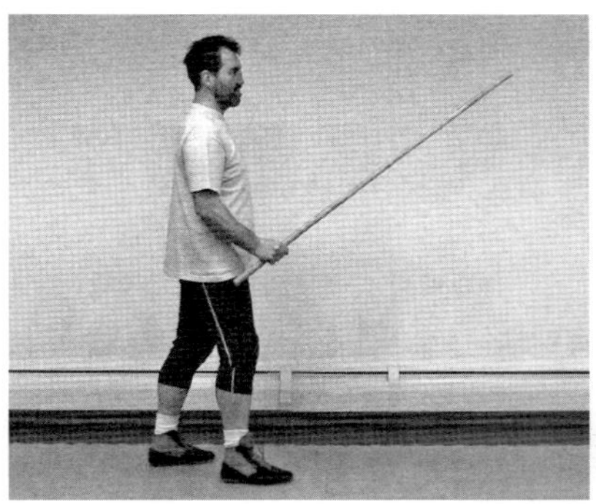
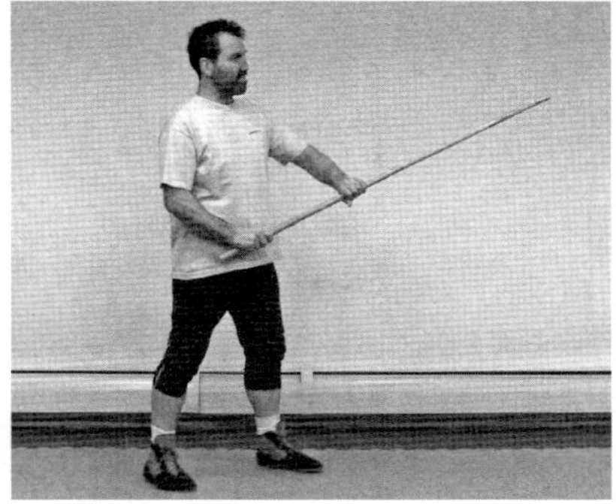

Wir beschreiben alle Grundtechniken aus Garde à gauche. Natürlich solltest auch auch die andere Seite üben.

Die Grundtechniken des Bâton - Méthode fédérale

Brisé

Die rechte Hand führt die Schlagbewegung des Brisé so wie mit dem Canne aus. Die linke Hand steuert und unterstützt die Bewegung. Bringe den linken Ellenbogen nach oben, so kommen deine Arme sich nicht in die Quere. Zum Schluss des Schlages streckst du beide

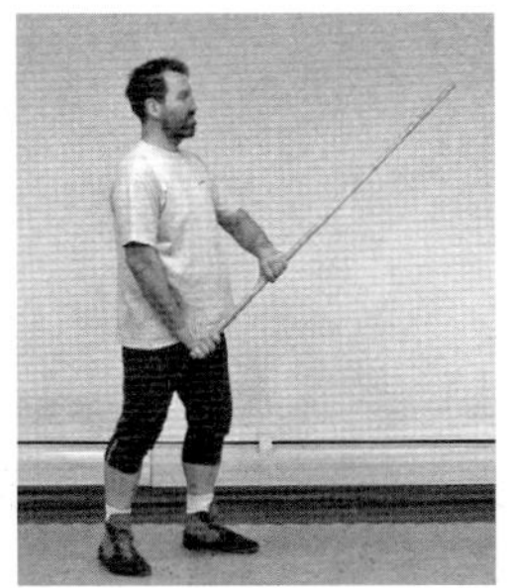
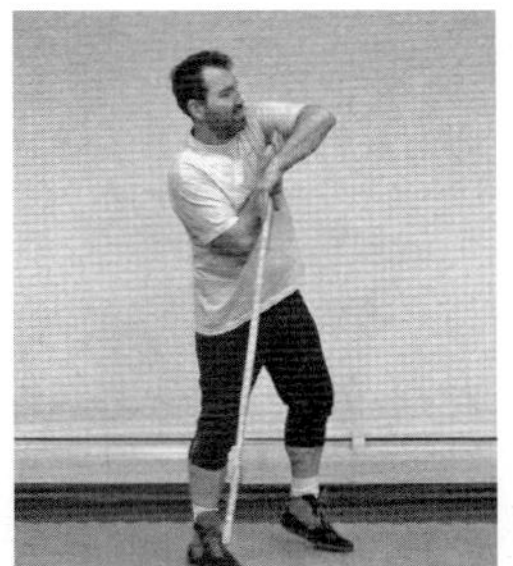
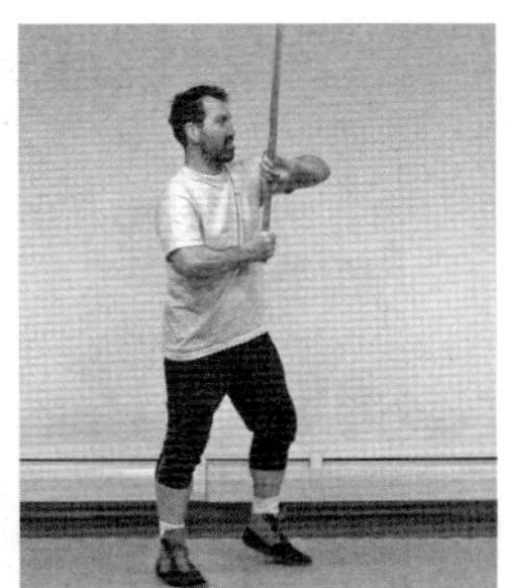
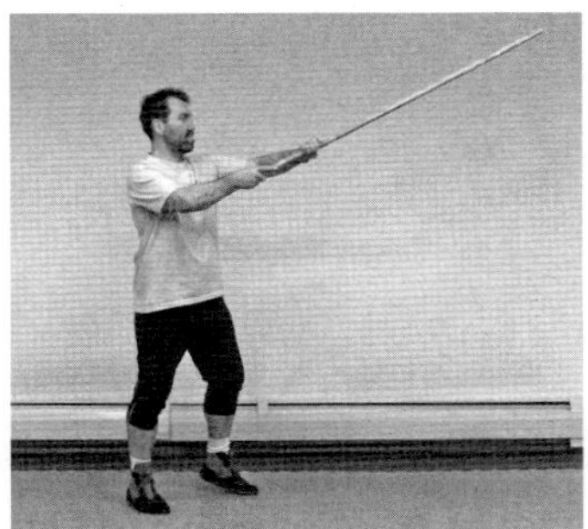
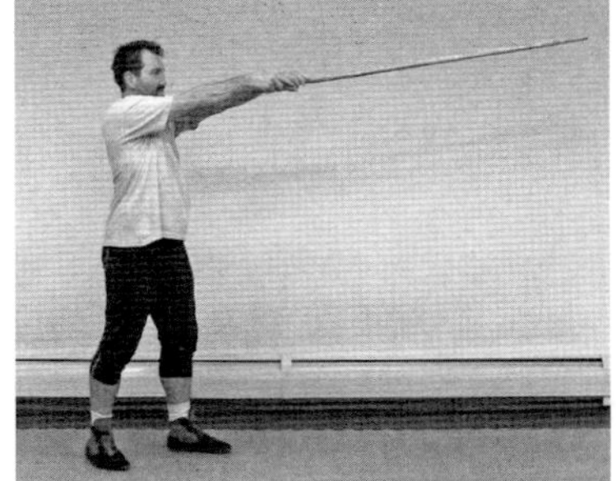

Arme, deine Hände kommen nah zusammen. Beim Treffen steht der Stock in Verlängerung der Arme.

Übrigens

Die Gewichtsverlagerung ist anders als beim Canne. Du musst das Gewicht zurück und wieder nach vorn verlagern um beim Armé weit genug nach hinten zu kommen.

Croisé haut

Der Stock beschreibt einen Kreis auf deiner linken Seite. Wenn du den linken Fuß zurück und dann wieder nach vorn stellst, musst du den Rumpf nicht so stark drehen. Deine Wirbelsäule wird weniger belastet. Auch beim Croisé haut sind beide Arme beim Treffen gestreckt.

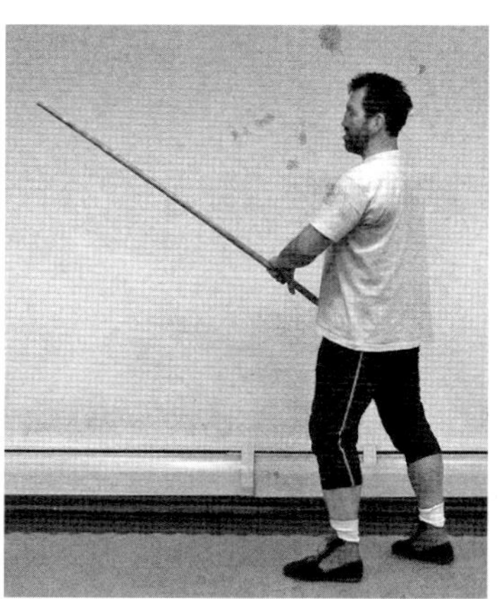

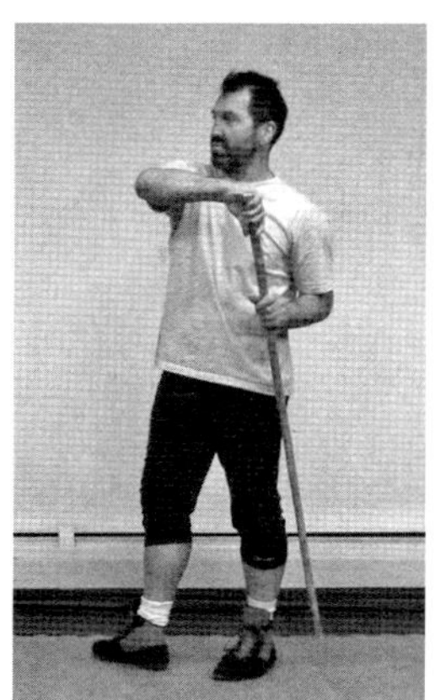

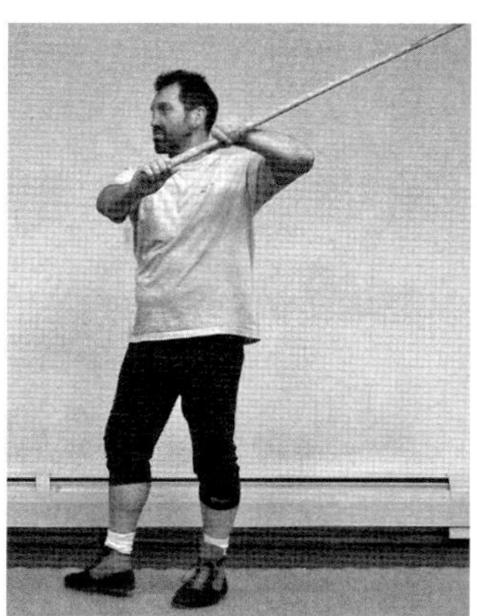

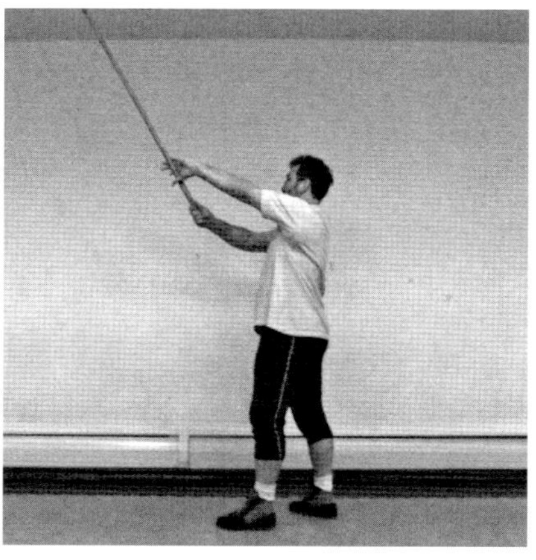

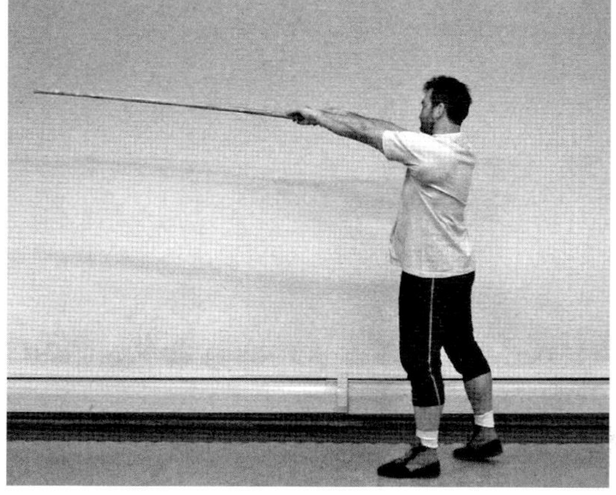

Latéral extérieur

Auch hier führt die rechte Hand wieder die Technik wie mit dem Canne aus. Die linke Hand steuert und verstärkt die Bewegung. Die Kraft kommt aus dem Drehen des Rumpfes und der Verlagerung des Körpergewichts.

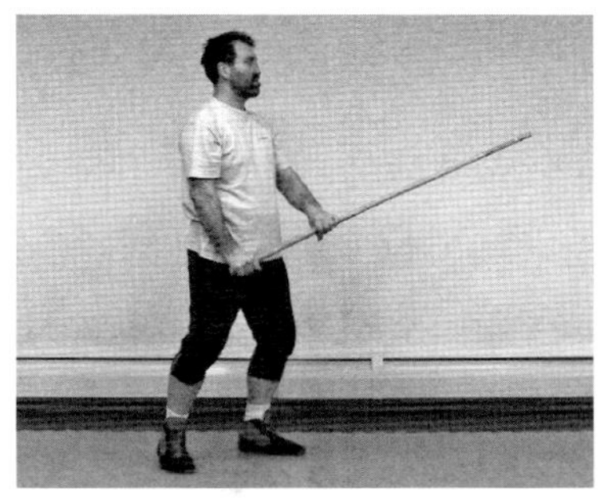

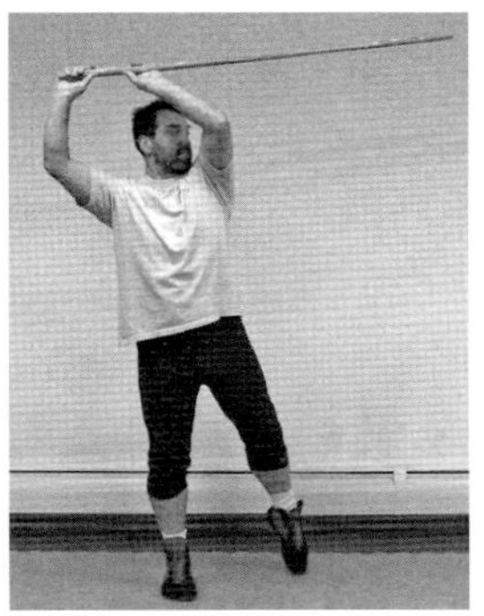

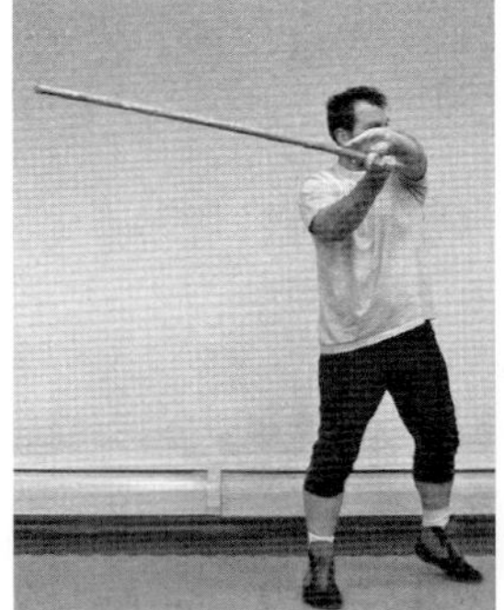

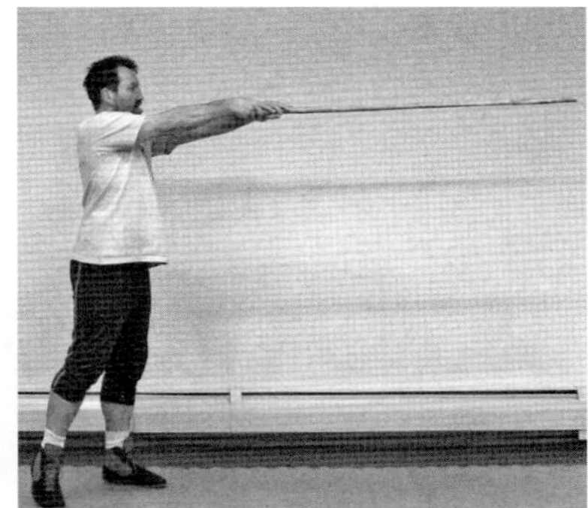

Latéral croisé

Bei Latéral croisé ist es wieder am einfachsten den linken Fuß beim Armé zurück zu stellen und mit dem Schlag wieder nach vorn zu führen.

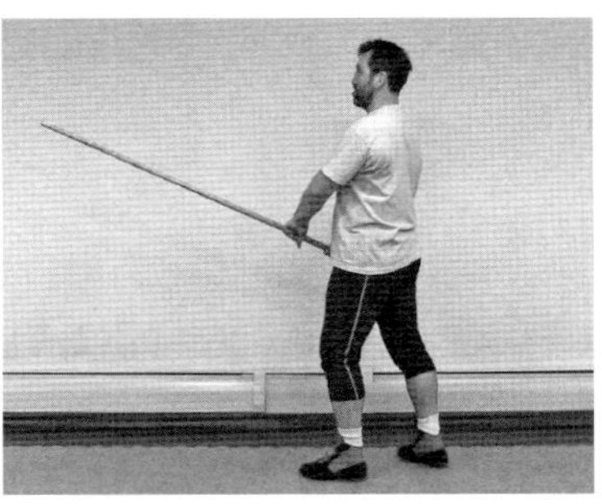

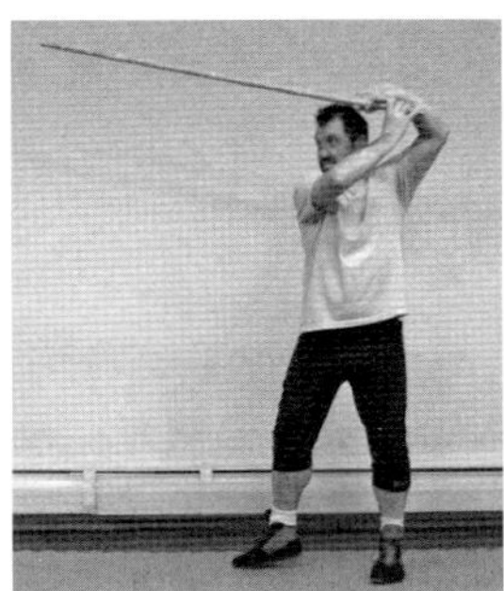

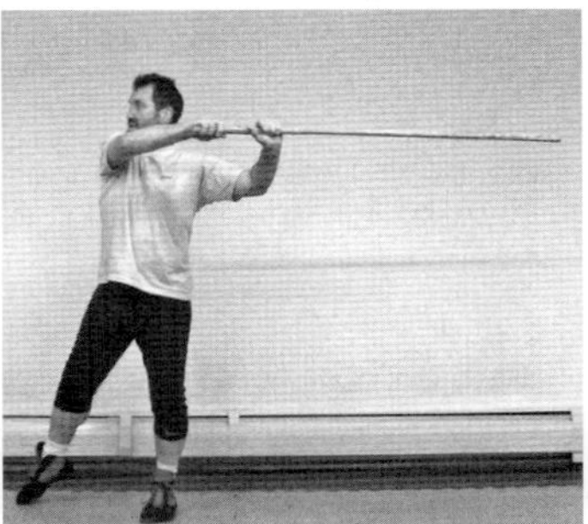

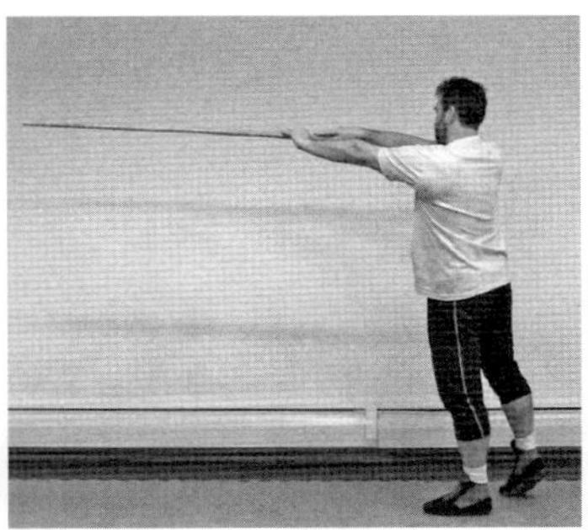

Enlevé

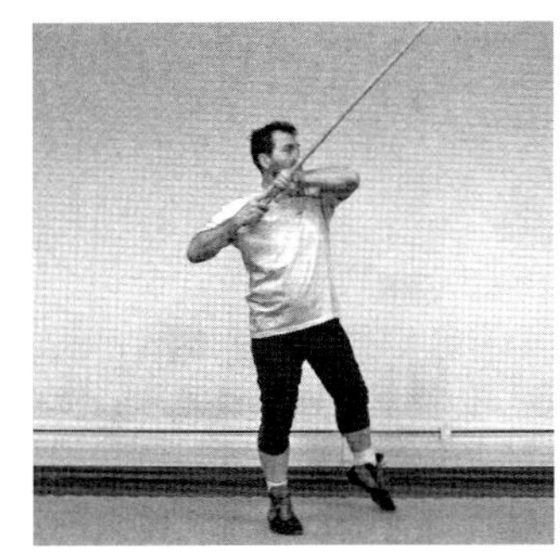

Damit du beim Enlevé nicht am Boden stecken bleibst, musst du beide Arme deutlich heben. Gehe erst in die Fente wenn der Bâton schon deutlich auf dem Weg nach vorn ist.

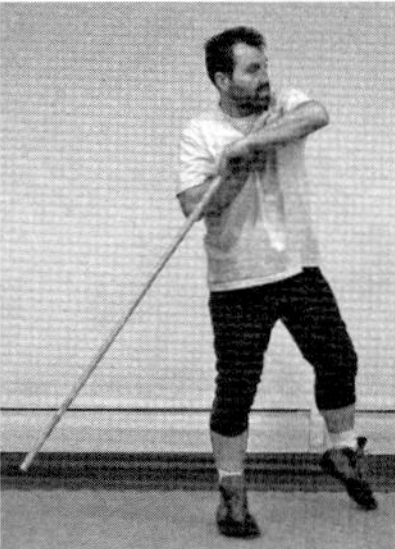

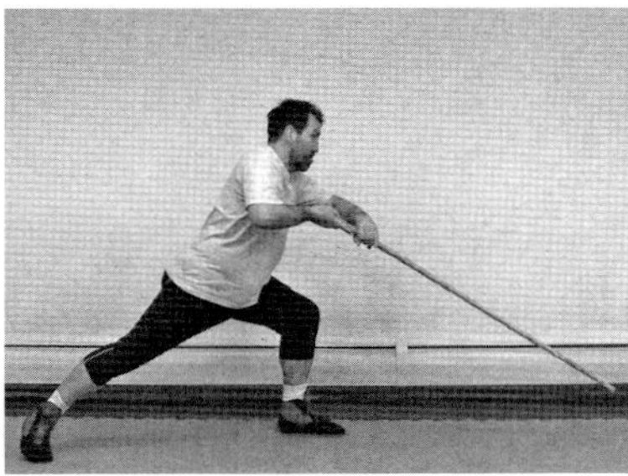

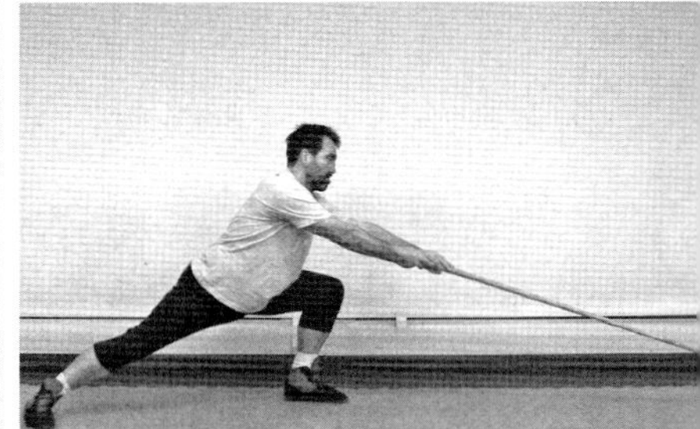

Croisé bas

Der Croisé bas ist mit dem Bâton noch schwieriger als der Enlevé. Übe mit Geduld den richtigen Moment in die Fente zu gehen ohne den Stab in den Boden zu rammen.

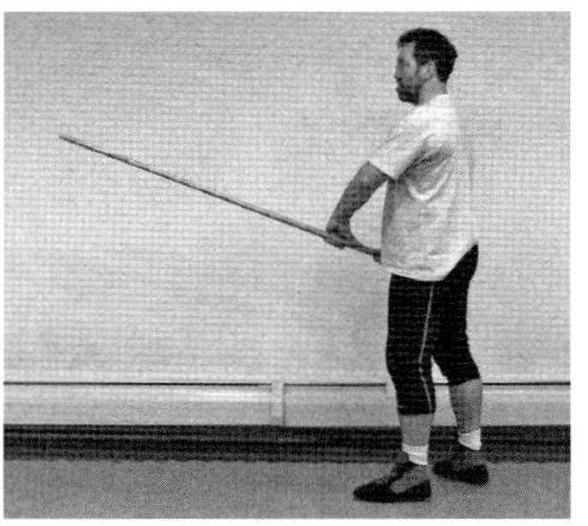

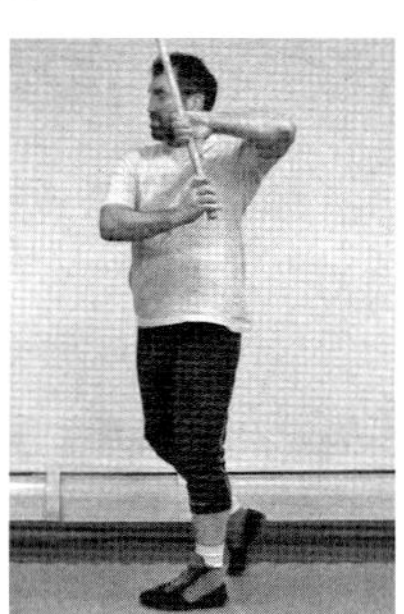

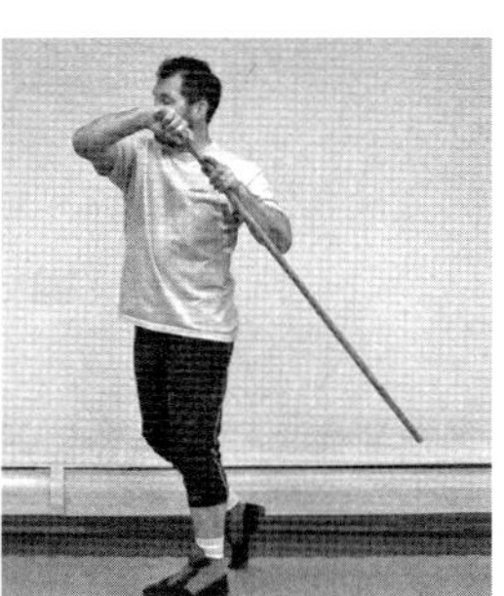

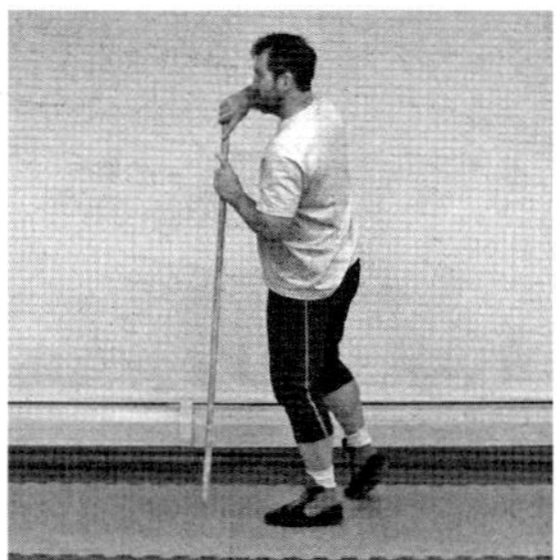

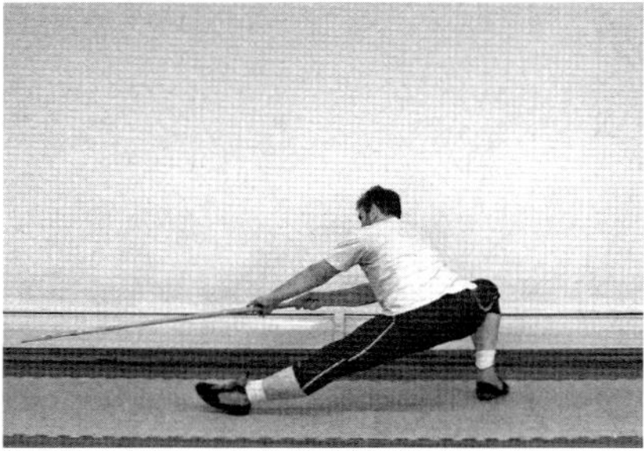

Coup coullisé (Glissé)

Beim Bâton wird hin und wieder auch mit dem hinteren Ende geschlagen. Die Gelegenheit hierzu ergibt sich oft nach einer Parade de deux mains, bei der deine Hände sich bereits weit auseinander befinden.

Den Glissé kannst du waagrecht oder senkrecht ausführen.

Aus Garde à gauche gleitet deine linke Hand nach vorn, zugleich zieht deine rechte Hand den Stock zurück. Mit einer Drehung des Rumpfes und evtl. einem Schritt nach vorn schlägst du das hintere Stockende waagrecht oder senkrecht nach vorn. Lasse den Stock durch die rechte Hand gleiten, so dass beide Hände beim Treffen nah beieinander und die Arme gestreckt sind.

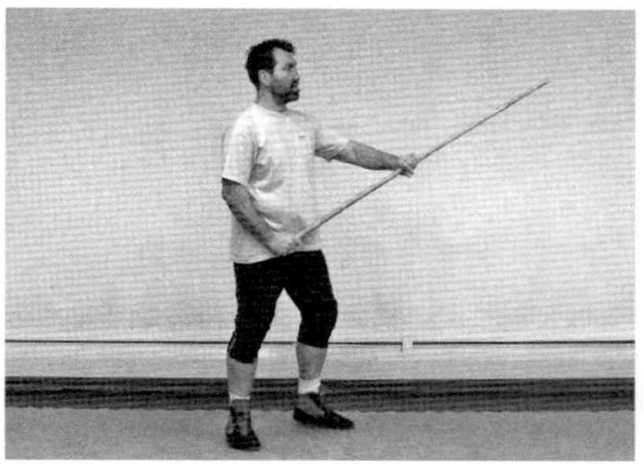

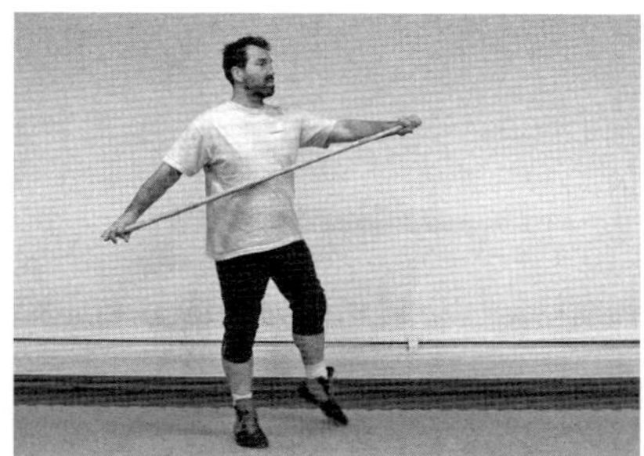

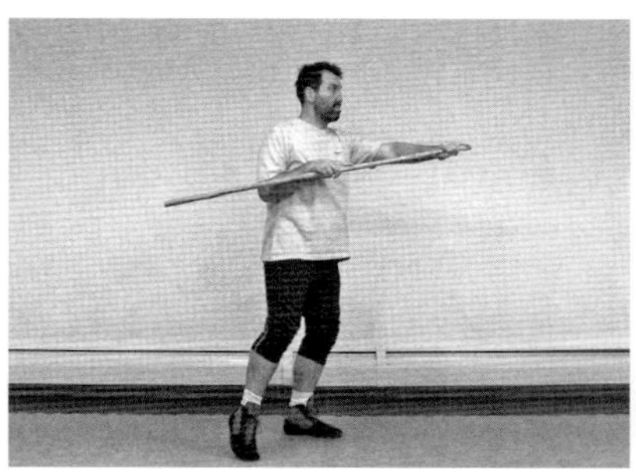

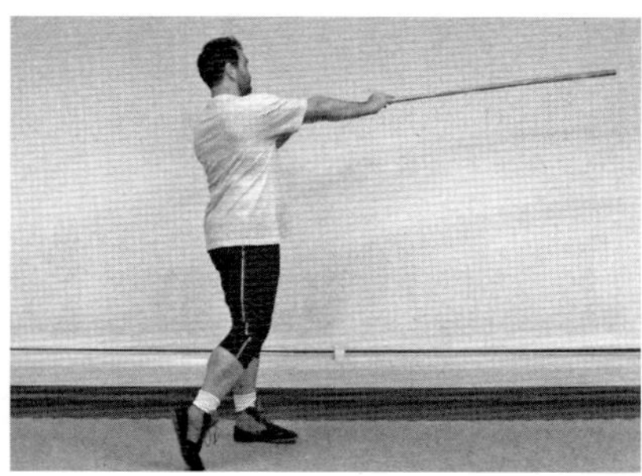

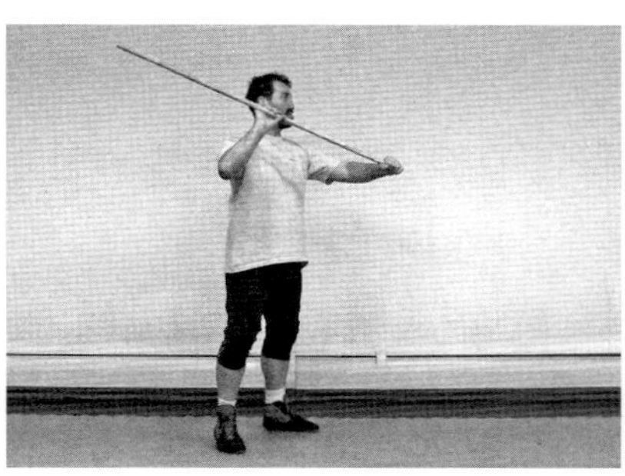

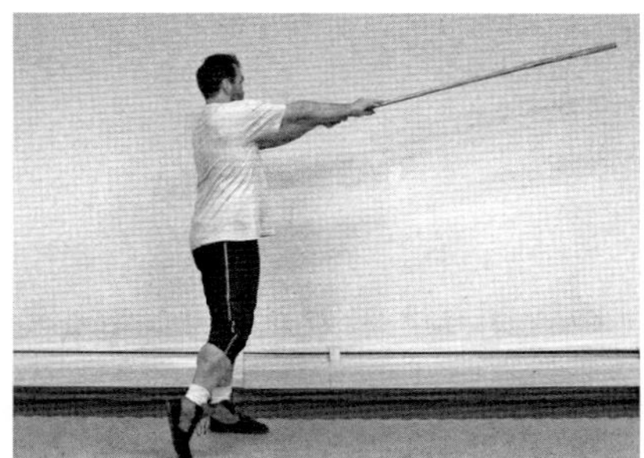

Paraden mit dem Bâton

Auch die Paraden mit dem Bâton leiten sich logisch aus den Techniken des Canne ab. Es gibt jedoch einige Besonderheiten.

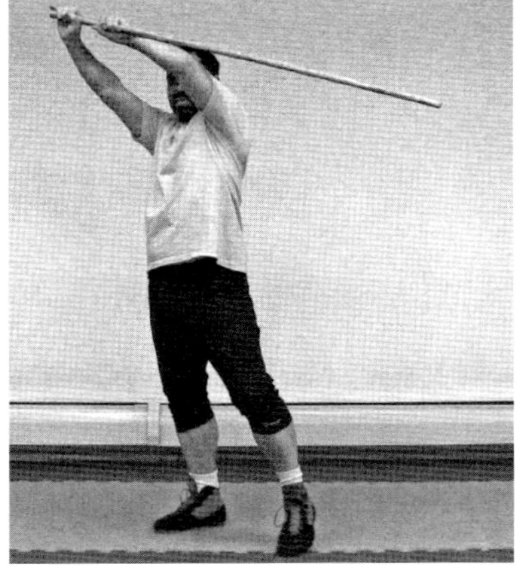

Parade simple

Die Parade entspricht der mit dem Canne. Die linke Hand verstärkt die Parade, der linke Unterarm unterstützt den Bâton.

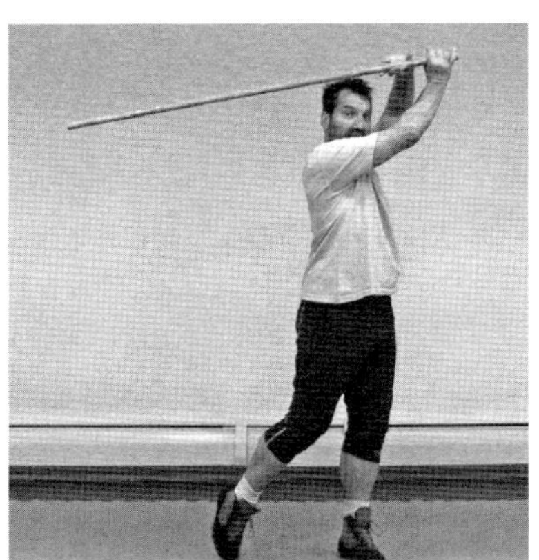

Parade croisée

Die Aktion deiner rechten Hand entspricht der Parade mit dem Canne. Die linke Hand unterstützt die Aktion in der Nähe der rechten Hand. Drehe deinen Rumpf nach links und bringe deinen linken Ellenbogen nach oben außen, damit sich deine Arme nicht im Weg sind.

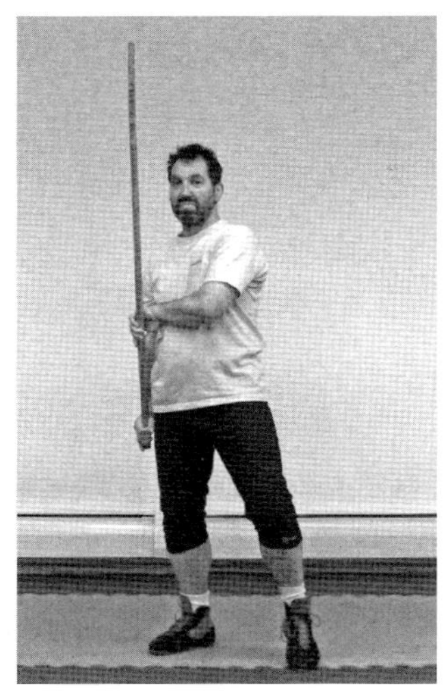

Parade extérieure flanc et tête

Mit dieser Parade wehrst du Angriffe zu deiner rechten Rumpf- und Kopfseite ab.

Parade croisée flanc et tête

Die Parade croisée zum Schutz deiner linken Rumpf- und Kopfseite kannst du mit der Stockspitze nach oben oder unten ausführen.

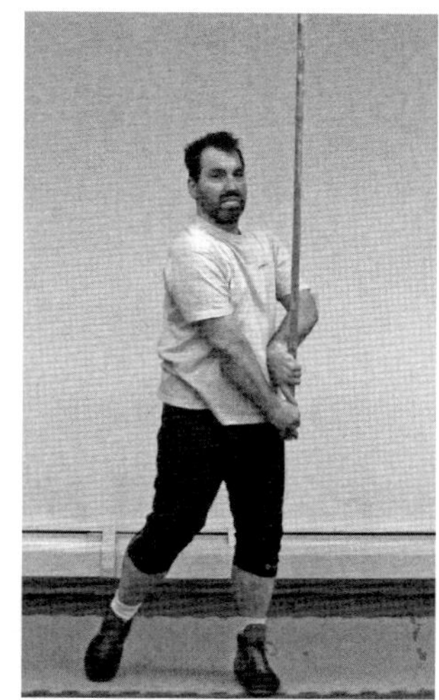

Parade extérieure jambe

Entsprechend der Länge des Bâton befindet sich deine rechte Hand bei dieser Parade etwa in Höhe deines Halses.

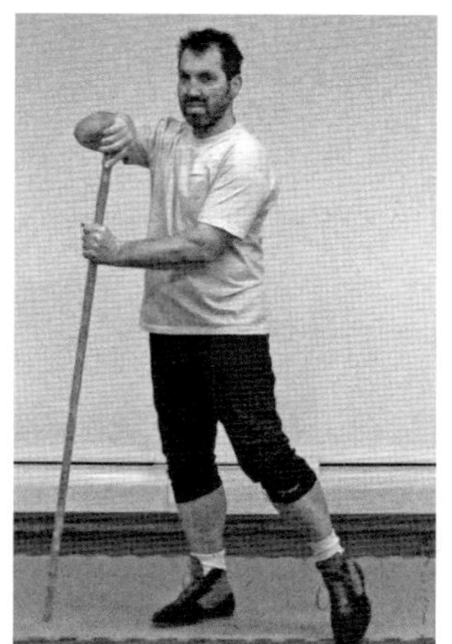

Parade croisée jambe

Wenn du mit dieser Parade Angriffe zu deinem linken Bein abwehren willst, drehe dich etwas nach links. Das ist gleichzeitig eine gute Vorbereitung zum Gegenangriff mit Croisé haut.

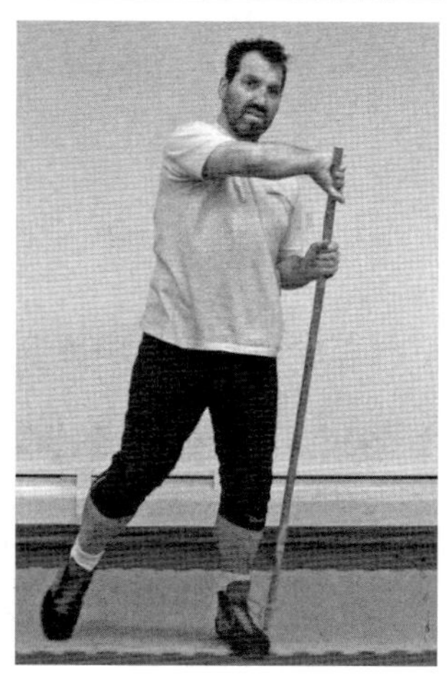

Parade de deux mains

Bei diesen Paraden gleiten deine Hände auseinander und du parierst mit der Mitte des Bâton. So kannst du auch starke Angriffe sicher abwehren.

Bei der Parade nach oben steht dein Bâton waagrecht.

Bei der Parade gegen waagrechte Angriffe drehst du den Rumpf dem Angriff entgegen. Pariere mit der Mitte des senkrecht gehaltenen Bâton.

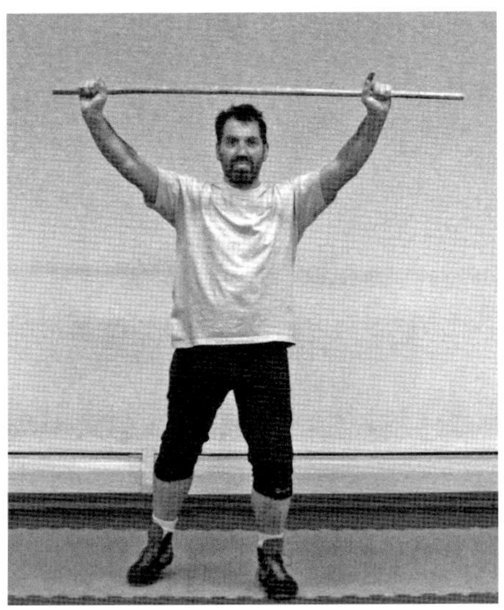

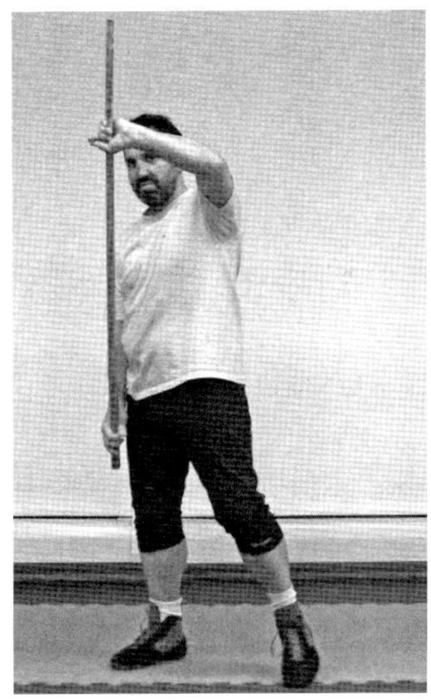

Wichtig

Achte bei allen Paraden mit dem Bâton auf deine Finger. Sie gehören nicht vor das vom Gegner anvisierte Ziel.

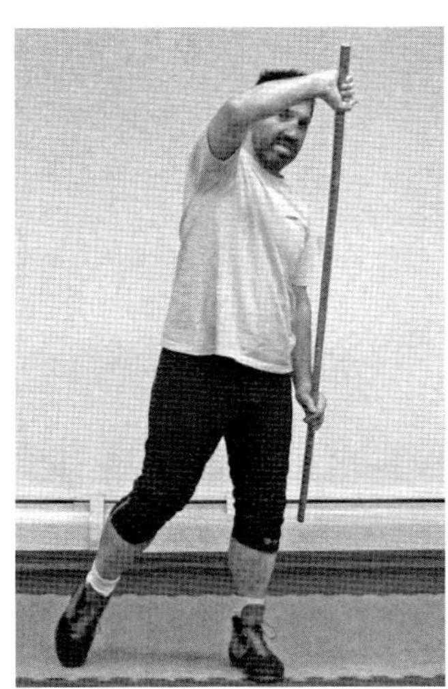

La Canne de Défense

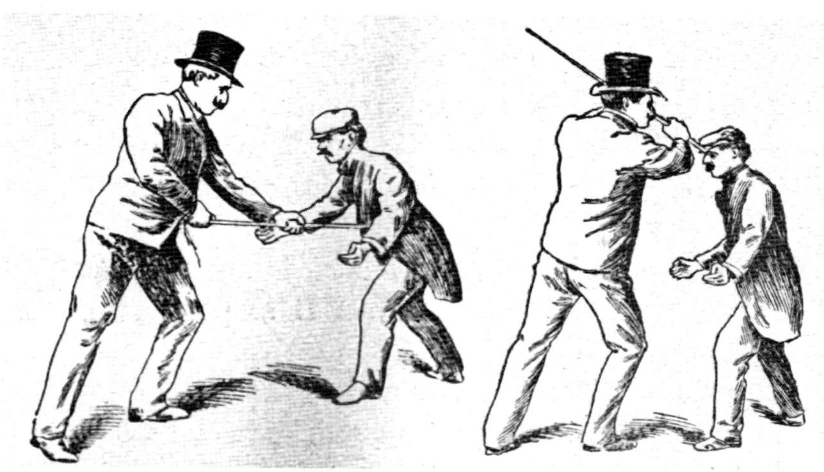

Wie das Savate so hat auch der französische Stockkampf seinen Ursprung als Selbstverteidigung wieder entdeckt. Alte, im Sport verbotene Techniken ergänzen die bekannten Grundtechniken. Sportliche Extreme wie die Fente verschwinden; Schläge zu den Beinen werden mit der alten Demi Fente ausgeführt.

So eignet sich Canne de Défense auch für ältere Mitbürger, die ja heute eher mit einem Stock unterwegs sind.

Die Waffe

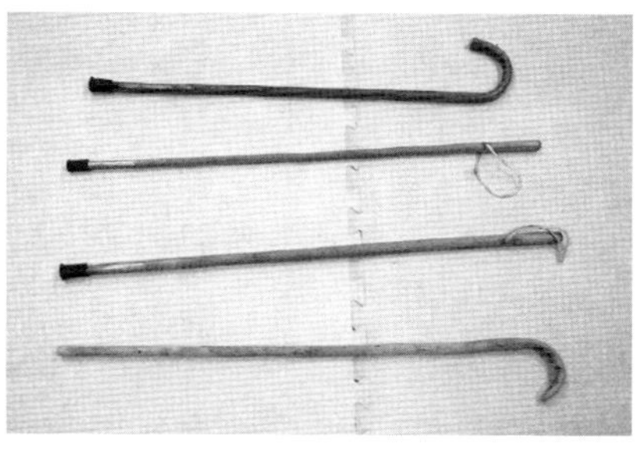

Für die Canne de Défense eignet sich am besten ein normal langer Spazierstock. Dieser kann gerade oder oben gekrümmt sein.
Die Techniken des französischen Canne sind für einen leichten Stock gemacht. Deshalb sollte der Stock nicht zu schwer sein. Mit 200 - 300 Gramm haben wir die besten Erfahrungen gemacht.
Für das Training des Canne de Défense stellt eine Fabrik in Frankreich extra eine Canne courbée mit einer Krücke her.

Schirme eignen sich nur bedingt als Verteidigungswaffe. Sie sind ausgesprochen empfindlich und gehen bei Schlägen und Paraden schnell entzwei. Wirksam sind eigentlich nur Stiche mit dem Schirm.

Vorteile durch einen Stock

Der Stock verlängert deinen Arm. So kannst du außerhalb der Reichweite gegnerischer Arme und Beine bleiben. Durch den größeren Abstand hast du mehr Zeit auf Angriffe zu reagieren. Die Techniken des Canne spielen diesen Vorteil voll aus.

Der Stock ist hart und trifft sein Ziel mit kleiner Fläche. Deshalb tun Stockschläge so weh. Im Gegensatz zu Schlägen oder Paraden mit der Hand spürst du jedoch keinen Schmerz.

Die Schmerzwirkung erlaubt es dir auf Hände, Gelenke und Beine des Gegners zu zielen. Schläge zum Kopf können großen Schaden anrichten und sind meist nicht nötig.

La Garde - die Kampfstellung

Wie in der Savate Défense gibt es Garde active und Garde passive.

Garde active ist die Kampfstellung des sportlichen Cannisten. Du zeigst dem Gegner und Umstehenden, dass du deinen Stock als Waffe einsetzen willst.

Hier einige Möglichkeiten für Garde passive. Experimentiere welche Grundtechniken du aus diesen Stellungen flüssig ausführen kannst.

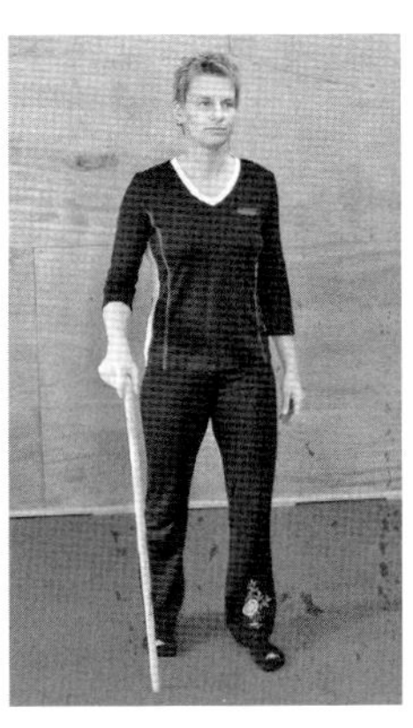

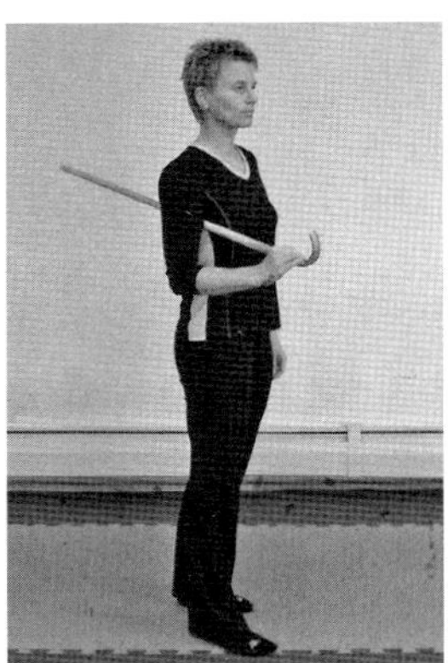

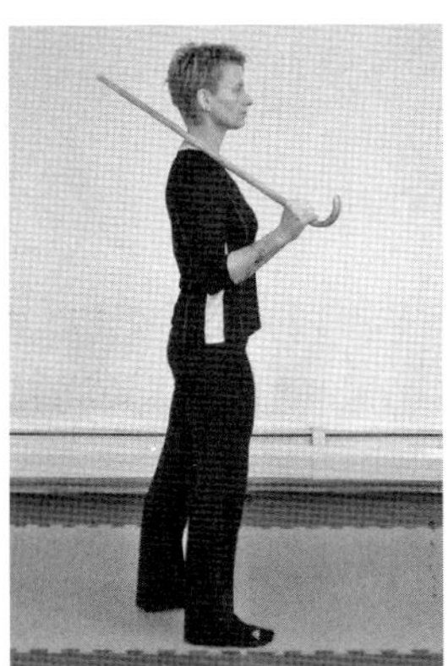

Die Grundtechniken auf lange Distanz

Alle Grundtechniken des sportlichen Canne de Combat kannst du zur Selbstverteidigung einsetzen.

Die Schläge aufwärts, Enlevé und Croisé bas, richtest du gegen Handgelenk, Ellenbogen oder Unterleib.

Coup de Bout en dessous

Im sportlichen Canne ist das Stechen mit dem Stock wegen seiner Gefährlichkeit verboten. Für die Selbstverteidigung ist es hoch wirksam.

Du stehst in Garde passive, ein Angreifer nähert sich dir. Hebe den Stock aus dem Handgelenk bis die Spitze zum Ziel zeigt. Die Hand befindet sich dabei tiefer als der Ellenbogen auf der Außenseite des Körpers. Stoße den Stock mit dem Arm nach vorn. Im Moment des Auftreffens bilden Stock und Arm eine Linie.

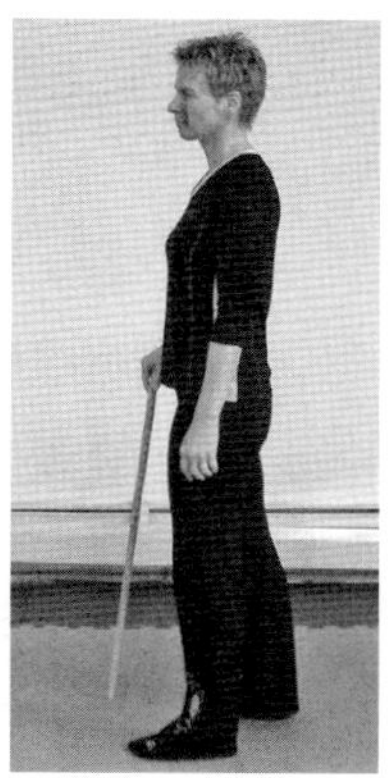

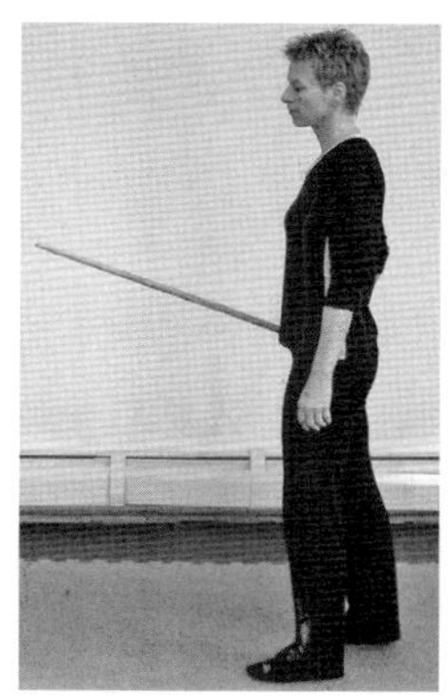

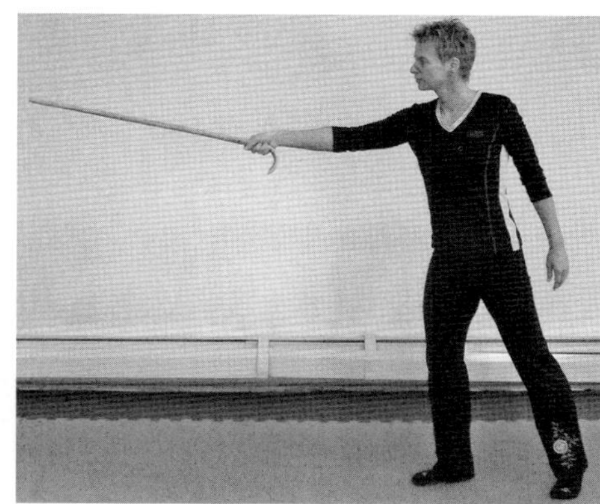

Der Coup de Bout en dessous ist die Methode einen Angreifer bei Durchbrechen der Sicherheitsdistanz zu stoppen. Stoße zum Rumpf und rufe dabei laut „Stop“. Lass sofort senkrechte oder waagrechte Schläge folgen. 90% aller Konfrontationen lassen sich so lösen.

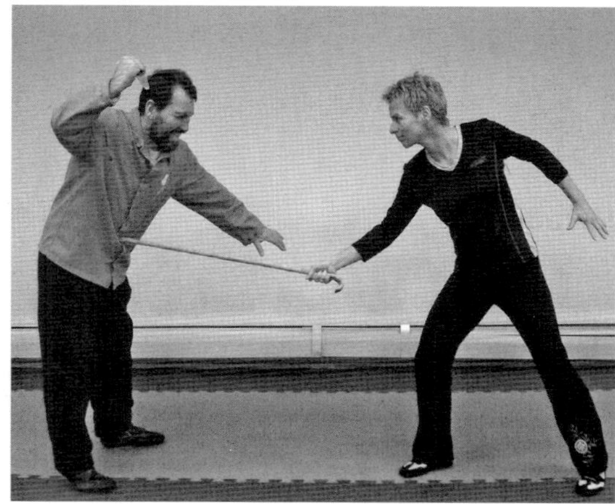

Coup de Bout en dessus

Sollte dir ein Gegner während des Armé für einen Latéral extérieur zu nahe kommen, stoße den Stock aus dieser Position nach vorn zu Gesicht oder Hals.

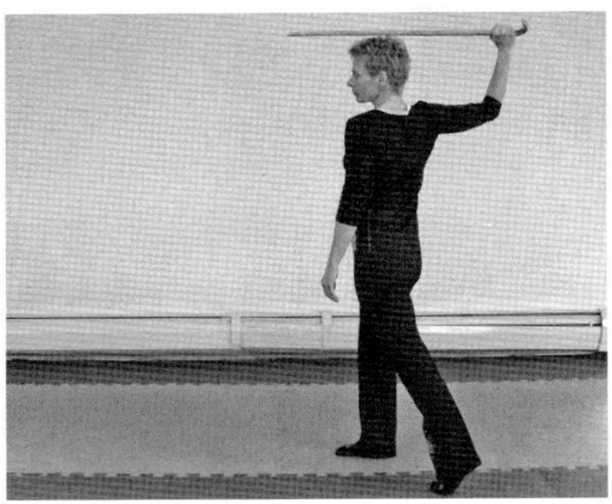

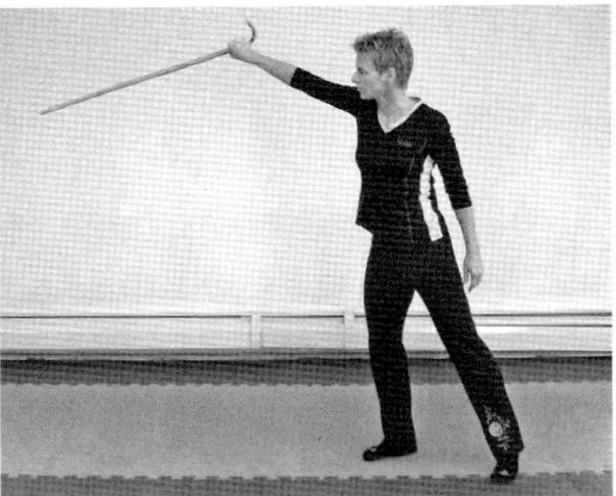

Übrigens

Diese Technik ist sehr gefährlich. 1908 stieß eine Dame der besseren Pariser Gesellschaft einem Angreifer ihren Schirm so ins Auge. Der starb zwei Tage später.

Paraden des Canne de Défense

Sollte es nötig werden einen Schlag oder Tritt eines Angreifers abzuwehren, so eignen sich die Paraden des sportlichen Canne meist nicht.

Deshalb werden in der Selbstverteidigung die Paraden mit dem Unterarm verstärkt oder beidhändig ausgeführt.

Parade renforcée - verstärkte Parade

Die Parade des in einer Hand geführten Stockes verstärkst du mit dem anderen Unterarm. Der Stock kommt dabei in Kontakt zur angreifenden Waffe und schützt so den Arm vor Verletzungen. Mit diesen starken Paraden können auch Angriffe mit schwereren Waffen wie Baseballschlägern abgewehrt werden.

Hier die verschiedenen Paraden in verstärkter Ausführung:

- Parade simple
- Parade extérieure flanc
- Parade croisée flanc, die verstärkende Hand kann oben oder unten sein

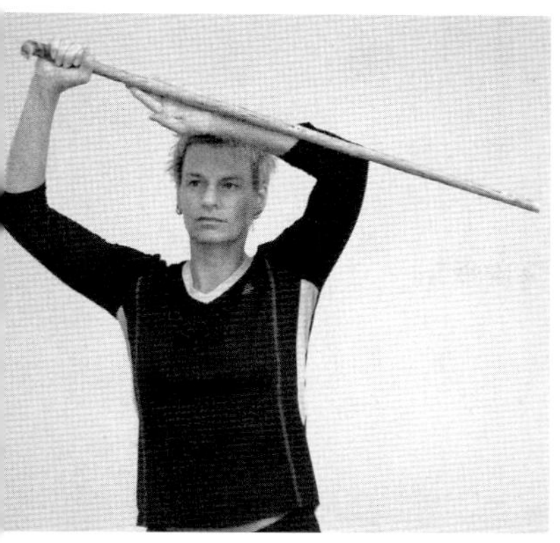
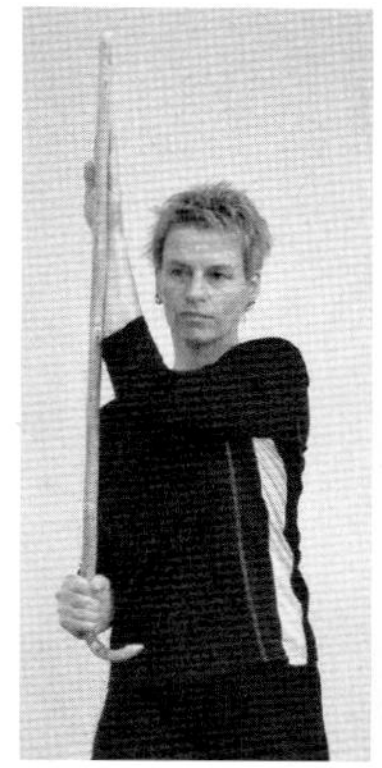
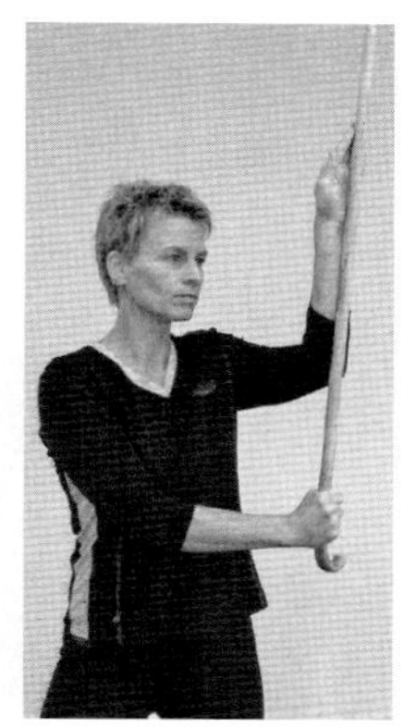
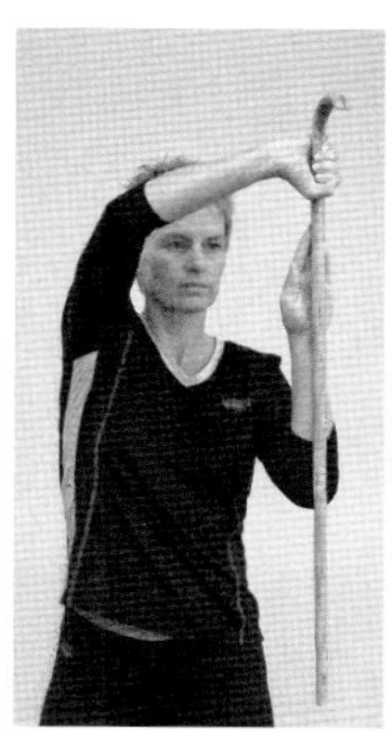

Parade Mains écartées - breite Doppelparade

Mit diesen Paraden kannst du Fuß- und Faustangriffe und Angriffe mit leichten Waffen stoppen (Parade bloquée) oder ablenken (Parade chassée). Die Parade chassée musst du stets mit einer Ausweichbewegung verbinden.

Hier die verschiedenen Doppelparaden:

- Parade horizontale haute
- Parade horizontale basse
- Parade haute à gauche
- Parade haute à droite
- Parade basse à droite
- Parade basse à gauche

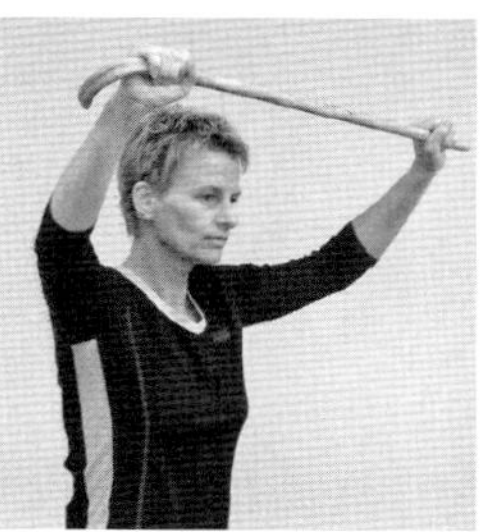
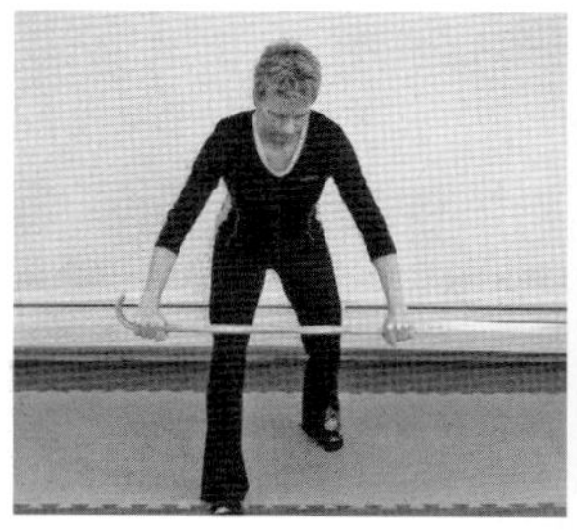
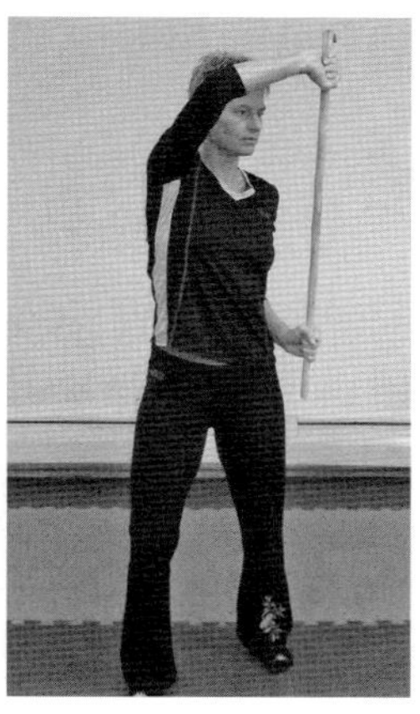
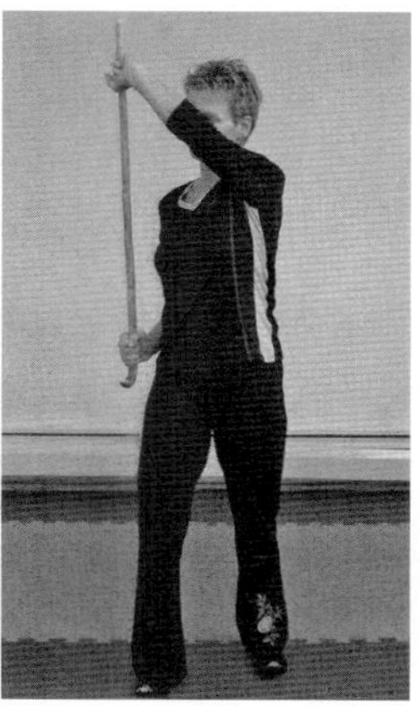
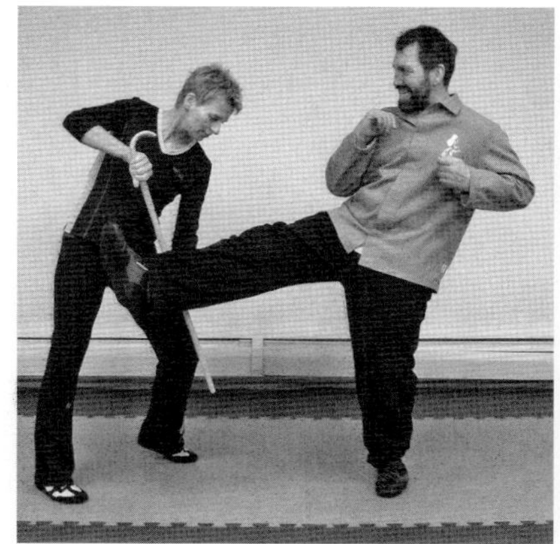

Stöße und Schläge auf kürzere Distanz

Den Stock benutzen wir am liebsten auf weite Distanz. Seine Länge ist unser Vorteil. In der Selbstverteidigung ist dies in manchen Situationen nicht sofort möglich. Hier helfen die folgenden Techniken, die natürlich alle im sportlichen Canne verboten sind.

Wichtig

Suche nach einer solchen Technik sofort wieder deine optimale Distanz!

Coup de Bout de deux Mains - zweihändiger Stich

Greife den Stock mir deiner linken vor deiner rechten Hand, so wie du einen Bâton halten würdest. Stoße die Stockspitze mit Körpereinsatz nach vorne oder zur Seite.

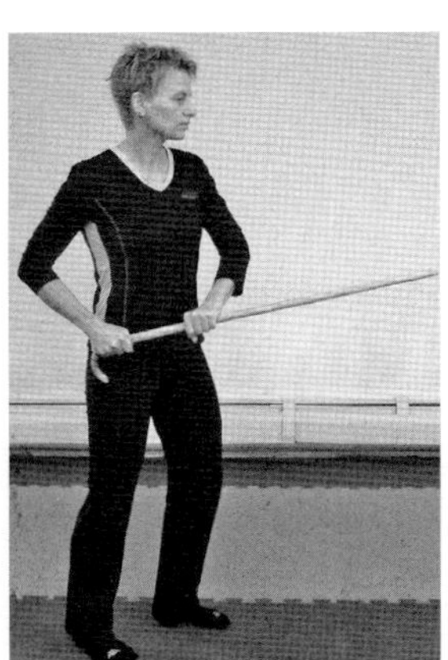
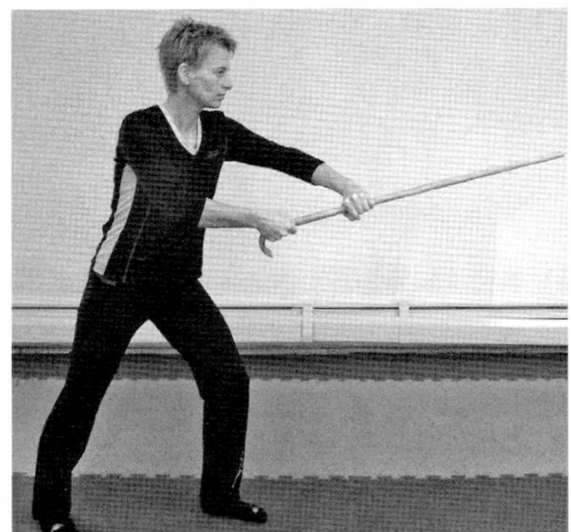
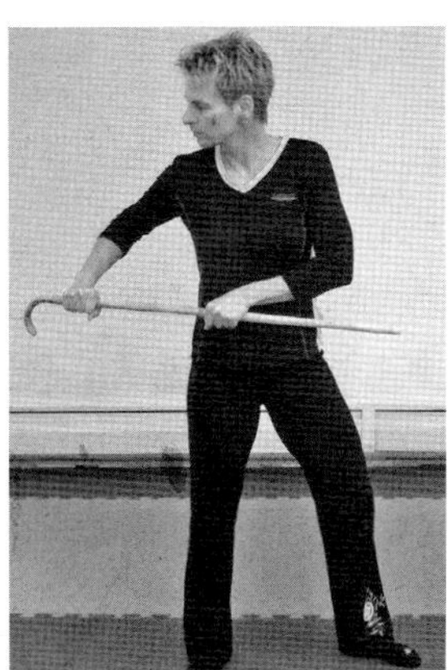

Coup de Talon (Crosse) arrière - Stoß mit dem Griff nach hinten

Die Stockspitze zeigt nach vorn. Stoße den Stock mit beiden Händen nach hinten.

Coup de Talon Crochet - Haken mit dem Stockgriff

Schlage den Griff des Stocks wie einen Crochet waagrecht zum Kopf oder Körper.

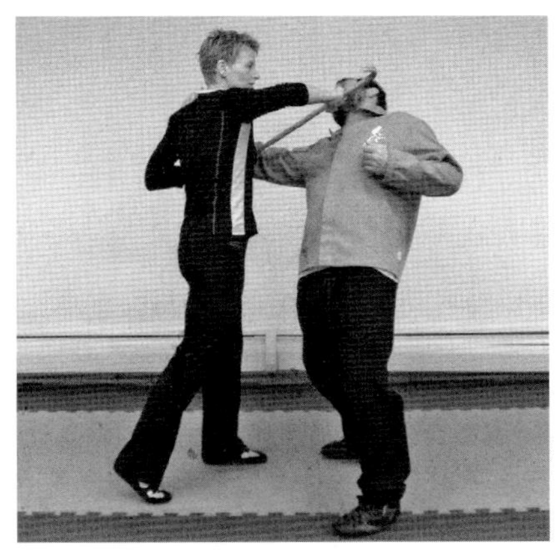

Coup de Talon Uppercut - Aufwärtshaken mit dem Griff

Wie ein Uppercut trifft der Griff deines Stockes das Ziel von unten. Die Kleinfingerseite deiner Faust zeigt dabei nach vorn.

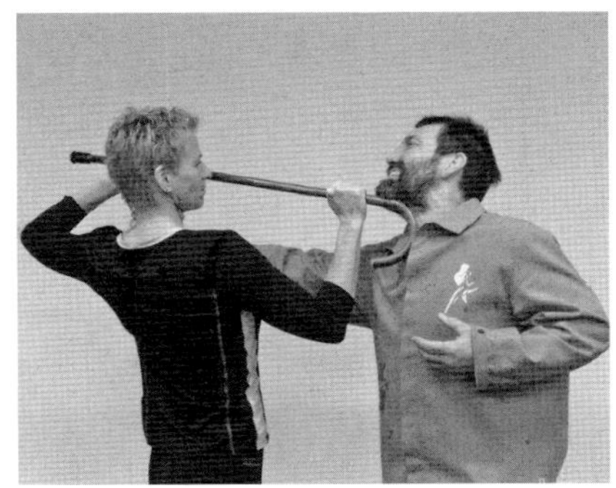

Coup de Milieu de la Canne - Stoß mit der Stockmitte

Du hältst den Stock in beiden Händen, Handflächen nach unten. Stoße die Mitte des Stockes dynamisch gegen ein empfindliches Ziel oder schiebe den Gegner zurück.

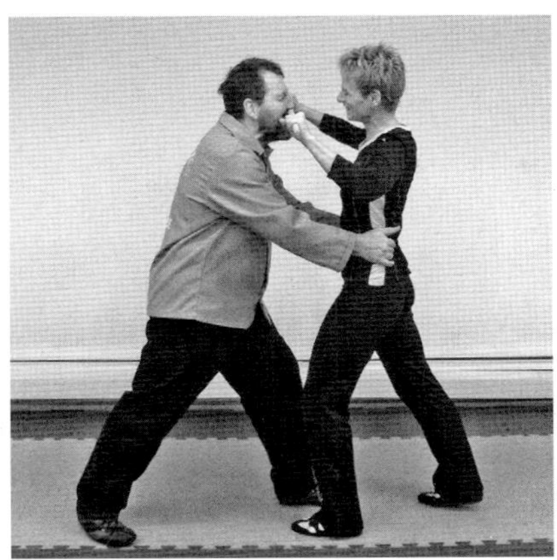

Abwehren gegen Griffe an Stock oder Handgelenk

Um den Einsatz deines Stockes zu verhindern greift der Angreifer diesen oder dein Handgelenk. Die Verbindung der Stocktechniken mit der Savate Défense hilft dir dieses Problem zu lösen.

Griff am Stock

Besonders in Garde active besteht die Gefahr, dass ein Gegner deinen Stock greifen kann.

Hier zwei Möglichkeiten wie du deinen Stock wieder befreien kannst.

Nutze den Griff des Gegners als Drehpunkt für einen Schlag mit dem hinteren Ende des Stocks. Durch deinen langen Hebelarm kann der Gegner diesen Schlag nicht verhindern.

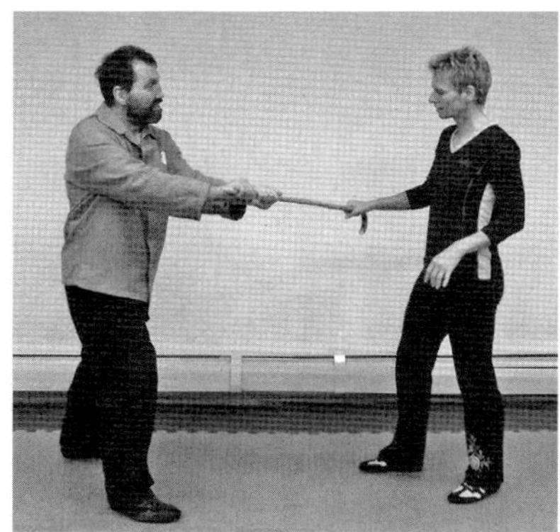

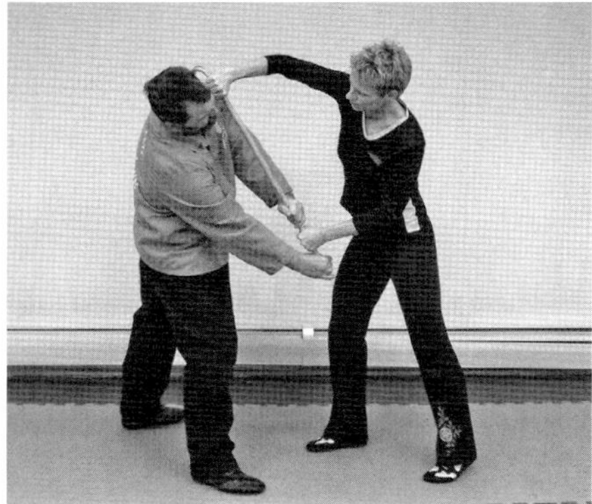

Nutze den Stock als Halt und greife das Knie des Gegners mit Chassé latéral an. Ziehe den Stock zugleich in die Gegenrichtung. So wird der Stock frei und du kannst ihn für weitere Gegenangriffe nutzen.

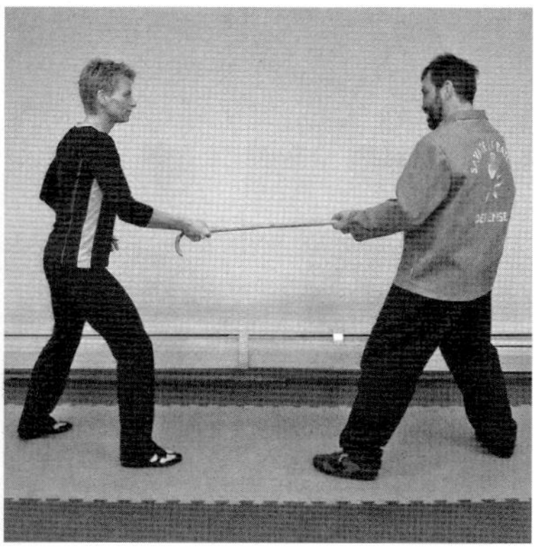

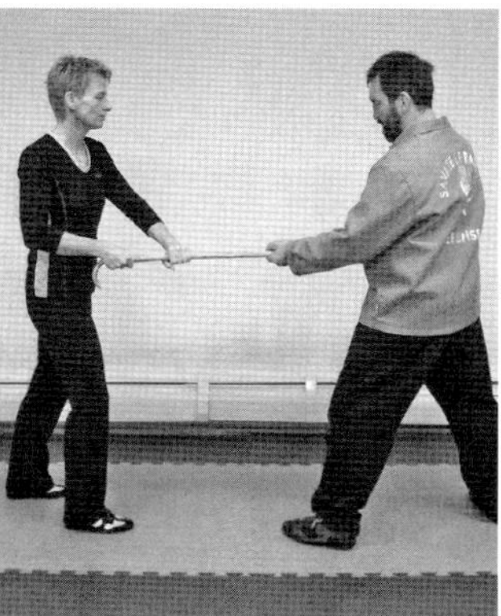

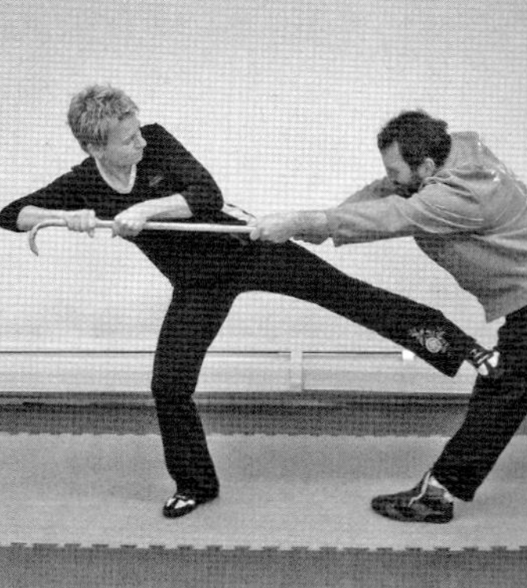

Griff am Handgelenk

Die einfachste Möglichkeit besteht im Wechsel des Stockes in die freie Hand. Auch Schläge mit der freien Hand oder Tritte helfen hier weiter.

Hier noch eine Möglichkeit den Griff des Angreifers mit Hilfe deines Stockes zu lösen. Hier hast du schon fast für einen Latéral croisé ausgeholt.

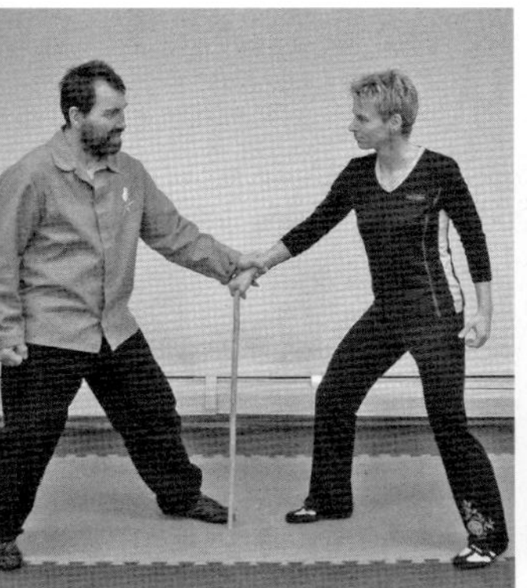

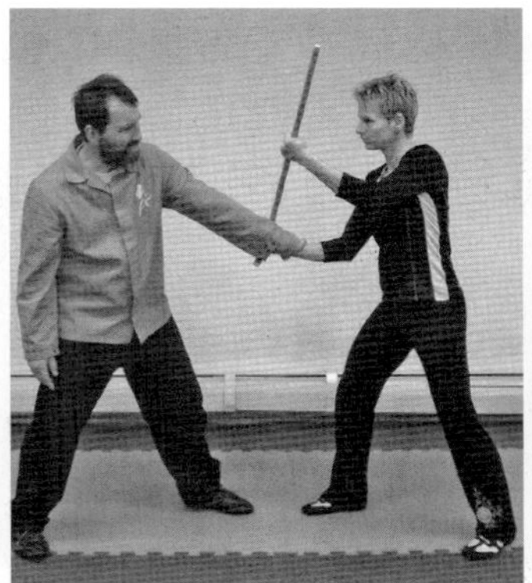

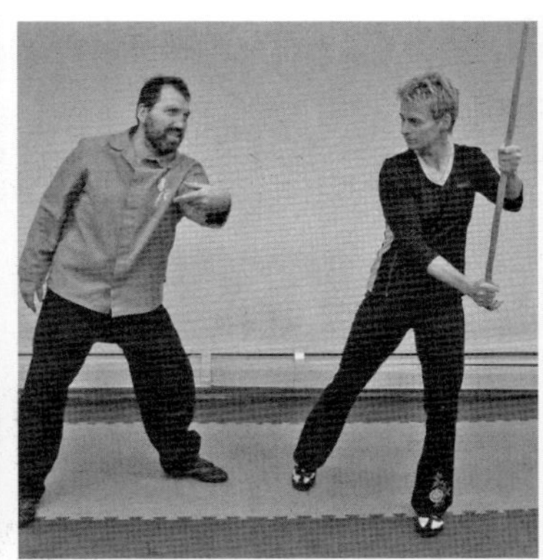

Würfe, Hebel und Würgegriffe mit dem Stock

Diese Techniken sind auch für fortgeschrittene Cannisten die absolute Ausnahme. Natürlich sind sie reizvoll für Vorführungen. Solche Basteleien sollten jedoch nie Hauptteil einer Canne de Défense Stunde sein!

Einige Beispiele:

- Barré arrière mit Unterstützung des Stocks

- Coup de pied bas de Deséquilibre

- Projection arrière, der Gegner wird nach hinten umgerissen.

- Clés de Bras

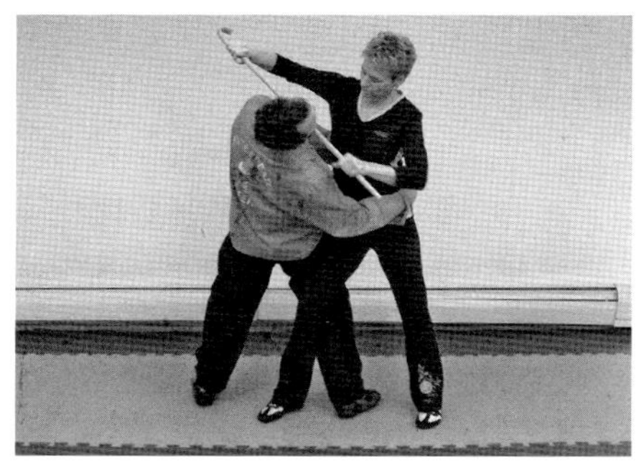

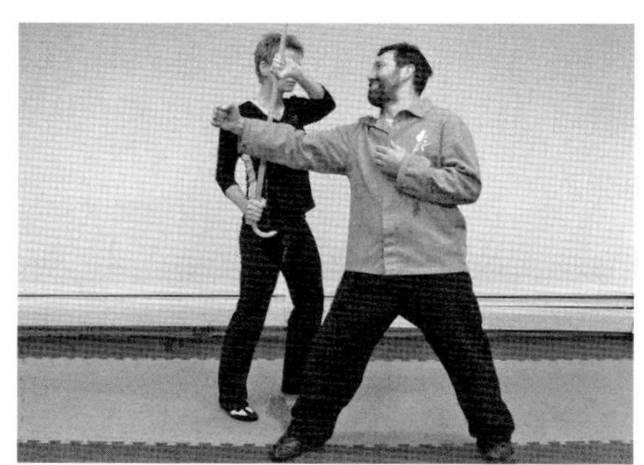

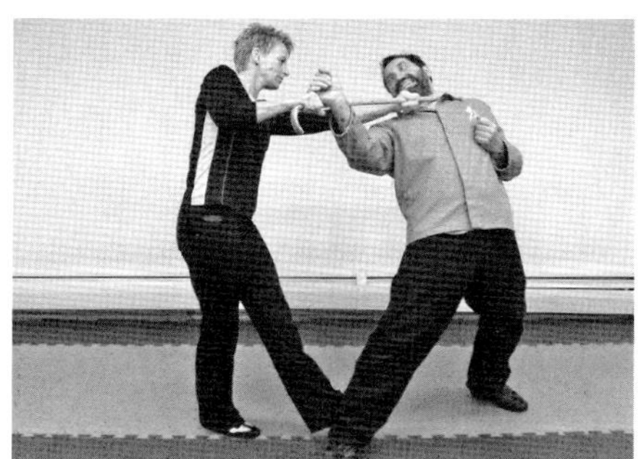

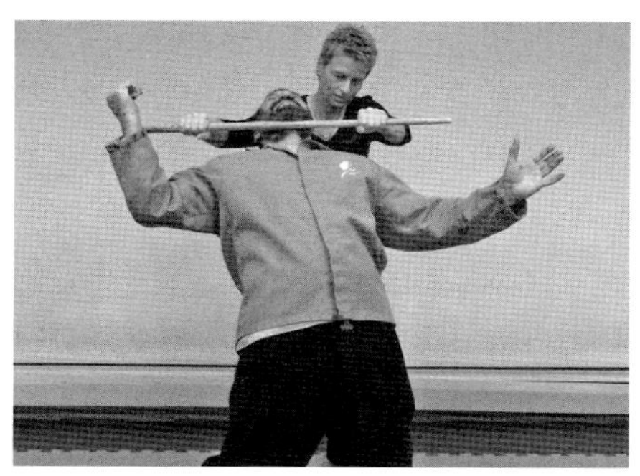

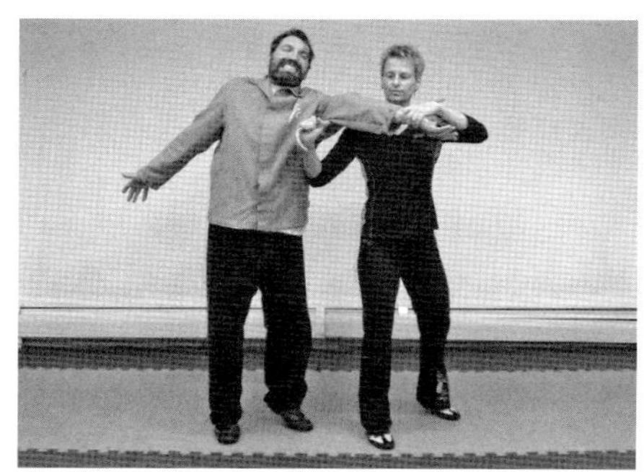

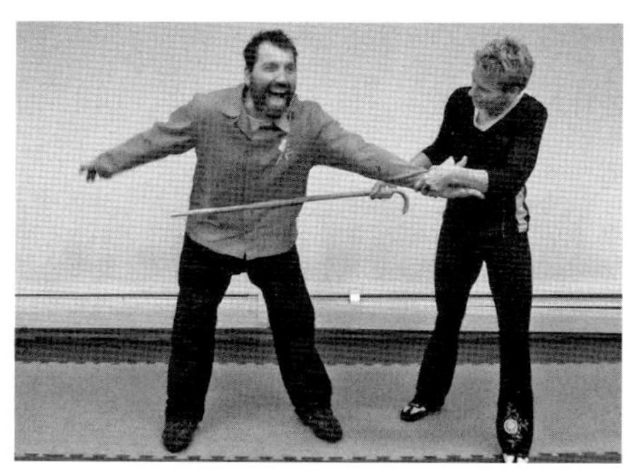

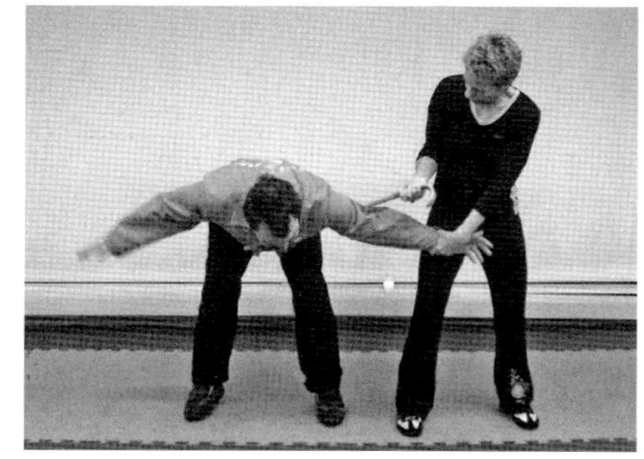

Kleines Wörterbuch Savate

Techniken

coups de poing - Fausttechniken

direct	-	Gerade
chrochet	-	Haken
uppercut	-	Aufwärtshaken

coups de pied - Fußtechniken

fouetté	-	Halbkreisfußtritt
chassé frontal	-	Fußstoß vorwärts
chassé latéral	-	Fußstoß seitwärts
revers frontal	-	Fußschlag von innen nach außen mit der Fußaußenkante
revers horizontal	-	Fußschlag von innen nach außen mit der Fußsohle
a) jambe tendue	-	mit gestrecktem Bein
b) groupé	-	mit anfangs gebeugtem Bein
coup de pied bas	-	Fußschlag zum Bein mit der Fußinnenkante
a) de frappe	-	als Tritt
b) de deséquilibre	-	um den Gegner aus dem Gleichgewicht zu bringen

Ausführungsformen der Techniken

bras avant	-	vorderer Arm
bras arrière	-	hinterer Arm
jambe avant	-	vorderes Bein
jambe arrière	-	hinteres Bein
croisé	-	mit Kreuzschritt
sauté	-	gesprungen
tournant	-	aus der Drehung

parades - Abwehren

parade bloquée	-	die Angriffsbewegung wird gestoppt
parade chassée	-	die Angriffsbewegung wird am Ziel vorbei gelenkt

ésquives - Ausweichbewegungen

ésquive totale	-	der ganze Körper weicht aus
ésquive partielle	-	ein Körperteil weicht aus

déplacements - Beinarbeit

garde à gauche	-	Linksauslage
garde à droite	-	Rechtsauslage
avancer	-	Vorwärtsbewegung
reculer	-	Rückwärtsbewegung
pas de coté	-	Seitwärtsschritt
décalage	-	ein Standfuß verlässt die Verbindungslinie zum Gegner
débordement	-	beide Füße verlassen die Verbindungslinie zum Gegner
changement de garde	-	Auslage wechseln

Angriffsebenen

ligne haute (figure)	-	hoch (Kopf)
ligne médianne (corps)	-	mitte (Rumpf)
ligne basse (jambe)	-	tief (Bein)

contre-attaques	**-**	**Gegenangriffe**
remise	-	Gegenangriff mit der Technik des gegnerischen Angriffs
riposte	-	Gegenangriff mit beliebiger Technik
contre	-	Gegenangriff in den Angriff des Gegners
coup d'arrêt	-	Stopptechnik

Was man im Training und Wettkampf immer hört:

salut	-	Gruß
en garde!	-	in Kampfstellung!
stop!	-	halt!
assaut	-	Kampf mit leichtem Kontakt
a) libre	-	frei
b) à thème	-	mit einem Thema
anglaise	-	englisch (nur mit Fäusten)
française	-	französisch (mit Faust und Fuß)
remarque / observation	-	Bemerkung / Ermahnung
avertissement	-	Verwarnung
disqualification	-	Disqualifizierung
hors de combat (hc)	-	KO
juge	-	Punktrichter
arbitre	-	Ringrichter
délégué officiel (DO)	-	Verantwortlicher am Ring

Schlusswort

„Der Vorhang zu und alle Fragen offen“ mit diesem Leitsatz des epischen Theaters möchte ich auch dieses Buch schließen.

Nicht alles was ich sagen wollte fand in dem begrenzten Umfang Platz, aber auch in der Beschränkung liegt eine Kunst.

Über Trainingslehre, Gymnastik usw. gibt es viele gute Bücher. Diese Bereiche wurden mit Absicht nicht behandelt. Für den Aufbau eines sinnvollen Savate Trainings sind sie natürlich von Bedeutung!

Schließlich möchte ich mich noch bei meinen Schülerinnen Heike van Bebber, DTN Canne et Bâton, Bronzemedaille bei der Europameisterschaft 2006 und Birgit Hirschler, Sportlehrerin bedanken. Sie haben für die meisterlichen Techniken auf den Fotos viele Stunden ihrer Zeit geopfert.

Wieder zeigt es sich: Der Lehrer lebt in seinen Schülern.

Mögen auch aus euch, liebe Leser, viele Schüler und Meister des Savate, Canne und Bâton hervor gehen.

Ausführliche Informationen finden Sie auch im Internet:
www.weinmann-verlag.de

VERLAG WEINMANN
Beckerstraße 7 · 12157 Berlin
Tel.: 030 / 855 48 95 · Fax: 030/ 855 94 64

Wir senden Ihnen gern unser ausführliches bebildertes Verlagsverzeichnis! Schreiben Sie uns oder rufen Sie an:

3 87892 - 020 2 **Das Judo-Brevier**
Der bewährte Leitfaden für Technik und Prüfung, 114 Abb.

000 8 **1 x 1 des Judo**
Die Grundlagen wirksamen Judotrainings, 101 Abb.

001 6 **Die Judo-Wurftechnik**
Die exakte Beschreibung aller wichtigen Würfe, 209 Abb.

002 4 **Die Judo-Bodentechnik**
Das Fachbuch für Halte-, Hebel- und Würgetechniken, 165 Abb.

003 2 **Kombinationen und Kontertechnik**
Erfolgreiche Techniken für Kampf und Prüfung, 110 Abb.

011 3 **Kinder-Judo**
Das fröhliche Lehrbuch für kleine Judoka, 72 Abb.

013 X **Koshiki-no-Kata**
Die ritterliche Verteidigungstechnik, 154 Abb.

3 87892 - 005 9 **Nage-no-Kata**
Die 15 Grundwürfe des Judo, 96 Abb.

006 7 **Katame-no-Kata**
Die 15 grundlegenden Bodentechniken, 70 Abb.

007 5 **Kime-no-Kata**
Die klassische japanische Selbstverteidigung, 140 Abb.

008 3 **Gonosen-no-Kata**
Die dynamischen Gegenwürfe des Judo, 58 Abb.

009 1 **Itsutsu-no-Kata**
Die Darstellung 5 traditioneller Judo-Elemente, 32 Abb.

010 5 **Ju-no-Kata**
Demonstration des „Siegens durch Nachgeben", 152 Abb.

012 1 **Goshin-Jitsu-no-Kata**
Die moderne japanische Selbstverteidigung, 118 Abb.

---

026 1 **Kraft-Training**
Ratschläge für Fitness + Leistungssport, 165 Abb.

021 0 **Karate ... mit bloßen Händen**
Die Grundlagen wirksamer Kampftechnik, 141 Abb.

044 X **Das Kampfsport-Lexikon**
Die Kampfkünste der Welt von A-Z, 51 Abb.

023 7 **Boxen ... Fechten mit der Faust**
Das bewährte Lehrbuch über den Faustkampf, 80 Abb.

059 8 **Das Taekwondo Brevier**
Der Leitfaden für Technik und Prüfung, 225 Abb.

028 8 **Taekwondo**
Kompaktlehrgang der koreanischen Kampfkunst, 104 Abb.

049 0 **Die 12 Taekwondo-Hyongs**
Präzisionsübungen für Fortgeschrittene, 436 Abb.

071 7 **Ein-Schritt-Kampf (Ilbo-Taeryon)**
Ausweichen · Abwehren · Kontern, 213 Abb.

076 8 **Allkampf-Jitsu**
Die vielseitige Selbstverteidigung, 235 Abb.

055 5 **Shuriken**
Sicherer Umgang mit Wurfsternen, 103 Abb.

029 6 **Ringen**
Freistiltechnik für Anfänger + Fortgeschrittene, 105 Abb.

024 5 **Sambo**
Der kraftvolle russische Kampfsport, 217 Abb.

022 9 **Aikido-Fibel**
Die Grundlagen des Aikido, 72 Abb.

045 8 **Das Aikido-Brevier**
Leitfaden für Technik und Prüfung, 140 Abb.

069 5 **Bokken**
Das Holzschwert der Samurai, 149 Abb.

041 5 **Die Kunst des Florettfechtens**
Das Fechtbuch für Anfänger + Fortgeschrittene, 266 Abb.

050 4 **Lehrbuch des Bogensports**
Vom ersten Schuß bis zur perfekten Technik, 132 Abb.

036 9 **Kyudo**
Die Kunst des japanischen Bogenschießens, 231 Abb.

053 9 **Armbrustschießen**
Das Standardwerk für Sport & Hobby, 95 Abb.

039 3 **Sport für Anfänger**
Strategien für etwas mehr Bewegung, 60 Abb.

075 X **Tai Chi Chuan**
Fitness für Körper & Seele, 619 Abb.

038 5 **Gymnastik**
Zweckmäßige Körperschule, die Spaß macht, 221 Abb.

047 4 **Fußball-Lehrbuch**
Mit vielen Spielübungen für die Praxis, 246 Abb.

056 3 **Sportliches Messerwerfen**
Über den sicheren Umgang mit Wurfmessern, 48 Abb.

063 6 **Arnis · Escrima · Kali**
Das Lehrbuch für den Stockkampf, mit 198 Abb.

067 9 **Pencak Silat**
Die alte indonesische Kampfkunst, 399 Abb.

065 2 **Tauch-Theorie**
Das Komplettwissen für den Tauchsport, 139 Abb.

070 9 **Das Wassersport Lexikon**
Die ganze Welt des Wassersports, 172 Abb.

079 2 **Tonfa**
... vom Kobudo zur modernen Waffe, 220 Abb.

091 1 **Schwertkampf**
vom Mittelalter zur Moderne, 238 Abb.

093 8 **Savate**
Französisches Boxen · Selbstverteidigung · Stockkampf, 406 Abb.

030 X **Das Ju-Jutsu Brevier**
Der Leitfaden für Selbstverteidigungssportler, 94 Abb.

004 0 **Selbstverteidigung**
Wirksame Verteidigungstechnik für den Ernstfall, 260 Abb.

074 1 **Krav Maga**
Abwehr bewaffneter Angriffe, 522 Abb.

031 8 **Chronik alter Kamptkünste**
Kampftechniken aus 3 Jahrhunderten, 369 Stiche

051 2 **Thai-Boxen**
Der dynamische asiatische Vollkontaktsport, 215 Abb.

073 3 **Kick Boxen**
Fitness · Kampfsport · Selbstverteidigung, 255 Abb.

027 X **Die 12 Karate-Kata**
Die wichtigsten Shotokan- und Wado-Ryu-Kata, 491 Abb.

033 4 **Sai**
Die Verteidigungstechnik mit der Waffe, 114 Abb.

072 5 **BO**
Kampf mit dem Langstock, 366 Abb.

032 6 **Kung-Fu**
Die Technik des chinesischen Boxens, 144 Abb.

040 7 **Sumo**
Der gewichtige japanische Ringkampf, 49 Abb.

042 3 **Spiele für Sport + Freizeit**
Ideen für alle, die gerne Spiele machen, 82 Abb.

035 0 **Iai-Do**
Blitzschnell die Waffe ziehen und treffen, 192 Abb.

025 3 **Das ist Kendo**
Eine Einführung in das japanische Fechten, 98 Abb.

037 7 **Kendo**
Lehrbuch des japanischen Schwertkampfes, 700 Abb.

068 7 **Capoeira**
Kampfkunst und Tanz aus Brasilien, 243 Abb.

034 2 **Yoga**
Die Kunst der Entspannung und Gelassenheit, 368 Abb.

061 X **SNOOKER**
Billard „made in England", 106 Abb.

048 2 **DARTS**
Konzentration + Präzision im Pfeilwurfspiel, 71 Abb.

052 0 **60 Spiele auf dem London-Board**
Die umfangreiche Spielesammlung für Darter, 22 Abb.

064 4 **Electronic Dart**
Das sportliche Spielvergnügen, 31 Abb.

078 4 **Boule - Pétanque**
Die Faszination der Eisenkugeln, 36 Abb.

054 7 **American Football**
Vom Kick-off zum Touchdown, 123 Abb.

057 1 **Baseball**
Vom Hit zum Homerun, 82 Abb.

060 1 **Rugby**
Kampf in Gasse und Gedränge, 90 Abb.

077 6 **Beachsport**
Sand · Fun · Action, 60 Abb.

062 8 **Das Ballsport Lexikon**
Die Ball- und Kugelspiele der Welt, 225 Abb.

066 0 **Das Wintersport Lexikon**
Sport & Spiel auf Eis und Schnee, 118 Abb.

090 3 **Wing Chun**
Für Anfänger und Fortgeschrittene, 186 Abb.

092 X **Brazilian Jujitsu**
Die überlegene Kampfkunst, 234 Abb.

---

081 4 **Der lachende Tennisball**
Humorvolle, aber treffende Tennisratschläge, 69 Cartoons

080 6 **Der lachende Ski**
Heiteres über den Skisport und seine Freuden, 52 Cartoons

083 0 **Die lachende Nixe**
Das Schmunzelbuch für alle Wassersportler, 64 Cartoons

082 2 **Das lachende Pferd**
Für Reiter und Pferdefreunde zum Wiehern, 57 Cartoons

084 9 **Der lachende Fußballer**
Viel Spaß um's runde Leder, 56 Cartoons

085 7 **Das lachende Fahrrad**
Schwungvolles über den Radsport, 49 Cartoons